O Regime Especial do ISS

O Regime Especial do ISS

SOCIEDADE DE PROFISSIONAIS

2020

Marcus Rogério Oliveira dos Santos

O REGIME ESPECIAL DO ISS
SOCIEDADE DE PROFISSIONAIS
© Almedina, 2020
AUTOR: Marcus Rogério Oliveira dos Santos
DIAGRAMAÇÃO: Almedina
DESIGN DE CAPA: FBA
ISBN: 9788584935628

Dados Internacionais de Catalogação na Publicação (CIP)
(Câmara Brasileira do Livro, SP, Brasil)

Santos, Marcus Rogério Oliveira dos
O regime especial do ISS : sociedade de
profissionais /
Marcus Rogério Oliveira dos
Santos. -- São Paulo : Almedina, 2020.

Bibliografia.
ISBN 978-85-8493-562-8

Índice:
1. Imposto sobre serviços - Brasil 2. Imposto
sobre Serviços - Leis e legislação - Brasil 3. Regime
especial I. Título.

19-31033 CDU-34:336.241(81)

Índices para catálogo sistemático:

1. ISS : Imposto sobre Serviços : Brasil : Direito
tributário 34:336.241(81)

Cibele Maria Dias - Bibliotecária - CRB-8/9427

Este livro segue as regras do novo Acordo Ortográfico da Língua Portuguesa (1990).

Todos os direitos reservados. Nenhuma parte deste livro, protegido por copyright, pode ser reproduzida, armazenada ou transmitida de alguma forma ou por algum meio, seja eletrônico ou mecânico, inclusive fotocópia, gravação ou qualquer sistema de armazenagem de informações, sem a permissão expressa e por escrito da editora.

Fevereiro, 2020

EDITORA: Almedina Brasil
Rua José Maria Lisboa, 860, Conj.131 e 132, Jardim Paulista | 01423-001 São Paulo | Brasil
editora@almedina.com.br
www.almedina.com.br

AGRADECIMENTOS

Como sempre escrevo, todas as nossas realizações reclamam o concurso de pessoas. As participações, imediatas ou mediatas, estão presentes em nossos pensamentos, em nossas ações. Talvez, detalhar cada uma delas faria com que os agradecimentos ficassem mais extensos do que o próprio livro. Por essa razão, agradeço a todos aqueles que contribuíram, porém, apenas menciono aqui aqueles que colaboraram de uma forma mais próxima. As ausências de outros nomes não excluem tais pessoas como destinatários dos meus agradecimentos.

A todos aqueles que contribuíram para a acolhida deste livro na Editora Almedina. Espero que seja o início de uma grande parceria.

Ao Dr. Ricardo Cunha Chimenti, juiz que atua na 18ª Câmara de Direito Público do Tribunal de Justiça do Estado de São Paulo, pelo prefácio apresentado.

Aos meus pais, José e Lilian, pela minha existência e pelo que fizeram por mim.

A meu filho Thales, do qual me orgulho e admiro sua carreira no Direito Tributário: os pais ensinam os filhos, mas também aprendem com eles, e muito.

Ao médico, doutor Wilson Tsuguo Goshima: as conversas e as reflexões delas decorrentes aliadas à prática da homeopatia são capazes de modificar a trajetória até então percorrida, fazendo com que os dias atuais sejam uma lembrança agradável no futuro. Presença fundamental no meu desenvolvimento nos últimos anos.

Aos meus daschunds, Muffin e Vicky, alegrias da minha vida.

As pessoas que menciono a seguir não estão mais fisicamente presentes, mas suas passagens e o aprendizado que tive com elas se manifesta em tudo o que eu vier a realizar. A presença delas nas minhas consecuções demonstra que uma pessoa não morre enquanto é lembrada, enquanto os valores que deixou são praticados, enquanto seu nome é pronunciado. Uma pessoa não morre enquanto o seu legado se revelar presente.

À minha tríade: meu eterno amigo José Joaquim Louzas; meu pai, José Oliveira dos Santos, e; meu irmão, Sérgio Roberto Oliveira dos Santos. Louzas, que partiu com 80 anos em 1995, ocupou o espaço de um avô. Ensinou durante a minha adolescência a persistência, a perseverança frente às dificuldades, o que foi fundamental para que eu superasse os obstáculos que apareceram no começo da vida. Lição que aprendi cedo e que trago sempre comigo. Aquelas conversas no apartamento da Filó, nas tardes das sextas-feiras, direcionam minha vida até hoje, maneira pela qual ele se manifesta em minha vida. A meu pai, referência na minha vida profissional e pela minha admiração em relação à superação das dificuldades que enfrentou no início de sua vida: a ausência de seu pai, a partida de sua mãe, Maria Alzira de Jesus, no dia seguinte após completar 21 anos e tudo o que ele passou até chegar a vida adulta. Fica o seu exemplo, fica a sua mensagem implícita em seus atos de que não há dificuldade que não possa ser superada. Praticar esse seu legado é uma forma de torná-lo presente. Reafirmo que os compromissos assumidos com ele serão honrados: esta é a minha missão. A meu irmão, Sérgio, que com seu exemplo, mostrou a importância do conhecimento e despertou a minha vontade de mergulhar no mundo dos livros. Ele foi a mola propulsora que impulsionou minha curiosidade rumo à expansão ilimitada do conhecimento. Infelizmente, deixou projetos a realizar, partindo cedo, aos 59 anos, em 21 de agosto de 2016.

À Filomena Gacione, pela sua magia em reunir pessoas. A vida não seria a mesma sem ela e nunca mais foi a mesma após ela partir. Filó dizia que os sobrinhos e os sobrinhos-netos se esqueceriam dela quando eles crescessem. Felizmente, aqui ela tem a prova cabal de que isso não ocorreu, passados mais de 30 anos de sua partida. Filó, por tudo que fez, permanece de alguma forma entre nós. Onde quer que ela esteja, será lembrada por aqueles que a conheceram pela sua generosidade, por ser o que ela foi enquanto esteve conosco.

À Maria (Gacione) Ribeiro, a Mariquinha, pelo exemplo de não abandonar a alegria nos momentos difíceis. As rasteiras da vida não impediram que ela se levantasse. À Margarida (Gacione) Cristilli, pela nossa última conversa em 24 de dezembro de 2004, quando disse a ela a importância daquelas sextas--feiras na minha vida.

À Luiza Gacione Visconti, minha avó, por estar sempre comigo e pelos cafés que tomávamos com as conversas de uma tarde inteira na casa em que eu morava, no Brooklin. A meu avô, Scipioni Visconti, com quem estive por pouco tempo, mas que habita as minhas lembranças. Ao Aristides Visconti Neto, o Mano, que conhecia como poucos a história da música popular brasileira, ouvinte assíduo do programa de rádio Moraes Sarmento, presença importante na minha infância.

Ao médico, doutor Salim Zequi Garcia, que trabalhou por anos no Hospital do Câncer. Como já disse antes, ao médico cabe tentar adiar um fim que nos é certo e venho agradecer a ele pelo adiamento que tive no meu primeiro ano de vida, pois esse tempo permite estar próximo das pessoas que gosto e realizar os trabalhos que me realizam.

Ao professor de caligrafia, Antônio de Franco Filho, que acabou tornando uma amizade em que conversávamos sobre a São Paulo dos anos 30 e 40. Pelo que o conheci, posso dizer que ele era um professor nato *"na expressão integral do termo"*, como diria Euclides da Cunha.

Ao amigo Newton La Scaléa, eterno decano dos Auditores-Fiscais Tributários Municipais de São Paulo e ex-combatente da Força Expedicionária Brasileira (FEB), na II Guerra Mundial. Mesmo nas condições mais adversas, La Scaléa não abandonou seus valores, fato demonstrado na rendição de um oficial alemão para o pelotão dele, em que preservou o respeito ao inimigo que não oferecia mais perigo. Nossas conversas, as quais tem histórias da guerra que não estão em livro algum, permanecem na minha lembrança.

Para aqueles que não estão mais presentes, fica a saudade, o carinho e a gratidão por eles terem escrito algumas páginas do meu livro chamado "vida", além da intenção de um grande abraço.

As pessoas que são nossas referências se refletem em nós, da mesma forma que há nossa projeção sobre eles, constituindo uma troca, a qual aumenta o nosso conhecimento e dá sentido à vida. Difícil dizer como seria a minha vida sem a presença dessas pessoas que menciono aqui. Mas, por outro lado, viver não admite a atuação da partícula "se". Conjecturar não é viver. A vida é composta pelo que fazemos em cada um dos segundos dos dias que seguem em nossa existência, portanto, a cena presente na frase de Bandeira, "*a vida inteira que poderia ter sido e não foi*", não pertence ao domínio da nossa trajetória. O que denominamos passado são os instantes que vivemos com as pessoas com quem partilhamos os nossos eventos. Que vivamos o presente com intensidade, que é o tempo onde a vida acontece. E sejamos receptivos ao futuro.

Com essa constatação, encerro esses agradecimentos da mesma forma como sempre faço, trazendo a frase de Vinícius de Moraes, a qual sintetiza a minha história: "*a vida é a arte do encontro*". Os encontros nos edificam como seres humanos, lapidando aquilo que somos, rumo ao nosso desenvolvimento, em ciclos que se renovam.

PREFÁCIO

O Regime Especial do Imposto Sobre Serviços (ISS), de autoria do Auditor--Fiscal Tributário da Prefeitura de São Paulo, Marcus Rogério Oliveira dos Santos, consolida suas grandes e profícuas experiências junto ao Fisco paulistano e a diversas e respeitadas instituições de ensino. Ou seja, a presente obra foi escrita por profissional que vivencia o dia a dia dos mais variados atos e procedimentos administrativos fiscais, circunstância que somada ao seu competente perfil docente lhe proporciona os ricos conhecimentos com os quais brinda os seus leitores de forma objetiva, clara e independente.

Ao somar conhecimento prático e forte referencial teórico, o autor incialmente trata da interessante e controversa temática a partir da identificação do que são sociedades de profissionais para os fins do § 3º do art. 9º do Decreto-Lei nº 406/1968, segue pela análise das alterações legislativas implementadas desde a década de 1960 até os dias atuais e acrescenta, de forma detalhada, importantes conceitos doutrinários e jurisprudenciais sobre a classificação legal dos diversos tipos de sociedade e a respeito da responsabilidade dos seus respectivos sócios.

Ao analisar de forma profunda julgados administrativos e judiciais sobre a matéria, o autor bem fundamenta suas ponderações sobre o acerto ou desacerto das diversas conclusões que pesquisou.

Na sequência do seu trabalho o autor agrega temas conexos da parte geral do Direito Tributário, a exemplo da decadência, discorre sobre a questão da terceirização, traça paralelos entre o Decreto- Lei nº 406/1968 e a LC 116/2003 e aprofunda o tratamento dado ao Regime Especial do ISS pelo Município de São Paulo, ente político cuja dimensão propicia grande número de debates cujas conclusões servem de referência para inúmeros município brasileiros.

Estou certo de que o esforço do autor será recompensado pela grande utilidade que esta obra terá no dia a dia de profissionais das áreas jurídica, contábil e fiscal.

São Paulo, agosto de 2019.
Ricardo Cunha Chimenti

ABREVIATURAS E SIGLAS UTILIZADAS

Ag	Agravo
Ag Int	Agravo Interno
Ag Rg	Agravo Regimental
AREsp	Agravo no Recurso Especial
ART	Anotação de Responsabilidade Técnica
CAU/BR	Conselho de Arquitetura e Urbanismo do Brasil
CCM	Cadastro de Contribuintes Mobiliários
CF	Constituição Federal
CFC	Conselho Federal de Contabilidade
CGSN	Comitê Gestor do Simples Nacional
CLT	Consolidação das Leis do Trabalho
CMT	Conselho Municipal de Tributos
CONFEA	Conselho Federal de Engenharia e Agronomia
CRC	Conselho Regional de Contabilidade
CREA	Conselho Regional de Engenharia e Agronomia
CTN	Código Tributário Nacional
DAS	Documento de Arrecadação do Simples
DEJUG	Departamento de Tributação e Julgamento
D-SUP	Declaração Eletrônica das Sociedades Uniprofissionais
EDcl	Embargos de Declaração
EIRELI	Empresa Individual de Responsabilidade Limitada
EPP	Empresa de Pequeno Porte
EREsp	Embargos de divergência do Recurso Especial
IN	Instrução Normativa

IPCA	Índice de Preços ao Consumidor Amplo
ISS	Imposto Sobre Serviços
ME	Microempresa
NFS-e	Nota Fiscal de Serviços Eletrônica
OAB	Ordem dos Advogados do Brasil
PA	Processo Administrativo
PAT	Parcelamento Administrativo de débitos Tributários
PPI	Programa de Parcelamento Incentivado
PRD	Programa de Regularização de Débitos
RE	Recurso Extraordinário
REsp	Recurso Especial
RMIT	Regra Matriz de Incidência Tributária
RRT	Registro de Responsabilidade Técnica
SF	Secretaria de Finanças (ou Municipal da Fazenda)
STF	Supremo Tribunal Federal
STJ	Superior Tribunal de Justiça
SUP	Sociedade Uniprofissional
SUREM	Subsecretaria da Receita Municipal
TJSP	Tribunal de Justiça do Estado de São Paulo

LISTA DE TABELAS

Tabela 1: Profissões e serviços passíveis de enquadramento no regime especial do ISS nas listas de serviço introduzidas em 1968 e alteradas até 1987.

Tabela 2: Serviços enquadráveis no regime especial do ISS, com a redação dada pela Lei Complementar nº 56/1987.

Tabela 3: Algumas atribuições em comum entre a engenharia civil e a arquitetura.

Tabela 4: Atribuições em comum do contador e do técnico em contabilidade.

Tabela 5: Habilitações da engenharia civil e elétrica na Resolução nº218/1973 do CONFEA.

Tabela 6: Regras de decadência.

Tabela 7: Serviços de engenharia civil constante das listas anexas ao Decreto-Lei nº 406/1969 e da Lei Complementar nº 116/2003.

Tabela 8: Correlação entre os subitens das listas anexas de serviço da Lei Complementar nº 116/2003 e as atribuições do engenheiro civil (CONFEA – Resolução nº 218/1973).

Tabela 9: Os serviços de contabilidade e de auditoria nas listas anexas do Decreto-Lei nº 406/1968 e da Lei Complementar nº 116/2003.

Tabela 10: Atividades passíveis de enquadramento no regime especial do ISS na lista anexa ao Decreto-Lei nº 406/1968 e na Lei Municipal nº 13.701/2003.

O REGIME ESPECIAL DO ISS

Tabela 11: Comparação entre os dispositivos da lei nacional e local.

Tabela 12: Relação entre os códigos de serviços, subitem da lista anexa e atividades – Instrução Normativa SF/SUREM nº 8, de 18 de julho de 2011.

Tabela 13: Códigos de serviço relacionados com o subitem 7.01.

SUMÁRIO

Capítulo 1 – O Regime Especial do ISS (Sociedade de Profissionais)
no Decreto-Lei nº 406/1968   19

1. Introdução   19
2. Os Requisitos do Regime Especial do ISS no Decreto-Lei
nº 406/1968   20
    2.1 A Lista de Serviços Passíveis de Enquadramento no Regime Especial
do ISS no Decreto-Lei no 406/1968 e nas Leis Posteriores   36
3. A Recepção do Regime Especial do ISS pela Constituição de 1988   43
4. O Regime Especial do ISS foi Revogado pela Lei Complementar
nº 116/2003?.   45
5. Análise da Revogação do Regime Especial do ISS
pela Lei Complementar nº 157/2016.   48
6. Critérios da Regra-matriz de Incidência do Regime Especial do ISS
Dispostos no Decreto-Lei nº 406/1968 e na Lei Complementar
nº 116/2003   53

Capítulo 2 – A Sociedade de Responsabilidade Limitada
e o Regime Especial do ISS.   59

1. Introdução   59
2. Classificação Legal das Sociedades: Empresárias e Simples   60
    2.1 Sociedades Empresárias   61
    2.2 Sociedades Simples.   66
    2.3 Sociedades de Responsabilidade Limitada.   70
    2.4 Conclusões dos Conceitos Tratados.   72

3. O Posicionamento da Primeira Seção do Superior Tribunal de Justiça
(STJ) quanto ao Regime Especial do ISS 75
3.1 Análise dos Julgados do Superior Tribunal de Justiça (STJ) 77
3.2 Conclusões deste Item 3. 85
4. O Posicionamento do Tribunal de Justiça do Estado de São Paulo (TJSP)
quanto ao Regime Especial do ISS. 86
4.1 Análise dos Julgados do Tribunal de Justiça do Estado de São Paulo
(TJSP). 87
4.1.1 Análise das Razões que Determinaram a Procedência das Ações
para os Municípios 87
4.1.1.1 Limitação da Responsabilidade do Sócio e a Divisão
do Capital em Quotas. 89
4.1.1.2 Previsão Contratual de Elaboração de Balanços, Distribuição
de Lucros e Retirada por Meio do Pro Labore 93
4.1.1.3 Previsão Contratual da Gerência da Sociedade por Apenas
um Sócio, Assunção da Condição de Sócio pelos Herdeiros
no Caso de Falecimento dele e Direito de Preferência
no Caso de Cessão de Quotas. 96
4.1.1.4 Existência de Elevado Número de Sócios e Previsão
Contratual de Abertura de Filial 98
4.1.2 Análise das Razões que Determinaram a Procedência
das Ações para os Contribuintes. 99
4.2 Conclusões do Item 4. 101

Capítulo 3 – Análise da Unicidade de Habilitação dos Sócios
Para o Enquadramento do Regime Especial do ISS 107

1. Introdução 107
2. Análise da Relação Entre a Formação Acadêmica, a Habilitação
dos Sócios e o Enquadramento no Regime Especial do ISS 108
3. Sociedade Formada por Profissionais com Formações Distintas,
mas com Atividades em Comum: Engenheiro Civil e Arquiteto
– Objeto Social Singular. 112
4. Sociedade Formada por Sócios em que a Habilitação de Alguns Sócios
está Contida na Habilitação de Outros: Contador e Técnico
em Contabilidade – Objeto Social Singular 121
5. Sociedade Formada por Engenheiros com Habilitações Distintas
– Engenheiro Civil e Engenheiro Eletrotécnico
– Objeto Social Composto. 131

6. Sociedade prestadora de serviços de consultoria em direito
estrangeiro e a sociedade de advogados. 137
7. Análises da Possibilidade de Enquadramento de Especializações
Distintas de uma Mesma Profissão 143
8. Conclusões deste Capítulo 146

Capítulo 4 – Aspectos Complementares Relativos
às Sociedades de Profissionais 151

1. Introdução 151
2. As Presunções no Regime Especial do ISS 152
3. O Tipo de Lançamento Realizado no Regime Especial do ISS 156
4. Os Tipos de Desenquadramento no Regime Especial
do ISS Realizados pela Administração Tributária 159
4.1 Desenquadramento com Base nos Atributos do Contribuinte 160
4.2 Desenquadramento com Base em Ato Normativo Superveniente
ou Alteração Critério Jurídico 161
4.2.1 A Possibilidade de um Ato Infralegal Dispor sobre Requisitos
de Enquadramento 164
5. Aplicação do REsp nº 973.733 e da Súmula nº 555 do STJ
no Regime Especial do ISS 165
5.1 A Decadência 166
5.2 O Entendimento Exarado do REsp 973.733/SC e Súmula
nº 555 do STJ 169
5.3 O Contencioso Administrativo – A Aplicação
do Entendimento do REsp 973.733 no Desenquadramento
das Sociedades do Regime Especial do ISS na Determinação
do Termo Inicial do Prazo Decadencial 173
5.3.1 Análise dos Acórdãos do Conselho Municipal de Tributos
(CMT) Relativas ao Desenquadramento de Sociedades
– Determinação do dies a quo do Prazo Decadencial. 174
6. Análises e Reflexões 179
7. A Questão Relativa à Alteração da Lista Anexa do Decreto-Lei
nº 406/1968 com a Edição da Lei Complementar nº 116/2003 187
7.1 A Engenharia Civil, o Acompanhamento, a Fiscalização
de Obras, Outras Atividades do Engenheiro Civil Previstas
na Lista Anexa da Lei Complementar nº 116/2003
e o Enquadramento no Regime Especial do ISS 187
7.2 Os Serviços de Contabilidade e de Auditoria 192

8. A Terceirização e o Regime Especial do ISS 193
9. Aplicação do Princípio da Capacidade Contributiva
  no Regime Especial do ISS 199

Capítulo 5 – O Regime Especial do ISS no Município de São Paulo. 203

1. Introdução 203
2. A Legislação Tributária do Município de São Paulo. 204
  2.1 As Leis Municipais que Disciplinam o Regime Especial do ISS. 205
  2.2 Os Atos Normativos Infralegais que Disciplinam
    o Regime Especial no Município de São Paulo 222
    2.2.1 O Regulamento do ISS – Decreto nº 53.151/2012 222
    2.2.2 Declaração Eletrônica das Sociedades Uniprofissionais
      – D-SUP. 227
  2.3 As Súmulas Vinculantes Administrativas 233
  2.4 O Parecer Normativo SF nº 3, de 28 de outubro de 2016. 238
  2.5 Decisões do Conselho Municipal de Tributos 250
  2.6 Soluções de Consulta 263
  2.7 O Parcelamento da Sociedade de Profissionais – PRD 283
  2.8 O Regime Especial do ISS para os Profissionais Autônomos. 292

Referências 297

Capítulo 1 – O Regime Especial do ISS
(Sociedade de Profissionais) no Decreto-Lei nº 406/1968

1. Introdução

As sociedades de profissionais, também denominadas "uniprofissionais", não constituem um tipo societário previsto no direito privado. Elas correspondem a um regime especial do Imposto Sobre Serviços (ISS) no qual há incidência desse imposto em valor fixo para cada profissional de uma sociedade prestadora de serviço. Esse regime teve origem na década de 60, com base no regime especial do ISS previsto para profissionais autônomos e que foi estendido para sociedades formadas por profissionais liberais, sendo que essas profissões são regulamentadas por lei e fiscalizadas por um conselho de classe. Como exemplos, podem ser inseridas nesse regime sociedades de engenheiros, advogados, contadores, médicos, veterinários, dentistas, entre outros. As sociedades, ao contrário dos profissionais autônomos, precisam prestar um dos serviços incluídos no rol de atividades passíveis de enquadramento, além de outros requisitos[1].

---

[1] No Decreto-Lei nº 406/1968, o regime relativo aos profissionais autônomos está previsto no §1º do artigo 9º e o regime das sociedades de profissionais, sendo essa a sociedade formada por profissionais liberais, está disposta no § 3º desse mesmo artigo. Os profissionais autônomos poderão prestar qualquer serviço, enquanto a sociedade se subordina a um rol mais restrito de serviços passíveis de enquadramento.

Preliminarmente, em nossas análises, consideraremos a habilitação como sendo o conjunto de atividades para o qual é permitido ao profissional exercê-las após cumprir as exigências legais para o exercício da profissão. Assim, a habilitação de um engenheiro civil, por exemplo, será o conjunto de atividades que esse profissional está autorizado a fazer pela legislação que regulamenta a profissão. Veremos no Capítulo 5 que a Administração Tributária do Município de São Paulo possui um conceito diverso do nosso entendimento do que venha a ser "atividade".

Neste Capítulo iremos discorrer sobre o regime especial do ISS, analisando as disposições do artigo 9º, §§ 1º e 3º Decreto-Lei nº 406/1968, as quais constituem os requisitos necessários para que uma sociedade possa ingressar no regime especial mencionado. Denominamos esses requisitos como "genéricos" ou "gerais", porque o Decreto-Lei nº 406/1968 é uma lei nacional e as leis locais dispõem sobre esses e, eventualmente, outros adicionais, os quais denominamos requisitos "específicos".

2. Os Requisitos do Regime Especial do ISS no Decreto-Lei nº 406/1968

Não há no Decreto-Lei nº 406/1968 a denominação "sociedade uniprofissional" (ou, sua abreviação, "SUP") sendo esta designação atribuída pela doutrina ou jurisprudência[2]. Preferimos denominar esse regime como "sociedade de profissionais" ao invés de "sociedade uniprofissional", porque, conforme será abordado adiante, entendemos que, em alguns casos, pode ser admitido o enquadramento nesse regime de sociedade formada por profissionais com habilitações distintas em circunstâncias específicas. Esse regime especial consiste numa incidência tributária mais benéfica sobre a prestação de serviços do que a tributação sobre o movimento econômico, podendo esta última ser igualmente denominada tributação ordinária do ISS.

Na tributação ordinária, igualmente chamada de tributação sobre o movimento econômico, sobre a receita de serviços[3] incide uma alíquota *ad valorem*

---

[2] Veremos no Capítulo 5 que o Regulamento do ISS do Município de São Paulo utiliza dessa denominação.

[3] Consideramos aqui a receita de serviços como sendo a somatória dos preços dos serviços prestados em um mês (denominamos "incidência" o período de um mês do calendário).

CAPÍTULO 1 – O REGIME ESPECIAL DO ISS (SOCIEDADE DE PROFISSIONAIS) ...

entre 2% e 5%[4], conforme dispuser a lei local, enquanto na sociedade de profissionais incide um valor fixo mensal estabelecido por lei formal local, independentemente da receita efetivamente auferida pelos serviços prestados. Observa-se que o valor recolhido no regime especial, em quase a totalidade dos casos, é inferior aquele que seria recolhido se fosse aplicada a tributação ordinária, razão pela qual afirmamos que o regime especial é benéfico para o contribuinte.

MORAES (1975, p. 538) discorre sobre a origem desse regime:

> "A preocupação da douta comissão especial de reforma tributária era a de que a base imponível do ISS não fosse "a receita bruta real ou presumida" do contribuinte. Isto para evitar uma superposição de impostos (ISS e IR) sobre a receita bruta das entidades prestadoras de serviços. E a cautela era necessária, não somente porque o mesmo Código Tributário havia escolhido como base de cálculo do imposto sobre a renda "o montante real ou presumido, da renda ou dos proventos tributáveis" (art. 44), como também diante do comportamento da Suprema Corte de Justiça, que dera pela inconstitucionalidade da cobrança do imposto de transações, exigido pela Fazenda do Estado de São Paulo, em relação aos contratos de locação de serviços profissionais, tendo por fato gerador a respectiva renda auferida."

Observa-se que a origem do regime especial do ISS se baseia na intenção de evitar a bitributação para os profissionais autônomos[5], na qual a União, por meio do imposto sobre a renda e, os Municípios, com o ISS, concorreriam para tributar a receita advinda da prestação dos serviços, uma vez que as pessoas naturais prestadoras de serviço não teriam à disposição eventuais deduções na base de cálculo do imposto sobre a renda das pessoas jurídicas.

---

[4] As alíquotas mínimas e máximas do ISS prevista na Lei Complementar nº 116/2003 são igualmente aplicáveis no regime especial desse imposto.

[5] O Município de São Paulo aplicou o regime especial também para os profissionais autônomos de forma distinta, com valores diferenciados em razão da formação educacional do prestador de serviço. Atualmente, o regime especial para autônomos encontra-se revogado. No Capítulo 5 discorreremos sobre o assunto.

Esse regime foi estendido pelo legislador para as sociedades correspondentes às profissões liberais[6].

Os requisitos gerais[7] estão dispostos no artigo 9º, § 1º e § 3º do Decreto-Lei nº 406/1968, cujo dispositivo está transcrito a seguir[8]:

> Art 9º A base de cálculo do impôsto é o preço do serviço.
>
> § 1º Quando se tratar de prestação de serviços sob a forma de trabalho pessoal do próprio contribuinte, o impôsto será calculado, por meio de alíquotas fixas ou variáveis, em função da natureza do serviço ou de outros fatores pertinentes, nestes não compreendida a importância paga a título de remuneração do próprio trabalho.
>
> § 3º Quando os serviços a que se referem os itens 1, 4, 8, 25, 52, 88, 89, 90, 91 e 92 da lista anexa forem prestados por sociedades, estas ficarão sujeitas ao imposto na forma do § 1º, calculado em relação a cada profissional habilitado, sócio, empregado ou não, que preste serviços em nome da sociedade, embora assumindo responsabilidade pessoal, nos termos da lei aplicável.

Dentro daquilo que expusemos, relativamente à origem do regime especial, o § 1º em tela é o regime destinado aos profissionais autônomos, qualquer serviço que seja, desde que o trabalho seja pessoal e do próprio contribuinte

---

[6] Segundo MORAES (1975, p. 542 – 543): *"Assim, as características essenciais da profissão liberal são: a) ser atividade de ordem predominantemente intelectual, que exige mais o uso das faculdades do espírito, a intervenção do intelecto. O serviço prestado pelo profissional liberal, ao contrário das profissões mecânicas ou manuais é predominantemente intelectual; b) necessidade da habilitação legalmente reconhecida. A profissão liberal, para seu exercício, exige a posse de um diploma de curso superior ou especializado, expedido a favor da pessoa que pratica a atividade, como prova de capacidade para o exercício da profissão. Mas não é só, tal diploma deve ser registrado no Ministério da Educação, ou na Universidade, como prova de que a escolaridade de seu titular foi regular. Posteriormente, ao inscrever-se na instituição de classe, a quem cabe a fiscalização do exercício profissional, o interessado adquire habilitação legal para o exercício da profissão liberal".*
Observa-se que o termo "profissional autônomo" é gênero, pois basta que o prestador de serviço atue por conta própria, enquanto a qualificação "profissional liberal' é espécie do primeiro, exigindo requisitos específicos mencionados no excerto transcrito nesta nota de rodapé.

[7] No Município de São Paulo, a lei local insere requisitos além daqueles dispostos no Decreto-Lei nº406/1968 para o enquadramento no regime especial do ISS. Tais requisitos serão tratados no Capítulo 5.

[8] Mantivemos a ortografia da época em que o Decreto-Lei nº 406/1968 foi editado.

CAPÍTULO 1 – O REGIME ESPECIAL DO ISS (SOCIEDADE DE PROFISSIONAIS) ...

(no trabalho autônomo não se admite substituição da pessoa natural que presta o serviço, pois o contribuinte do ISS é a pessoa natural). O dispositivo ainda permite a utilização de *"alíquota fixas ou variáveis, em função da natureza do serviço ou de outros fatores pertinentes"*. Nesse caso, o Município de São Paulo ao estabelecer valores diferenciados para profissionais com e sem formação superior[9] legislou de acordo com o que dispõe esse parágrafo.

O § 3º em comento é aplicado para as sociedades de profissionais e trata do regime objeto de nossa análise. Porém, é preciso observar que ele é destinado às sociedades e especifica os tipos de serviço que permitem o enquadramento nesse regime. Aqui, o contribuinte do ISS não é mais o profissional, como ocorre no caso dos profissionais autônomos, estatuído no § 1º desse artigo, mas a sociedade que ele integra.

Verificando os dispositivos transcritos, constatamos que as sociedades de profissionais apresentam os requisitos dispostos nos §§ 1º e 3º do artigo 9º do Decreto-Lei nº 406/1968, em razão da literalidade do último parágrafo:

1) Prestação de serviço sob a forma de trabalho pessoal do profissional da sociedade;
2) O serviço deve ser prestado em nome da sociedade;
3) Cada pessoa natural que integrar a sociedade deve estar habilitada para o serviço a ser prestado em nome da sociedade e deve assumir responsabilidade pessoal pela prestação, nos termos da lei;
4) O serviço prestado pela sociedade deve estar dentre aqueles itens constantes da lista anexa[10] (1. Médicos, inclusive análises clínicas, eletricidade médica, radioterapia, ultrassonografia, radiologia, tomografia

---

[9] Transcrevemos o inciso I do artigo 15 da Lei Municipal nº 13.701/2003 de São Paulo, o qual foi revogado pela Lei Municipal nº 14.865/2008: *"Art. 15 – Adotar-se-á regime especial de recolhimento do Imposto: I – quando os serviços descritos na lista do "caput" do artigo 1º forem prestados por profissionais autônomos ou aqueles que exerçam, pessoalmente e em caráter privado, atividade por delegação do Poder Público, estabelecendo-se como receita bruta mensal os seguintes valores:a) R$ 800,00 (oitocentos reais), para os profissionais autônomos ou aqueles que exerçam, pessoalmente e em caráter privado, atividade por delegação do Poder Público, cujo desenvolvimento que exija formação em nível superior;b) R$ 400,00 (quatrocentos reais), para os profissionais autônomos que desenvolvam atividade que exija formação em nível médio; c) R$ 200,00 (duzentos reais), para os profissionais autônomos que desenvolvam atividade que não exija formação específica;"*

[10] A numeração dos itens segue a lista anexa do Decreto-Lei nº 406/1968, introduzida pela Lei Complementar nº 56/1987.

e congêneres; 4. Enfermeiros, obstetras, ortópticos, fonoaudiólogos, protéticos (prótese dentária);8. Médicos veterinários; 25. Contabilidade, auditoria, guarda-livros, técnicos em contabilidade e congêneres; 52. Agentes da propriedade industrial; 88. Advogados; 89. Engenheiros, arquitetos, urbanistas, agrônomos; 90. Dentistas; 91. Economistas; 92. Psicólogos).

Passemos à análise desses requisitos em maiores detalhes.

O primeiro requisito disposto no § 1º é *"a prestação de serviços sob a forma de trabalho pessoal do próprio contribuinte"*. Para MORAES (1975, p.537):

> "Por trabalho pessoal do próprio contribuinte, entendemos o serviço (puro fornecimento de trabalho) prestado por pessoas físicas, em caráter de trabalho da própria pessoa. Não atinge o serviço prestado por apenas pessoas jurídicas e nem os realizados em caráter empresarial."

BARRETO (2009, p. 399 e 400) segue na mesma direção, a respeito da prestação de serviço com pessoalidade:

> "No conceito de "prestação de serviço sob a forma de trabalho pessoal do próprio contribuinte" é nítida a vontade da lei de restringir essa noção ao trabalho prestado por pessoa física. Embora possa parecer tautológico, o certo é afirmar que se entende como trabalho pessoal aquele em que a própria pessoa presta, pessoalmente, o serviço, sem deferi-lo a terceiros; desta forma, desde logo, não será trabalho pessoal o fornecido por empresa, mesmo individual, nem o de todo profissional autônomo."

Os entendimentos do conceito "trabalho pessoal do próprio contribuinte" não são objetos de controvérsia entre os doutrinadores mencionados, mas compatíveis entre si. Apenas, reiteramos que, para as sociedades, a pessoa natural que presta o serviço em nome da sociedade é parâmetro de determinação da base de cálculo, ao contrário do caso dos profissionais autônomos, em que é o próprio contribuinte. Dos excertos, temos duas constatações: a primeira é que o corolário do requisito do trabalho pessoal é a vedação de sócio que seja pessoa jurídica no regime especial do ISS. MORAES (1975, p. 549) afirma que:

> "a disposição exceptiva não pode beneficiar as sociedades em que exista sócio pessoa jurídica, porque um sócio com tal qualificação não poderia ser considerado um 'profissional habilitado' nem tampouco assumiria responsabilidade pessoal nos termos da legislação aplicável."

Como a pessoa jurídica não pode prestar serviço de forma pessoal, uma vez que esse tipo de prestação é característico da pessoa natural, a existência de sócio que seja pessoa jurídica, por decorrência lógica, autoriza o não enquadramento no regime especial do ISS, ou o desenquadramento, se a sociedade já estiver enquadrada e houver alteração no quadro societário com a inclusão de uma pessoa jurídica.

A segunda constatação é a oposição entre o trabalho pessoal e o serviço prestado em caráter empresarial, sendo esse atributo entendido nos termos dispostos no artigo 966 do Código Civil, como *"o exercício profissional de atividade econômica organizada para a produção ou a circulação de bens ou de serviços"*. Constata-se aqui que esses dois conceitos, pessoalidade e caráter empresarial, são mutuamente exclusivos. Neste ponto, verificamos que o caráter empresarial na prestação de serviços se caracteriza em razão da organização profissional do exercício da atividade e se opõe ao conceito de pessoalidade na prestação de serviços porque, na medida em que há uma estrutura empresarial na consecução do objeto social é necessário haver profissionais que organizem o exercício dessa atividade, o que é normalmente realizado pelos sócios ou administradores. Destarte, os sócios deixam de prestar o serviço pessoalmente e passam a organizar as atividades da pessoa jurídica. Assim, surgem as camadas hierárquicas intermediárias, os órgãos internos, a departamentalização, o que confere à sociedade natureza empresarial. Conclui-se, portanto, que a atividade empresarial impede o enquadramento no regime especial do ISS, na medida em que a prestação do serviço afastar a pessoalidade.

O próximo requisito é a existência de uma sociedade, pois para que um serviço possa ser prestado em nome de uma sociedade, ela deverá estar previamente constituída e, em regra, inscrita no conselho profissional correspondente para a prestação dos serviços passíveis de enquadramento. MORAES (1975, p. 546 e 547) afirma que *"Não basta uma reunião de profissionais, v.g., de 5 advogados, que se reúnam para prestar seus serviços em comum, sem que entre eles exista realmente uma sociedade civil de trabalho."*

A definição de sociedade é legal, conforme dispõe o parágrafo único do artigo 981 do Código Civil: *"as pessoas que reciprocamente se obrigam a contribuir, com bens ou serviços, para o exercício de atividade econômica e a partilha, entre si, dos resultados", podendo exercer um ou mais negócios".* Destarte, da constituição da sociedade origina uma personalidade jurídica[11] distinta da personalidade dos sócios e que tem como fim o exercício da atividade econômica e a repartição dos resultados correspondentes. No caso do regime especial do ISS, essa atividade é o exercício de uma das profissões liberais constantes da Tabela 2 adiante, na qual se verifica a correspondência existente entre o objeto social e a habilitação dos sócios que prestam o serviço em nome da sociedade, ao mesmo tempo em que os profissionais prestadores do serviço, pessoas naturais, assumem a responsabilidade técnica, constituindo uma relação indivisível entre a habilitação profissional, o objeto social e a responsabilidade pessoal. Reiteramos aqui a impossibilidade jurídica do enquadramento no regime especial das sociedades não personificadas, porque é necessária a existência de uma personalidade jurídica no polo passivo da obrigação tributária e, no regime em comento, a sociedade é o sujeito passivo dessa relação jurídica.

Vimos que o legislador do Decreto-Lei nº 406/68 estatuiu que as sociedades são os sujeitos passivos, qualificadas como contribuinte, no regime especial do ISS, porém, esse diploma legal quedou-se silente relativamente ao tipo societário necessário ao enquadramento. A sociedade possui personalidade jurídica distinta da dos sócios, o que implica ela ser o sujeito passivo

---

[11] Não foram consideradas as sociedades não personificadas, porque, em nosso entendimento, elas não são passíveis de enquadramento no regime especial do ISS por uma razão muito simples: ainda que o Código Civil preveja tipos societários não personificados, tal fato, apesar de cumprir o requisito do regime especial, "existência de uma sociedade", não preenche o critério subjetivo da regra matriz de incidência desse regime, uma vez que a sociedade é necessariamente o sujeito passivo da obrigação jurídica tributária, destarte, a sociedade deve ter necessariamente personalidade jurídica, para que possa integrar a relação jurídica tributária como sujeito passivo.

do ISS no regime especial. Seus sócios prestarão o serviço com pessoalidade e em nome dela.

Uma discussão que pode ser feita aqui, relativamente a uma classificação utilizada no direito societário, a análise da possibilidade de inclusão das sociedades de pessoas e de capital no regime especial do ISS.

MORAES (1975, p. 540) detalha o que afirmamos: "*Se a pessoa se serve de capital e de pessoal, o serviço deixa de ser pessoal para ser de empresa.*" Percebe-se que o autor reconhece que as sociedades de capital são empresárias e que tal configuração é incompatível com o enquadramento no regime especial do ISS, considerando também as análises realizadas até aqui.

A classificação das sociedades, relativamente à pessoa dos sócios, forma dois grupos: a sociedade de pessoas e sociedades de capital. REQUIÃO (2012, p. 485 e 486) disserta:

> "Não desconhecemos que esse critério de classificação tem sido criticado, mas persistimos no propósito de adotá-lo dado o seu valor didático. Com efeito, as sociedades chamadas de pessoas são as que se constituem tendo em vista a pessoa dos sócios. Os sócios entre si, cada um deles, escolhem os seus companheiros. (...) Nas sociedades de capitais é indiferente a pessoa do sócio, prevalecendo o impessoalismo do capital, pois o acionista ingressa na sociedade ou dela se retira, sem dar atenção aos demais, pela simples aquisição ou venda de suas ações."

Lembramos que essa classificação é de caráter doutrinário, não legal. As sociedades de capital são necessariamente empresárias, porque necessitam predominantemente do capital para a consecução do objeto social, sendo, em regra, indiferentes à pessoa do sócio. MORAES (1975, p. 546) exclui a possibilidade de a sociedade de capital ser passível de enquadramento no regime especial. Se há necessidade relevante do capital, a prestação do serviço deixará de ter pessoalidade, então podemos inferir que a ausência de pessoalidade entre sócios será quanto maior for a presença do capital? Nem sempre, pois nada impede que, em uma sociedade de capitais, haja pessoalidade entre os sócios. Destarte, nesse caso, resta descartada a pessoalidade entre os sócios como parâmetro de enquadramento no regime especial e excluída a possibilidade de a sociedade de capital ser inscrita no regime especial do ISS. Se sociedade de pessoas for, ela poderá assumir a natureza simples[12] ou empresária, sendo necessária a análise do exercício do objeto social para verificar se os requisitos do Decreto-Lei nº 406/1968 encontram-se atendidos.

Ocorre que essa classificação pertencente ao direito privado se baseia na *affectio societatis*, ou seja, está relacionada com a pessoalidade entre os sócios, no sentido de ela ser relevante para a formação da sociedade. Havendo essa característica, a sociedade será de pessoas. No entanto, reiteramos, há casos em que há predominância do capital na formação da sociedade e, nesse caso, a pessoalidade entre os sócios é irrelevante. Aqui teremos as sociedades de capitais. Porém, não há uma correlação necessária entre a pessoalidade entre os sócios e a pessoalidade na prestação de serviços, porque os sócios, em razão de vínculos pessoais, podem resolver iniciar uma sociedade empresarial, na qual eles irão organizar a prestação do serviço, ao invés de prestá-la pessoalmente, caracterizando o exercício de atividade empresária. Nesse caso, apesar da importância do capital para o exercício da atividade, o Superior Tribunal de Justiça (STJ) no julgamento do REsp nº 1.321.263/PR entendeu que tal sociedade é de pessoas. Isso demonstra que o fato de a sociedade ser de pessoas não constitui condição necessária e suficiente para o enquadramento. Assim sendo, a pessoalidade dos sócios considerada na formação da sociedade não determina necessariamente a pessoalidade na prestação dos serviços. Mas a falta de pessoalidade entre os sócios com presença maciça de capital muito provavelmente resultará na ausência de pessoalidade na prestação do serviço. Assim sendo, a pessoalidade entre os sócios não deve ser utilizada como parâmetro de enquadramento de uma sociedade no regime especial do ISS. Na mesma linha, MARTINS (2009, p. 177) acrescenta:

> "Como elementos específicos caracterizadores das sociedades empresárias, requer-se a cooperação efetiva entre os sócios, a que se chama *affectio societatis*, isto é, o liame de estarem os sócios juntos para a realização do objeto social, a contribuição dos sócios para capital social e a participação dos mesmos nos lucros e perdas. O primeiro desses

---

[12] A sociedade simples é regida pelo parágrafo único do artigo 966 do Código Civil: "*Não se considera empresário quem exerce profissão intelectual, de natureza científica, literária ou artística, ainda com o concurso de auxiliares ou colaboradores, salvo se o exercício da profissão constituir elemento de empresa.*"

CAPÍTULO 1 - O REGIME ESPECIAL DO ISS (SOCIEDADE DE PROFISSIONAIS) ...

elementos se encontra nas sociedades *contratuais* ou *de pessoas*, em que realmente os sócios se unem por um contrato especial para a constituição de uma pessoa jurídica capaz de realizar um objetivo comum. O mesmo, entretanto, não ocorre nas sociedades *institucionais* ou de *capitais*; (...) A nova roupagem do atual Código Civil, ao distinguir entre sociedades empresárias e não-empresárias, alista muito bem a conotação de pessoalidade notadamente nas cooperativas e sociedades simples, mas é inegável se reconheça na modernidade a maior participação das empresas na consecução dos lucros."

Conforme o excerto acima há uma correlação entre sociedades simples serem sociedades de pessoas (e não o contrário), assim como sociedade de capitais são empresárias. Ficou claro que as sociedades a serem inscritas no regime especial do ISS devem ser sociedades de pessoas (em contraposição à sociedade de capitais), portanto, as sociedades simples convergem para essa condição. MORAES (1975, p. 546) disserta no sentido daquilo que afirmamos:

"A sociedade profissional catalogada pela lei complementar é do tipo sociedade cuja atividade exige um mínimo de capital como fator de lucro. Com um mínimo de capital, pode chegar-se à obtenção de lucros muito elevados (com relação ao capital), uma vez que o seu rendimento decorre da sua capacidade de trabalho (causa eficiente), inclusive de relações pessoais e profissionais dos sócios. Nestas sociedades, o papel do capital passa a ser impraticável distinguir no lucro a parcela dele resultante."

Aqui observamos que a classificação utilizada pela doutrina do direito societário não se aplica plenamente na análise da natureza da sociedade para o fim de enquadramento no regime especial do ISS e nem deveria, pois o direito societário, ramo do direito privado, possui plena autonomia em relação ao direito tributário, ramo pertencente ao direito público e, por outro lado, o legislador não incluiu ou excluiu expressamente qualquer tipo societário como requisito de enquadramento, mas requer a pessoalidade na prestação dos serviços para que a sociedade possa ser enquadrada no regime especial do ISS.

Destarte, a utilização dessa classificação não é recomendável para determinar o enquadramento tributário da sociedade no regime especial do ISS, sendo necessário percorrer os requisitos dispostos no Decreto-Lei nº 406/1968 e ainda verificar se eles estão presentes no caso concreto analisado. Considerando a classificação de sociedades, que as divide entre sociedade de pessoas e de capital, essa se revela insuficiente para determinar o enquadramento da entidade no regime especial do ISS, pois apenas se a sociedade for de capitais determina a impossibilidade quanto ao enquadramento nesse regime tributário. Se for sociedade de pessoas, será ainda necessário percorrer os requisitos estabelecidos pela lei tributária. Tal classificação, na visão de COELHO (2007, p. 372), é limitada inclusive para o próprio direito societário:

> "A classificação das sociedades em de pessoas e de capital, concordo, é inoperante no enfrentamento de muitas das questões do direito societário. A constituição e dissolução da sociedade, a maior ou menor *affectio societatis* entre os sócios, a atribuição de *pro labore* e outros temas da vida societária são impermeáveis nessa distinção. Mas quando se cuida das condições para a cessão de quotas, somente o recurso à natureza personalística ou capitalista desta pode nortear a solução."

Assim sendo, deixamos aqui a advertência de que a utilização dessa classificação como parâmetro de enquadramento no regime especial pode conduzir a conclusões equivocadas, uma vez que ela, em alguns casos, se distancia dos requisitos estatuídos pelo Decreto-Lei nº 406/1968. Nesse caso, a única afirmação que podemos fazer é que, se a sociedade for de capitais, o enquadramento não deverá ser realizado. Sendo de pessoas, a resposta é inconclusiva.

Constata-se de plano que estão excluídas do enquadramento no regime especial as associações e as fundações. Outra constatação é que está excluída do enquadramento a empresa individual de responsabilidade limitada, por não ter natureza societária[13], como já decidiu a 14ª Câmara de Direito Público do Tribunal de Justiça de São Paulo (TJSP).

---

[13] O TJSP já se manifestou nesse sentido: Apelação nº 4004212-91.2013.8.26.0114 julgada pela 14ª Câmara de Direito Público. Excerto do voto: *"Com efeito, trata-se de nova espécie jurídica o empresário individual, de responsabilidade limitada. Portanto, não é uma sociedade; não incide, o § 3º do artigo 9º do Decreto-Lei nº 406/68. Pode-se cogitar da aplicação por analogia do respectivo § 1º. Mas,*

CAPÍTULO 1 - O REGIME ESPECIAL DO ISS (SOCIEDADE DE PROFISSIONAIS) ...

O próximo requisito está vinculado ao objeto social: é necessário que a sociedade exerça uma das seguintes atividades previstas nos itens de serviço da lista anexa, arroladas na Tabela 2, adiante, onde se encontram os serviços passíveis de enquadramento no regime especial. Essa lista foi alterada ao longo do tempo conforme será exposto no item 2.1. Como vimos, a sociedade é contribuinte do ISS no regime especial, então é o seu objeto social que deve estar alinhado aos serviços constantes do § 3º do artigo 9º do Decreto-Lei nº 406/68.

Um questionamento que pode ser feito é se é possível admitir sócios com profissões distintas e constantes do § 3º em comento relativamente ao objeto social da pessoa jurídica, como exemplo, um engenheiro civil e um arquiteto: quanto à habilitação dos sócios, tanto BARRETO (2009, p. 411) quanto MORAES (1975, p. 549) entendem que não há necessidade de que as habilitações dos sócios sejam idênticas[14], mas basta que estejam voltadas ao exercício do objeto social. Embora as atividades passíveis de enquadramento no regime especial serão objeto de comentários específicos no item 2.1, transcrevemos novamente quais são elas, com os itens respectivos da lista anexa do Decreto-Lei nº 406/1968: 1. Médicos, inclusive análises clínicas, eletricidade médica, radioterapia, ultrassonografia, radiologia, tomografia e congêneres; 4. Enfermeiros, obstetras, ortópticos, fonoaudiólogos, protéticos (prótese dentária);8. Médicos veterinários; 25. Contabilidade, auditoria, guarda-livros, técnicos em contabilidade e congêneres; 52. Agentes da propriedade industrial; 88. Advogados; 89. Engenheiros, arquitetos, urbanistas, agrônomos; 90. Dentistas; 91. Economistas; 92. Psicólogos.

Observamos que a combinação entre as profissões relativamente a um dado objeto social não comporta grande elasticidade para fins de enquadramento na sociedade de profissionais, como exemplo: a formação de uma sociedade entre um engenheiro e um psicólogo praticaria qual objeto social dentre aqueles

a jurisprudência do E. STJ orienta-se pela denegação do benefício, para empresas com responsabilidade limitada, dos seus administradores." Ver também a Solução de Consulta SF/DEJUG nº 22, de 25 de abril de 2013, no Capítulo 5.

[14] MORAES (1975, p. 548) afirma que os Tribunais não compartilham desse entendimento: *"A jurisprudência tem se inclinado pela necessidade de todos os sócios serem habilitados para o exercício da profissão objeto da sociedade, possuindo todos a mesma categoria profissional (identificação entre o objeto da sociedade e a atividade de todos os sócios)".* Em nossa pesquisa, relativamente aos acórdãos proferidos pelas Câmaras de Direito Público do TJSP encontramos diversos julgados nesse sentido.

admitidos para enquadramento no regime especial em comento e relacionado com as habilitações correspondentes? Pode haver ainda impedimento existente nas leis que regem cada uma das profissões passíveis de enquadramento no regime especial. Um exemplo é o artigo 16[15] da Lei nº 8.906/1994, que contém as disposições do Estatuto da Advocacia, impedindo a inscrição na OAB da sociedade que não tenha todos os sócios advogados. Esse é um caso típico do caráter uniprofissional[16] (todos os sócios devem estar habilitados necessariamente na mesma profissão) da sociedade de serviços de advocacia, pois se os sócios não forem todos advogados, a OAB não permitirá sua inscrição no órgão de classe. Com isso, a sociedade sem inscrição na OAB não poderá ser sociedade de advogados, logo não terá atendido o requisito relativo à atividade previsto no item 88 da lista anexa do Decreto-Lei nº 406/1968, não sendo permitido o seu enquadramento no regime especial.

As sociedades de contabilidade admitem sócio não contador, desde que este não realize qualquer atividade técnica, nos termos do artigo 15[17] do Decreto-Lei nº 9.295/1946, que regulamenta a profissão dos contadores. Nesse caso, fazendo a intersecção entre o regime especial do ISS e o artigo 15 em comento, percebemos que o sócio não contador fica impedido de praticar o objeto social, razão pela qual a pessoalidade restará afastada em relação a esse sócio, impedindo o enquadramento no regime das sociedades de profissionais. Aqui fica claro que, a possibilidade de sociedades formadas por sócios que tenham habilitações distintas, relativamente ao enquadramento no regime das

---

[15] *"Art. 16. Não são admitidas a registro nem podem funcionar todas as espécies de sociedades de advogados que apresentem forma ou características de sociedade empresária, que adotem denominação de fantasia, que realizem atividades estranhas à advocacia, que incluam como sócio ou titular de sociedade unipessoal de advocacia pessoa não inscrita como advogado ou totalmente proibida de advogar."*

[16] O termo "uniprofissional" está relacionado aos profissionais da sociedade estarem habilitados à mesma profissão. Esse termo vai além da mesma formação acadêmica, porque bacharéis em direito não estão habilitados ao exercício da advocacia enquanto não aprovados no exame da Ordem, embora tenham a mesma formação acadêmica que os advogados. Situação idêntica à dos bacharéis em ciências contábeis que ainda não foram aprovados no exame de suficiência. Nesse caso, eles não estão habilitados a atuarem como contadores.

[17] *"Art. 15 – Os indivíduos, firmas, sociedades, associações, companhias e emprêsas em geral, e suas filiais que exerçam ou explorem, sob qualquer forma, serviços técnicos contábeis, ou a seu cargo tiverem alguma seção que a tal se destine, sòmente poderão executar os respectivos serviços, depois de provarem, perante os Conselhos de Contabilidade que os encarregados da parte técnica são exclusivamente profissionais habilitados e registrados na forma da lei."*

sociedades de profissionais, não se restringe somente à análise da legislação tributária, mas, para essa análise, deve ser considerada também a lei que rege o exercício da profissão correspondente, porque as sociedades de profissionais devem ser inscritas nos respectivos conselhos e a lei que regulamenta a profissão vai permitir ou não a presença de sócios com habilitações distintas.

Porém, há casos em que algumas das atividades pertencentes às habilitações dos profissionais com formações distintas são comuns às duas profissões, como é o caso do engenheiro civil e o arquiteto. Ou então, algumas das atividades dos sócios com habilitações distintas guardam certa relação com o objeto da sociedade que integram, como exemplo, a sociedade formada por engenheiro civil e engenheiro eletrotécnico, na qual, o primeiro faz projetos de estruturas e fundações e o segundo, projetos de instalações elétricas residenciais. No entanto, para não nos desviarmos da análise dos requisitos das sociedades de profissionais, essas situações serão analisadas com maior profundidade no Capítulo 3, mas já adiantamos aqui que, quanto aos sócios "terem a mesma habilitação relativamente ao exercício do objeto social" não é sinônimo de "terem a mesma formação acadêmica"[18] e tampouco estarem habilitados à mesma profissão. Atribuir a condição de sinônimas a essas expressões é um equívoco que, conforme veremos adiante, consagra a denominação "sociedade uniprofissional" dada a esse regime especial, pois essa denominação, que não é originária da lei, sugere que os sócios devam estar habilitados na mesma profissão e se assim for, deverão ter a mesma formação acadêmica, fato que discordamos e que apresentaremos as razões posteriormente. Essa denominação, "uniprofissional", pode influenciar a interpretação da legislação dos julgadores administrativos e judiciais a não admitir a inclusão no regime especial de sociedade que tenha sócios com habilitações distintas para exercer o objeto social, interpretação que, ao nosso ver, se demonstrará equivocada, em casos específicos.

---

[18] Apenas adiantamos aqui um exemplo que será visto adiante: suponha uma sociedade formada por um contador e um técnico em contabilidade. Embora sejam formações distintas, a primeira é um curso superior e a segunda não. A habilitação do técnico está contida na habilitação do contador. A depender do objeto social, ou seja, se ele contemplar somente as atividades resultantes da intersecção entre as duas habilitações mencionadas, para o exercício desse objeto social está verificada a mesma habilitação para a prestação do serviço, embora as formações sejam distintas. Essa situação também será tratada no Capítulo 3.

O requisito seguinte, que inclusive foi mencionado, é a *responsabilidade pessoal do profissional habilitado*[19]: por profissional habilitado entende-se que será aquele que cumpriu os requisitos para o exercício profissional. Para as profissões passíveis de enquadramento no regime especial, estará habilitado o profissional que estiver inscrito no conselho correspondente à profissão exercida. Assim, deve o advogado estar registado na Ordem dos Advogados do Brasil (OAB) e sua responsabilidade está estatuída no artigo 17[20] da Lei nº 8.906/1994; o engenheiro, no Conselho Regional de Engenharia e Agronomia (CREA), com a responsabilidade estatuída nos termos dos artigos 1º e 2º[21] da Lei nº 6.496/1977; e assim quanto às demais profissões. Ainda que as pessoas jurídicas sejam inscritas nos respectivos conselhos, a responsabilidade técnica pela prestação do serviço é sempre da pessoa natural.

A doutrina traz lições no sentido de que o requisito relativo à responsabilidade pessoal[22] nos termos da lei assumida pelos sócios que prestem o serviço pessoalmente, é, no entendimento de MORAES (1975, p. 546), conforme já mencionamos, a responsabilidade técnica, ou seja, a decorrente do exercício

---

[19] No Município de São Paulo, a definição de "profissional habilitado" está no inciso I do artigo 1º do Parecer Normativo SF nº 3, de 28 de outubro de 2016. É *"aquele que satisfaz todos os requisitos necessários para o exercício da profissão, nos termos da legislação específica que regula a atividade profissional."* Essa definição é idêntica a que utilizamos.

[20] *"Art. 17. Além da sociedade, o sócio e o titular da sociedade individual de advocacia respondem subsidiária e ilimitadamente pelos danos causados aos clientes por ação ou omissão no exercício da advocacia, sem prejuízo da responsabilidade disciplinar em que possam incorrer. Esse dispositivo trata da responsabilidade civil quanto a uma eventual indenização devida ao cliente como da responsabilidade técnica ou disciplinar perante a OAB."*

[21] *"Art 1º – Todo contrato, escrito ou verbal, para a execução de obras ou prestação de quaisquer serviços profissionais referentes à Engenharia, à Arquitetura e à Agronomia fica sujeito à "Anotação de Responsabilidade Técnica" (ART).*
Art 2º – A ART define para os efeitos legais os responsáveis técnicos pelo empreendimento de engenharia, arquitetura e agronomia."*

[22] A responsabilidade pessoal, na legislação tributária do Município de São Paulo, está disposta no inciso IV do artigo 1º do Parecer Normativo SF nº 3, de 28 de outubro de 2016 e apresenta a seguinte redação: *"a obrigação do profissional de assumir a autoria e prestar constas dos atos praticados no âmbito de sua atividade perante o respectivo órgão que regulamenta o exercício da profissão, bem como nas esferas civil e criminal pelas consequências de sua atuação."* Aqui, percebemos que o Município tem um conceito mais extenso daquele apresentado por nós, incluindo a responsabilidade civil e criminal. Não compartilhamos esse entendimento, porque a responsabilidade civil e criminal independe de habilitação na profissão. Qualquer pessoa que vier a cometer um ato ilícito nas esferas civil e penal estará sujeita às responsabilidades correspondentes.

da profissão, pois ele afirma que *"nessas sociedades, a responsabilidade profissional é sempre atribuída aos sócios ou empregados qualificados"*, o que constitui uma interpretação compatível com a literalidade do § 3º do artigo 9º do Decreto-Lei nº 406/1968, pois há uma vinculação entre o trabalho realizado pelo profissional e a responsabilidade técnica correspondente, ambos pessoais, nos termos da *"lei aplicável"*, sendo esta, a lei a que regulamenta o exercício da profissão, ou seja, essa lei vincula o exercício profissional com a responsabilidade dele decorrente e que está relacionada ao exercício do objeto social. Assim, o profissional que presta o serviço em nome da sociedade tem a responsabilidade técnica correspondente na forma da lei que disciplina o exercício profissional. Tanto é assim que MORAES (1975, p. 543) afirma a *"necessidade da habilitação legalmente reconhecida"* como requisito do exercício da profissão liberal. E a sociedade inserida no regime especial do ISS está voltada somente a essas atividades regulamentadas previstas no § 3º do artigo 9º do Decreto-Lei nº 406/1968.

A sociedade não poderá prestar os serviços passíveis de enquadramento no regime especial se os sócios não forem habilitados ao exercício profissional, pois se isso ocorrer restará configurado o exercício ilegal da profissão. Aqui fica exposto o sólido vínculo entre a habilitação do profissional e o objeto social, não havendo independência de um em relação ao outro. Quanto à responsabilidade pessoal, nos termos do § 3º do artigo 9º do Decreto-Lei nº 406/1968, ela decorre de lei: esta, somente pode ser a que rege o exercício da profissão para que o profissional possa exercê-la. A habilitação é o reflexo jurídico do preenchimento das condições necessárias e suficientes para o exercício de determinada profissão, a qual confere a responsabilidade profissional, assim chamada a responsabilidade técnica perante o conselho profissional correspondente.

O último requisito será tratado no próximo item. Optamos por essa forma de apresentação para mostrarmos as modificações que a lista de serviços anexa ao Decreto-Lei nº 406/1968 passou ao longo do tempo. Serão expostas somente as modificações dos itens passíveis de enquadramento no regime especial do ISS.

O REGIME ESPECIAL DO ISS

2.1 A Lista de Serviços Passíveis de Enquadramento no Regime Especial do ISS no Decreto-Lei nº 406/1968 e nas Leis Posteriores

Na redação originária do Decreto-Lei nº 406/1968, os itens de serviço permitidos para o enquadramento no regime especial eram:

§3º. Quando os serviços a que se referem os itens I, III IV (apenas os agentes da propriedade industrial), V e VII da lista anexa forem prestados por sociedades estas ficarão sujeitas ao impôsto na forma do § 1º, calculado em relação a cada profissional habilitado, sócio, empregado ou não, que preste serviços em nome da sociedade embora assumindo responsabilidade pessoal, nos têrmos da lei aplicável.

I – Médicos, dentistas, veterinários, enfermeiros, protéticos, ortopedistas, fisioterapeutas e congêneres; laboratórios de análises, de radiografia ou radioscopia, de eletricidade médica e congêneres;

III – Advogados, solicitadores e provisionados;

IV – Agentes da propriedade industrial, artística ou literária, despachantes, peritos e avaliadores particulares, tradutores e intérprete juramentados e congêneres;

V – Engenheiros, arquitetos, urbanistas, projetistas, calculistas, desenhistas técnicos, decoradores paisagistas e congêneres;

VII – Contadores, auditores economistas, guarda-livros, técnicos em contabilidade;

Ocorre que a redação do § 3º do artigo 9º do Decreto-Lei nº 406/1968 foi alterada pelo Decreto-Lei nº 834/1969, para a seguinte:

§ 3º Quando os serviços a que se referem os itens 1, 2, 3, 5, 6, 11, 12 e 17 da lista anexa forem prestados por sociedades, estas ficarão sujeitas ao impôsto na forma do § 1º, calculado em relação a cada profissional habilitado, sócio, empregado ou não, que preste serviço em nome da sociedade, embora assumindo responsabilidade pessoal, nos têrmos da lei aplicável.

CAPÍTULO 1 - O REGIME ESPECIAL DO ISS (SOCIEDADE DE PROFISSIONAIS) ...

Não somente o § 3° foi alterado, mas a lista foi reformulada. Os novos itens são:

1. Médicos, dentistas e veterinários.
2. Enfermeiros, protéticos (prótese dentária), obstetras, ortópticos, fonoaudiólogos, psicólogos.
3. Laboratórios de análises clínicas e eletricidade médica.
5. Advogados ou provisionados.
6. Agentes da propriedade industrial.
11. Economistas.
12. Contadores, auditores, guarda-livros e técnicos em contabilidade.
17. Engenheiros, arquitetos, urbanistas.

O § 3° foi novamente revogado pela Lei Complementar n° 56/1987, introduzindo, em seu lugar, a redação a seguir transcrita:

> § 3º Quando os serviços a que se referem os itens 1, 4, 8, 25, 52, 88, 89, 90, 91 e 92 da lista anexa forem prestados por sociedades, estas ficarão sujeitas ao imposto na forma do § 1º, calculado em relação a cada profissional habilitado, sócio, empregado ou não, que preste serviços em nome da sociedade, embora assumindo responsabilidade pessoal, nos termos da lei aplicável.

Preliminarmente, deve ser analisada a primeira parte do dispositivo imediatamente acima: "*Quando os serviços a que se referem os itens 1, 4, 8, 25, 52, 88, 89, 90, 91 e 92 da lista anexa forem prestados por sociedades*". O dispositivo analisado trata do objeto social, porque os serviços que permitem o enquadramento no regime especial são prestados pela sociedade por meio de seus profissionais habilitados. Sendo o objeto social a atividade praticada pela sociedade, verifica-se que os itens de serviço dispostos no § 3º logo acima coincidem com os objetos sociais passíveis de enquadramento, conforme afirmamos anteriormente.

Os itens de serviço foram novamente reformulados pela Lei Complementar nº 56/1987. Os itens passíveis de enquadramento no regime especial do ISS são:

1. Médicos, inclusive análises clínicas, eletricidade médica, radioterapia, ultrassonografia, radiologia, tomografia e congêneres;

4. Enfermeiros, obstetras, ortópticos, fonoaudiólogos, protéticos (prótese dentária);

8. Médicos veterinários;

25. Contabilidade, auditoria, guarda-livros, técnicos em contabilidade
e congêneres;

52. Agentes da propriedade industrial;

88. Advogados;

89. Engenheiros, arquitetos, urbanistas, agrônomos;

90. Dentistas;

91. Economistas;

92. Psicólogos;

Informamos que em todas essas alterações legislativas mencionadas não
atingiram o § 1º do artigo 9º do Decreto-Lei nº 406/1968. Isso equivale afirmar
que os requisitos relativos à pessoalidade na prestação do serviço por pessoa
natural com a correspondente responsabilidade técnica permaneceram vigentes em relação às alterações legislativas mencionadas.

Observa-se que, predominantemente, nessas alterações legislativas, houve
rearranjo dos serviços, ora reunidos em um mesmo item, ora separados na
lei posterior. Para fins de enquadramento da atividade, tal fato é, a princípio,
irrelevante. No entanto, essa discussão será pertinente se a Administração
Tributária realizar o enquadramento no regime especial do ISS com base
no item da lista, ou seja, permitir a inclusão das sociedades no regime especial do ISS se os sócios forem habilitados aos serviços constantes do mesmo
item da lista anexa do Decreto-Lei nº 406/1968. Recorremos a um exemplo:
considerando o enquadramento por item, médicos e enfermeiros poderiam
formar uma sociedade passível de inclusão no regime especial na vigência
da redação originária do Decreto-Lei nº 406/1968, pois ambas as atividades
estavam dispostas no item I. Lembramos que a possibilidade da formação
dessa sociedade se subordina a eventual não vedação das leis que regem as
duas profissões, circunstância que já discutimos. Supondo que não haja tal
impedimento nas leis correspondentes ao exercício dessas profissões, no sentido de vedar a sociedade formada por médico e enfermeiro, com a edição

CAPÍTULO 1 – O REGIME ESPECIAL DO ISS (SOCIEDADE DE PROFISSIONAIS) ...

do Decreto-Lei nº 835/1969, essas atividades foram segregadas, estando os médicos no item 1 e os enfermeiros no item 2. Nesse caso, o enquadramento da sociedade formada por médicos e enfermeiros estaria vedada após a entrada em vigência do Decreto-Lei nº 835/1969, porque em nosso exemplo, a Administração Tributária local faz o enquadramento com base nas profissões constantes de um mesmo item da lista anexa.

É importante mencionar que em momento algum os dispositivos do Decreto-Lei nº 406/1968 estabelecem a forma pela qual deve se dar o enquadramento relativamente aos serviços constantes da Tabela 2 adiante, o que origina, por parte das Administrações Tributárias Municipais, interpretações distintas quanto aos requisitos necessários ao enquadramento. Iremos discorrer sobre três tipos de interpretação: a primeira, com ampla elasticidade, no sentido de que que as sociedades que tem por objeto as atividades dispostas no § 3º do artigo 9º do mencionado Decreto-Lei, poderiam ser inscritas no regime especial, ainda que houvesse sócios com profissões distintas, quaisquer que fossem elas, desde que fossem aquelas constantes do § 3º em comento, como seria o caso de um médico e um engenheiro civil. Essa interpretação elástica encontra óbice no seguinte ponto: para que profissões distintas possam atuar em uma sociedade enquadrada no regime especial é questão preliminar a não vedação pelas leis que regulamentam as profissões de cada um dos sócios. Em seguida, se não houver esse impedimento, é necessário verificar se as habilitações dos sócios são aptas para concorrerem ao exercício do objeto social. Ultrapassadas essas verificações no sentido de que profissões distintas podem atuar em prol do exercício do objeto social, percebemos que a denominação "uniprofissional" colide com a possibilidade jurídica de enquadramento dessa sociedade formada por sócios com profissões distintas ser inscrita no regime especial do ISS. Nesse caso especificamente, no qual a formação de sociedade com profissionais de habilitações distintas não encontra impedimento na lei que rege as profissões e que as habilitações distintas concorram para o exercício do objeto social, o qual é passível de enquadramento no regime especial, a vedação quanto a inclusão dessa sociedade, com sócios com habilitações distintas, é obra da hermenêutica do aplicador do direito tributário. Aqui, percebemos que essa interpretação elástica, no sentido de permitir o enquadramento de profissões diversas que estejam meramente previstas na lista anexa, ainda que em itens diversos, encontrará dificuldade de ser acolhida na medida em que os campos de atuação profissional se distanciarem, como o exemplo que mencionamos, a sociedade formada por um médico e por um engenheiro civil. Será difícil, embora talvez não impossível, visualizar um objeto social em que ambos os profissionais atuem dentro das respectivas habilitações para a consecução daquilo que a sociedade se propôs a fazer. Portanto, a admissão do enquadramento de uma sociedade formada for profissionais com habilitações distintas pelo simples fato dessas profissões estarem previstas no § 3º do artigo 9º do Decreto-Lei nº 406/1968, independentemente dos itens em que estiverem, não encontra amparo em nosso entendimento.

Na segunda interpretação, seria permitido somente o enquadramento no regime especial se as distintas profissões dos sócios estiverem previstas no mesmo item da lista anexa. A lei, reiteramos, foi omissa quanto ao critério de enquadramento que deverá ser considerado para a inclusão das sociedades no regime especial. Vimos que as alterações das listas do Decreto-Lei nº 406/1968 ao longo do tempo em um dado período permitiria o enquadramento de profissões afins, como é o caso do médico e do enfermeiro. Porém, com a vigência do novo texto legal que lhe sucedeu, tal inclusão passaria a ser vedada, trazendo insegurança jurídica aos prestadores de serviço. Por outro lado, observamos que as profissões constantes de um mesmo item guardam certa proximidade, o que permite a existência de um objeto social para o qual os profissionais com habilitações distintas possam contribuir e assim a sociedade poderia ser incluída no regime especial do ISS. Iremos analisar adiante casos específicos que abordam essa questão, mas há também serviços previstos em itens distintos e que estão contidos em uma mesma habilitação, que é o caso da contabilidade e auditoria, conforme lista anexa introduzida pela Lei Complementar nº 116/2003. Em nosso entendimento, não é o fato de estarem as profissões previstas em um mesmo item da lista anexa que permitirá o enquadramento no regime especial, mas a proximidade entre elas e as respectivas contribuições para o exercício do objeto social, o qual constitui o parâmetro de enquadramento.

Por fim, relativamente à terceira interpretação, há também o enquadramento por serviço, ou por código de serviço[23], o qual pode constituir uma

---

[23] O código de serviço não deve ser confundido com o item de serviço: este se encontra na lista anexa ao Decreto-Lei nº 406/1968 (ou nos subitens da Lei Complementar nº 116/2003).

CAPÍTULO 1 – O REGIME ESPECIAL DO ISS (SOCIEDADE DE PROFISSIONAIS) ...

forma mais restrita de enquadramento, permitindo apenas o exercício de algumas atividades previstas nas habilitações das profissões constantes do mesmo item, previstas na lista anexa do Decreto-Lei nº 406/1968 e contemplada pelo § 3º do artigo 9º do mesmo diploma legal. Nesse caso, a cada atividade de um item da lista corresponde um código de serviço. Por exemplo, estão no item 89 o engenheiro e o arquiteto: se o enquadramento for por item, pode haver uma sociedade formada por engenheiro civil e arquiteto. No entanto, se atribuirmos o código de serviço 0054 para o engenheiro e o 0055 para o arquiteto, como a legislação tributária municipal atribuiu códigos de serviços distintos e os utiliza como parâmetro de enquadramento, constatamos que não poderá haver o enquadramento dessa sociedade no regime especial, se o parâmetro de inclusão for a identidade entre os códigos correspondentes às habilitações dos sócios.

Podemos visualizar desde já que a utilização do critério de enquadramento com base no item de serviço da lista, em casos restritos, pode causar discussão se deve ser utilizada a lista anexa do Decreto-Lei nº 406/1968 ou se a da Lei Complementar nº 116/2003. Esse assunto será discutido com maior profundidade no Capítulo 4.

A seguir, apresentamos a Tabela 1, a qual resume as modificações da lista anexa de serviços relacionados ao regime especial do ISS, desde a edição originária do Decreto-Lei nº 406/1968 até a Lei Complementar nº 56/1987:

O código de serviço é um número atribuído a um ou mais serviços de um item (ou subitem). Em nosso exemplo, atribuímos um código a cada um dos serviços previstos em um mesmo item. Por outro lado, nada impede que o mesmo código seja utilizado em mais de um tipo de serviço previsto no mesmo item, como ocorre na legislação do Município de São Paulo.

O REGIME ESPECIAL DO ISS

Decreto-Lei nº 406/1968	Decreto-Lei nº 834/1969	Lei Complementar nº 56/1987
I – Médicos, dentistas, veterinários, enfermeiros, protéticos, ortopedistas, fisioterapeutas e congêneres; laboratórios de análises, de radiografia ou radioscopia, de eletricidade médica e congêneres;	1. Médicos, dentistas e veterinários.	8. Médicos veterinários;
		90. Dentistas;
	3. Laboratórios de análises clínicas e eletricidade médica.	1. Médicos, inclusive análises clínicas, eletricidade médica, radioterapia, ultrassonografia, radiologia, tomografia e congêneres;
	2. Enfermeiros, protéticos (prótese dentária), obstetras, ortópticos, fonoaudiólogos, psicólogos.	4. Enfermeiros, obstetras, ortópticos, fonoaudiólogos, protéticos (prótese dentária);
		92. Psicólogos;
III – Advogados, solicitadores e provisionados;	5. Advogados ou provisionados.	88. Advogados;
IV – Agentes da propriedade industrial, artística ou literária, despachantes, peritos e avaliadores particulares, tradutores e intérprete juramentados e congêneres;	6. Agentes da propriedade industrial.	52. Agentes da propriedade industrial;
V – Engenheiros, arquitetos, urbanistas, projetistas, calculistas, desenhistas técnicos, decoradores paisagistas e congêneres;	17. Engenheiros, arquitetos, urbanistas.	89. Engenheiros, arquitetos, urbanistas, agrônomos;
VII – Contadores, auditores economistas, guarda-livros, técnicos em contabilidade;	11. Economistas.	91. Economistas;
	12. Contadores, auditores, guarda-livros e técnicos em contabilidade.	25. Contabilidade, auditoria, guarda-livros, técnicos em contabilidade e congêneres;

Tabela 1: Profissões e serviços passíveis de enquadramento no regime especial do ISS nas listas de serviço introduzidas em 1968 e alteradas até 1987.

Há mais uma questão a ser debatida relativamente à lista anexa do Decreto-Lei nº 406/1968, porém, em relação à Lei Complementar nº 116/2003: houve a separação de alguns itens da lista introduzida pela Lei Complementar nº 56/1987 e a inclusão de novos serviços em casos específicos na nova lista anexa, fato que produz reflexo no enquadramento das sociedades de profissionais, se o enquadramento for realizado com base no item da lista. São exemplos: contadores e auditores que estavam previstos no mesmo item no Decreto-Lei nº 406/2003, passaram a estar previstos em subitens distintos da Lei Complementar nº 116/2003[24]; Um serviço que foi incluído na lista anexa, com a edição da Lei Complementar nº 116/2003, foi a fiscalização e o acompanhamento de obras, no subitem 7.19, sendo essas atribuições pertencentes à habilitação do engenheiro civil, não constava da lista do Decreto-Lei nº 406/1968. Todas essas situações serão tratadas adiante em maiores detalhes.

Outra observação que fazemos é que a lista do Decreto-Lei nº 406/1968 dispunha sobre os profissionais, tais como: engenheiro, médico, contador, entre outras profissões. A nova lista, da Lei Complementar nº 116/2003, prevê o serviço: engenharia, medicina, contabilidade.

3. A Recepção do Regime Especial do ISS pela Constituição de 1988

O Supremo Tribunal Federal (STF) já se pronunciou no sentido de reconhecer a recepção do regime especial do ISS em face da Constituição Federal de 1988. É o caso do RE nº 237.689/ RJ, cuja ementa transcrevemos a seguir:

> "ISS – SOCIEDADE UNIPROFISSIONAL – PARÂMETROS. A Constituição Federal de 1988 implicou a recepção do Decreto-Lei nº 406/68 no que, mediante os preceitos do artigo 9º, §§ 1º e 3º, rege o Imposto sobre o Serviços devido pelas sociedades uniprofissionais – § 5º do artigo 34 do Ato das Disposições Constitucionais Transitórias da Carta da República de 1988. Precedente: Recurso Extraordinário

---

[24] No Decreto-Lei nº406/1968: "*25. Contabilidade, auditoria, guarda-livros, técnicos em contabilidade e congêneres; Na Lei Complementar nº 116/2003: 17.16 – Auditoria, e 17.19 – Contabilidade, inclusive serviços técnicos e auxiliares.*"

nº 200.324-7 RJ, por mim relatado perante o Plenário em 4 de novembro de 1999."

O mesmo se observou no julgado do RE nº 221.670/MG:

"IMPOSTO SOBRE SERVIÇOS – SOCIEDADE UNIPROFISSIONAL – PARÂMETROS. A Constituição Federal de 1988 implicou a recepção do Decreto-Lei nº 406/68 no que, mediante os preceitos do artigo 9º, §§ 1º e 3º, rege o Imposto sobre Serviços devido pelas sociedades uniprofissionais – § 5º do artigo 34 do Ato das Disposições Constitucionais Transitórias da Carta da República de 1988. Precedente: Recurso Extraordinário nº 220.323-3 MG, relatado pelo Ministro Carlos Velloso perante o Plenário em 26 de maio de 1999."

Constatamos, no julgado do RE nº 600.192 Agr/RJ, que o Decreto-Lei nº 406/1968 foi recepcionado pela Constituição Federal, conforme ementa a seguir:

"Ementa: SEGUNDO AGRAVO REGIMENTAL EM RECURSO EXTRAORDINÁRIO. ISS. SERVIÇOS BANCÁRIOS. DECRETO-LEI Nº 406/1968. RECEPCIONADO COMO LEI COMPLEMENTAR NACIONAL. JURISPRUDÊNCIA CONSOLIDADA.
1. Nos termos da jurisprudência da Corte, o Decreto-Lei nº 406/1968 foi recepcionado pela Constituição como norma tributária de caráter geral. Em se tratando de norma de status de Lei Complementar, tem vigência sobre todo território nacional, não havendo que se falar em isenção heterônoma na espécie. 2. Vale dizer, a isenção prevista na lei complementar que dispõe sobre normas gerais não encontra óbice na vedação às isenções heterônomas. 3. Agravo regimental a que se nega provimento."

Vimos, portanto, nas ementas transcritas do STF, que o regime especial do ISS foi recepcionado pela Constituição Federal. Isso equivale afirmar que o Decreto-Lei nº 406/1968 recebeu o status de lei complementar, conforme

CAPÍTULO 1 – O REGIME ESPECIAL DO ISS (SOCIEDADE DE PROFISSIONAIS) ...

veremos adiante, sendo norma tributária de caráter geral, portanto cumpre papel idêntico ao da Lei Complementar nº 116/2003.

4. O Regime Especial do ISS foi Revogado pela Lei Complementar nº 116/2003?

A Lei Complementar nº 116/2003 não tratou do regime especial do ISS. No entanto, o artigo 10 dessa lei trouxe a seguinte disposição:

> Art. 10. Ficam revogados os arts. 8º, 10, 11 e 12 do Decreto-Lei nº 406, de 31 de dezembro de 1968; os incisos III, IV, V e VII do art. 3º do Decreto-Lei nº 834, de 8 de setembro de 1969; a Lei Complementar nº 22, de 9 de dezembro de 1974; a Lei nº 7.192, de 5 de junho de 1984; a Lei Complementar nº 56, de 15 de dezembro de 1987; e a Lei Complementar nº 100, de 22 de dezembro de 1999.

Ocorre que houve a revogação expressa da Lei Complementar nº 56/1987, a qual foi o diploma legal que instituiu as disposições sobre o regime especial até então vigentes, conforme já vimos. A princípio, restaria revogado o regime especial do ISS, porém, o Superior Tribunal de Justiça (STJ) entendeu, no julgado do REsp nº 1.052.897/MG que o regime especial previsto no Decreto-Lei nº 406/1968 não foi revogado pela nova lei que dispôs sobre o ISS, conforme a ementa do recurso mencionado a seguir transcrita:

> PROCESSUAL CIVIL E TRIBUTÁRIO. RECURSO ESPECIAL. ISS. SOCIEDADESUNIPROFISSIONAIS. NATUREZA NÃO EMPRE-SARIAL. IMPRESCINDIBILIDADE. AUSÊNCIA DE PREQUES-TIONAMENTO. ART. 9º, §§ 1º E 3º, DO DL 406/68. REVOGAÇÃO PELO ART. 10 DA LEI 116/03. INOCORRÊNCIA. 1. A falta de pre-questionamento da matéria suscitada no recurso especial, a despei-to da oposição de embargos de declaração, impede o conhecimento do recurso especial (Súmula 211 do STJ). 2. Não houve revogação do disposto no art. 9º, §§ 1º e 3º, do Decreto-Lei 406/68 pela Lei Com-plementar 116/03. Precedentes: REsp 1.016.688/RS, 1ª T., Min. José

Delgado, DJe de 05/06/2008; REsp 897471/ES, 2ª Turma, Min. Humberto Martins, DF de 30.03.2007; REsp 713752/PB, 2ª Turma, Min. João Otávio de Noronha, DJ de 18.08.2006. 3. Recurso especial a que se nega provimento.

Não havendo revogação, conforme o próprio STJ já se pronunciou, não há que se falar inclusive na revogação tácita, conforme já decidido no AgRg no REsp nº 1.242.490/PB.

> TRIBUTÁRIO E PROCESSUAL CIVIL. ISS. ART. 9º, §3º, DO DECRETO LEI 406/68. SOCIEDADE DE ADVOGADOS. CARÁTER EMPRESARIAL. INEXISTÊNCIA. POSSIBILIDADE DE RECOLHIMENTO DO ISS SOBRE ALÍQUOTA FIXA. CONCLUSÃO DO TRIBUNAL BASEADA EM FATOS E PROVAS DOS AUTOS. IMPOSSIBILIDADE DE ANÁLISE. ÓBICES DAS SÚMULAS 5 E 7/STJ.
>
> 1. "Admitida a manutenção do regime de tributação privilegiada após a entrada em vigor da Lei Complementar 116/03, nos termos da jurisprudência desta Corte Superior, que sedimentou compreensão de que o art. 9º, §§ 1º e 3º, do Decreto-Lei 406/68, o qual trata da incidência do ISSQN sobre sociedades uniprofissionais por alíquota fixa, não foi revogado pela Lei Complementar 116/03, quer de forma expressa, quer tácita, não existindo nenhuma incompatibilidade. Precedentes. (AgRg no AgRg no AgRg no REsp 1013002/RS, Rel. Ministro BENEDITO GONÇALVES, PRIMEIRA TURMA, DJe 18/03/2009).

Como não houve qualquer modificação do regime especial pela Lei Complementar nº 116/2003, entendemos que as disposições do Decreto-Lei nº 406/1969 relativas à regulamentação do regime especial do ISS se reportam também à lista anexa introduzida pela Lei Complementar nº 56/1987. Essa observação se revela oportuna em casos específicos e se as Administrações Tributárias Municipais fizerem o enquadramento no regime especial por item de serviço constante da lista anexa, conforme será exposto adiante. Caso contrário, tal observação poderá passar desapercebida.

Há ainda julgado do STJ que entende ter o regime especial do ISS se mantido intacto com a edição da Lei Complementar nº 116/2003, conforme foi mencionado em decisão do STJ, no julgamento do REsp 1.016.688/RS, cuja ementa transcrevemos a seguir:

"TRIBUTÁRIO. RECURSO ESPECIAL. SOCIEDADE UNIPROFIS-SIONAL. ISS FIXO. 1) inexistência de incompatibilidade entre os §§ 1º e 3º do artigo 9º do Decreto-Lei n. 406/68 e o art. 7º da LC n. 116/03. 2) Sistemática de ISS fixo para as sociedades uniprofissionais que não foi modificada. 3) A LC 116, de 2003, não cuidou de regrar a tributação do ISS para as sociedades uniprofissionais. Não revogou o art. 9º do DL 406/68. 4) Precedentes: REsp 649.094/RJ, Rel. Min. João Otávio de Noronha, DJ 07/03/2005; REsp 724.684/RJ, Rel. Min. Castro Meira, DJ 01/07/2005; entre outros. 5) Recurso especial provido".

Seguindo o entendimento do STJ, a nova lei não produziu qualquer modificação no regime especial do ISS, conforme entendimento manifestado nesse julgado. Destarte, a lista de serviços pertencente à regra matriz de incidência do regime especial será a da Tabela seguinte, com redação dada pela Lei Complementar nº 56/1987:

Itens do Decreto-Lei 406 – Regime especial do ISS
1. Médicos, inclusive análises clínicas, eletricidade médica, radioterapia, ultrassonografia, radiologia, tomografia e congêneres;
4. Enfermeiros, obstetras, ortópticos, fonoaudiólogos, protéticos (prótese dentária);
8. Médicos veterinários;
25. Contabilidade, auditoria, guarda-livros, técnicos em contabilidade e congêneres;
52. Agentes da propriedade industrial;
88. Advogados;
89. Engenheiros, arquitetos, urbanistas, agrônomos;
90. Dentistas;
91. Economistas;
92. Psicólogos;

Tabela 2: Serviços enquadráveis no regime especial do ISS, com a redação dada pela Lei Complementar nº 56/1987.

A Tabela acima se encontra em plena vigência, conforme se conclui dos julgados transcritos do STJ. Entendemos que, no caso em que uma Administração Tributária local fizer o enquadramento por item, ou seja, permitir o enquadramento no regime especial do ISS de sociedade que tenha em seu objeto social a prestação de serviços que estejam previstos no mesmo item da lista anexa do Decreto-Lei nº 406/1968, a disposição dos itens a ser considerada para efeito da inclusão no regime especial deve se reportar aos itens correspondentes aos da lista anexa do Decreto-Lei nº 406/1968. Essa discussão será relevante em alguns casos específicos, em razão de modificações pontuais trazidas pela Lei Complementar nº 116/2003, relativamente ao agrupamento de serviços nos subitens da lista anexa, ou incluindo serviços que não estavam previstos na lista anterior. No entanto, para a maioria dos casos, não haverá diferença, mas alguns desses casos específicos serão analisados no Capítulo 4, no qual tal discussão será válida.

5. Análise da Revogação do Regime Especial do ISS pela Lei Complementar nº 157/2016

Com a edição da Lei Complementar nº 157, em 29 de dezembro de 2016, alguns operadores do direito têm questionado se esse diploma legal revogou o regime especial do ISS, por meio da disposição contida no artigo 8º-A, o qual foi inserido na Lei Complementar nº 116/2003 e que apresenta a seguinte redação:

> Art. 8º-A. A alíquota mínima do Imposto sobre Serviços de Qualquer Natureza é de 2% (dois por cento).
>
> § 1º O imposto não será objeto de concessão de isenções, incentivos ou benefícios tributários ou financeiros, inclusive de redução de base de cálculo ou de crédito presumido ou outorgado, ou sob qualquer outra forma que resulte, direta ou indiretamente, em carga tributária menor que a decorrente da aplicação da alíquota mínima estabelecida no caput, exceto para os serviços a que se referem os subitens 7.02, 7.05 e 16.01 da lista anexa a esta Lei Complementar.
>
> § 2º É nula a lei ou o ato do Município ou do Distrito Federal que não respeite as disposições relativas à alíquota mínima previstas neste

CAPÍTULO 1 – O REGIME ESPECIAL DO ISS (SOCIEDADE DE PROFISSIONAIS) ...

artigo no caso de serviço prestado a tomador ou intermediário localizado em Município diverso daquele onde está localizado o prestador do serviço.

§ 3º A nulidade a que se refere o § 2º deste artigo gera, para o prestador do serviço, perante o Município ou o Distrito Federal que não respeitar as disposições deste artigo, o direito à restituição do valor efetivamente pago do Imposto sobre Serviços de Qualquer Natureza calculado sob a égide da lei nula.

Esse artigo foi introduzido no mundo jurídico para pôr termo à chamada guerra fiscal entre os Municípios, que nada mais era do que a manipulação do critério quantitativo da regra matriz de incidência das leis locais, as quais violavam o disposto no artigo 88[25] do Ato das Disposições Constitucionais Transitórias (ADCT), incluído pela Emenda Constitucional nº 37/2002, ao estabelecerem alíquotas efetivas inferiores a dois pontos percentuais.

O regime especial do ISS ficava à margem desse contexto, porque a guerra fiscal entre Municípios constituía incentivo econômico para outro fenômeno, denominado "simulação de estabelecimento prestador de serviços". Tal fenômeno praticamente não produzia reflexo nas sociedades inscritas no regime, porque a incidência do ISS não era relevante. Mas a análise da suposta revogação do regime especial requer a necessidade de adentrar nas disposições estatuídas pela Lei Complementar nº 157/2016 e cotejá-las com o que dispõe o artigo 9º do Decreto-Lei nº 406/1968.

Do critério hierárquico, quanto à eventual antinomia das normas jurídicas, o Decreto-Lei nº 406/1968 e a Lei Complementar nº 157/2016 possuem o mesmo status[26], havendo, portanto, atendimento a esse requisito necessário, mas não

---

[25] Transcrevemos esse dispositivo: *"Art. 88. Enquanto lei complementar não disciplinar o disposto nos incisos I e III do § 3º do art. 156 da Constituição Federal, o imposto a que se refere o inciso III do caput do mesmo artigo: I – terá alíquota mínima de dois por cento, exceto para os serviços a que se referem os itens 32, 33 e 34 da Lista de Serviços anexa ao Decreto-Lei nº 406, de 31 de dezembro de 1968; II – não será objeto de concessão de isenções, incentivos e benefícios fiscais, que resulte, direta ou indiretamente, na redução da alíquota mínima estabelecida no inciso I."*

[26] No julgado do RE nº 237.689/RJ, ficou claro que o Decreto-Lei nº 406/1968 foi recepcionado como lei complementar. Transcrevemos a ementa: *"ISS – SOCIEDADE UNIPROFISSIONAL – PARÂMETROS. A Constituição Federal de 1988 implicou a recepção do Decreto-Lei nº 406/68 no que, mediante os preceitos do artigo 9º, §§ 1º e 3º, rege o Imposto sobre o Serviços devido pelas sociedades*

O REGIME ESPECIAL DO ISS

suficiente para a ocorrência da suposta revogação. O critério temporal encontra--se igualmente atendido, porque a Lei Complementar nº 157/2016 é posterior ao Decreto-Lei nº 406/1968. É necessário que a antinomia seja demonstrada.

A primeira pergunta a ser feita é: quem é o destinatário dessa disposição "o imposto não será objeto de concessão de isenções, incentivos ou benefícios tributários ou financeiros, inclusive de redução de base de cálculo ou de crédito presumido ou outorgado, ou sob qualquer outra forma que resulte, direta ou indiretamente, em carga tributária menor que a decorrente da aplicação da alíquota mínima"? Há somente duas possibilidades: a União, ou os Municípios e o Distrito Federal, sendo que esses últimos são os entes que podem legislar sobre ISS, enquanto a União edita lei complementar nacional sobre esse imposto, os outros dois entes, por meio de lei local, instituem o ISS. No primeiro caso, ou seja, sendo a União destinatária da disposição em comento, estaríamos rumo a uma possível revogação, pois restariam impedidos quaisquer institutos que determinassem a alíquota efetiva[27] inferior a 2%.

Prosseguindo em nossas análises, vejamos o que dispõe o § 3º do artigo 156 da Constituição Federal (CF):

§ 3º Em relação ao imposto previsto no inciso III do caput deste artigo, cabe à lei complementar:
I – fixar as suas alíquotas máximas e mínimas;
II – excluir da sua incidência exportações de serviços para o exterior.
III – regular a forma e as condições como isenções, incentivos e benefícios fiscais serão concedidos e revogados.

Nitidamente, o Decreto-Lei nº 406/1968 regula a forma e condições do benefício fiscal consubstanciado nesse regime especial do ISS, atendendo ao disposto na Lei Maior. Concluir que a União é destinaria do § 1º do artigo 8º-A da Lei Complementar nº 116/2003, equivale afirmar que este dispositivo revogou

---

uniprofissionais – § 5º do artigo 34 do Ato das Disposições Constitucionais Transitórias da Carta da República de 1988. Precedente: Recurso Extraordinário nº 200.324-7 RJ, por mim relatado perante o Plenário em 4 de novembro de 1999."

[27] Alíquota efetiva corresponde ao valor recolhido do tributo dividido pela base de cálculo. Tal alíquota tende a ser a alíquota nominal, aquela prevista no texto legal. No entanto, quando há desconto na base de cálculo, a alíquota efetiva será inferior à nominal.

CAPÍTULO 1 – O REGIME ESPECIAL DO ISS (SOCIEDADE DE PROFISSIONAIS) ...

o inciso III do § 3º do artigo 156 da CF, porque não poderiam ser concedidos incentivos e benefícios fiscais com alíquota efetiva inferior a 2%. Assim, lei complementar nacional não poderia dispor sobre incentivo ou benefício fiscal inferior a essa alíquota efetiva e, por essa razão, por essa razão, chegamos ao absurdo que, nesse caso, a lei complementar prevaleceria sobre a Constituição Federal, o que constituiria flagrante violação do princípio da hierarquia entre as normas jurídicas. Portanto, as disposições ora analisadas têm como destinatários os Municípios e o Distrito Federal. Questionamos: quem concede o benefício fiscal? Somente a lei municipal (e distrital) pode concedê-lo. Ainda que o Decreto-Lei nº 406/1968 fixe as normas gerais do regime especial do ISS, se a lei local não disciplinar esse instituto ele será inaplicável nesse ente político de terceiro grau. Portanto, o destinatário do § 1º do artigo 8º-A da Lei Complementar nº116/2003 é o legislador local, porque isenções, benefícios tributários ou financeiros, redução de base de cálculo, crédito presumido ou outorgado são temas submetidos à reserva legal relativamente ao legislador local, nos termos estatuídos pela lei complementar nacional.

Nossa conclusão é corroborada pelo disposto no § 2º do artigo 8º-A, que comina a nulidade para o ato normativo local que violar o disposto no parágrafo imediatamente anterior a esse mesmo artigo. Aqui vemos o legislador municipal como destinatário da norma contida na Lei Complementar nº 157/2016, que estabeleça a alíquota do ISS inferior à mínima, de 2%. Destarte, não haveria sentido afirmar que o legislador nacional é o destinatário do § 1º, pois assim haveria desrespeito também à competência tributária, porque a alíquota do ISS é estabelecida por lei municipal ou distrital, assim como isenções e outros benefícios. À lei complementar nacional compete somente fixar as alíquotas mínimas e máximas desse imposto.

A única disposição relativa ao critério quantitativo do regime especial do ISS, contida no Decreto-Lei nº 406/1968 é que o ISS será calculado em relação a cada profissional habilitado, sendo impossível, tomar como referência apenas esse diploma legislativo, que ele contraria o disposto no artigo 8º-A da Lei Complementar nº 116/2003. Reforçando ainda a não revogação do regime especial do ISS pela Lei Complementar nº 157/2016, constatamos que, se essa lei pretendeu revogar o regime especial do ISS, não atendeu ao disposto no artigo 9º da Lei Complementar nº 95/1998: *"A cláusula de revogação deverá enumerar, expressamente, as leis ou disposições legais revogadas."*

Há ainda um argumento adicional contrário à revogação do regime especial pela Lei Complementar nº 157/2016: torna-se necessário verificar as disposições contidas no regime especial relativamente a sua base de cálculo. O regime especial pode ser instaurado de duas formas: na primeira, uma alíquota específica por profissional habilitado, constituindo um valor fixo unitário, denominado alíquota específica (ou alíquota fixa). Nesse caso, não há como comparar uma alíquota *ad valorem* com outra específica. A primeira é um número adimensional representado por um percentual; a segunda alíquota é um valor monetário. Destarte, a comparação de dois parâmetros de natureza totalmente distintas não deve conduzir a uma boa conclusão. Nesse caso, a verificação do cumprimento do artigo 8º-A da Lei Complementar nº 116/2003 fica prejudicada por absoluta impropriedade dos parâmetros de comparação. A outra forma ocorre quando a lei determina a receita decorrente da prestação dos serviços, constituindo uma presunção absoluta[28] sobre a qual incide uma alíquota *ad valorem*. Nesse caso, a verificação de cumprimento relativo à aplicação da alíquota mínima deve se dar tomando como parâmetro a receita presumida por profissional, ou seja, aquela que está disposta na lei local para o serviço correspondente. Caso a Administração Tributária recorra à análise da receita economicamente verificada estará violando a presunção absoluta estatuída pelo legislador local. Essa forma de comparação, com a receita efetivamente auferida, viola o disposto no § 3º do artigo 9º do Decreto-Lei nº 406/1968, porque o imposto será deixado de ser calculado em relação a cada profissional habilitado, incidindo sobre o movimento econômico da sociedade.

Pelas razões expostas, entendemos que não houve a revogação do § 3º do artigo 9º do Decreto-Lei nº 406/1968 pela Lei Complementar nº 157/2016, permanecendo o regime especial do ISS em plena vigência. Um corolário dessa conclusão é que as disposições contidas no artigo 8º-A da Lei Complementar nº 116/2003 são referentes à tributação do ISS com base no movimento econômico, permanecendo incólume o regime especial ora analisado.

O artigo 146, em seu inciso III, alínea "a" da CF, preceitua que cabe à lei complementar dispor sobre fato gerador (nesse caso deve ser entendido como

---

[28] A receita do regime especial do ISS decorrente da prestação de serviços qualificada como presunção legal absoluta será tratada no Capítulo 4.

CAPÍTULO 1 – O REGIME ESPECIAL DO ISS (SOCIEDADE DE PROFISSIONAIS) ...

critério material), base de cálculo e contribuintes. Veremos a seguir as normas relativas ao critério material, base de cálculo e contribuintes, elementos da regra-matriz de incidência do regime especial do ISS no plano da lei nacional, o Decreto-Lei nº 406/1968 e a Lei Complementar nº 116/2003, e que são de observância obrigatória pelos legisladores locais.

6. Critérios da Regra-Matriz de Incidência do Regime Especial do ISS Dispostos no Decreto-Lei nº 406/1968 e na Lei Complementar nº 116/2003

A regra-matriz de incidência tributária é uma estrutura lógica que contém os elementos necessários ao surgimento da relação jurídica tributária. Ela é formada por seu antecedente e por seu consequente. Em cada um desses haverá os critérios (também chamados aspectos ou atributos) correspondentes. O antecedente também é denominado hipótese de incidência, que é formado pelos critérios 1) material; 2) espacial, e 3) temporal. Já o consequente é formado pelos critérios 4) pessoal, e 5) quantitativo.

Lembramos que o Decreto-Lei nº 406/1968 foi recepcionado como lei complementar, conforme analisamos, cumprindo a função estatuída pelo artigo 146, III, "a" da CF. Esse diploma legal dispõe sobre apenas os critérios material, a base de cálculo e os contribuintes. Iremos discorrer sobre esses três elementos integrantes do Decreto-Lei mencionado e da Lei Complementar nº 116/2003, porém lembramos que a regra-matriz de incidência é instituída pela lei local[29], devendo observar as disposições da lei nacional que, no caso em tela, é o Decreto-Lei nº 406/1968. Após a análise dos critérios material, pessoal e quantitativo do regime especial, analisaremos os critérios restantes da regra-matriz de incidência tributária, os quais são os critérios espacial e temporal.

a) Critério material: é a situação prevista em lei relacionada ao comportamento do contribuinte que determina a incidência tributária. Para CARVALHO (2011, p.324):

---

[29] A lei do Município de São Paulo que instituiu o regime especial do ISS será analisada no Capítulo 5.

"Nele, há referência a um comportamento de pessoas, físicas ou jurídicas, condicionado por circunstâncias de espaço e de tempo (critérios espacial e temporal)". E arremata: "Esse núcleo, ao qual nos referimos, será formado, invariavelmente, por um verbo, seguido de seu complemento. Daí porque aludirmos a comportamento humano, tomada a expressão na plenitude de sua força significativa, equivale a dizer, abrangendo não só as atividades refletidas (verbos que exprimem ação) como aquelas espontâneas (verbos de estado: ser, estar, permanecer etc.)"

O critério material para o regime especial do ISS é prestar, com pessoalidade, os serviços previstos na Tabela 2 (*1. Médicos, inclusive análises clínicas, eletricidade médica, radioterapia, ultrassonografia, radiologia, tomografia e congêneres; 4. Enfermeiros, obstetras, ortópticos, fonoaudiólogos, protéticos (prótese dentária); 8. Médicos veterinários; 25. Contabilidade, auditoria, guarda-livros, técnicos em contabilidade e congêneres; 52. Agentes da propriedade industrial; 88. Advogados; 89. Engenheiros, arquitetos, urbanistas, agrônomos; 90. Dentistas; 91. Economistas; 92. Psicólogos.*). O critério material guarda relação com essas profissões, pois somente as sociedades que prestarem esses serviços poderão ser enquadradas no regime especial do ISS, demonstrando assim a vinculação das profissões com o objeto social. Lembramos ainda que é necessário que os profissionais habilitados prestem pessoalmente serviço em nome da sociedade, assumindo a responsabilidade técnica (pessoal) correspondente. Aqui, verifica-se a diferença entre o critério material do regime de tributação do ISS pelo movimento econômico, como sendo somente a prestação de serviços previstos na lista anexa, sendo dispensável a pessoalidade nesse regime ordinário, fato que não se verifica no regime especial do ISS, como é exposto por ABREU (2015, 56):

"Vejamos primeiramente o caso previsto no §1º, o qual estabelece a tributação diferenciada para as pessoas físicas que prestem serviço sob a forma de trabalho pessoal. A hipótese de incidência continua contendo a expressão prestar serviços, mas o complemento do verbo prestar contém, além do signo 'serviços', um qualificador: 'sob a forma de trabalho pessoal do próprio contribuinte'. O critério material fica sendo: prestar os serviços previstos em lei complementar sob a forma de trabalho pessoal."

Observamos assim que o regime especial possui atributos específicos no critério material em relação à tributação com base no movimento econômico. Com isso, constata-se que o critério material da regra-matriz de incidência tributária do regime especial e do ordinário são distintos. Passemos à análise dos critérios seguintes:

b) Critério pessoal: são as pessoas que integram a relação jurídica tributária: o sujeito ativo, sendo o Município, a quem foi atribuída constitucionalmente a competência tributária para instituir o ISS, assim como o Distrito Federal.

O sujeito passivo, contribuinte, é a sociedade, pois ela possui personalidade jurídica distinta dos sócios. Importante ressaltar que esses não são contribuintes, mas parâmetro para que a base de cálculo seja obtida, uma vez que o ISS devido pela sociedade é calculado em relação a cada profissional habilitado. Para o exercício da atividade passível de enquadramento, deles exige-se a habilitação técnica para a prestação pessoal do serviço. O artigo 5º[30] da Lei Complementar nº 116/2003 determina que o contribuinte é o prestador do serviço, no caso, a sociedade. Lembramos que, conforme já concluímos, estão excluídas do regime especial as associações, as fundações, as sociedades despersonificadas e as EIRELIs.

c) Critério quantitativo: é formado pela base de cálculo, que pode ser formado por um valor monetário unitário por sócio, empregado ou não, sendo esse valor uma alíquota específica por profissional habilitado, ou pode ser uma receita presumida por profissional sobre a qual incide a alíquota *ad valorem* correspondente ao serviço[31].

É necessário ainda salientar a diferença das bases de cálculo entre o regime especial e o ordinário, que se baseia no movimento econômico do contribuinte: neste, a base de cálculo é o preço do serviço para cada nota fiscal eletrônica emitida (supondo que as sociedades inscritas no regime especial estejam sujeitas a essa obrigação tributária acessória) havendo sobre esse valor

---

[30] *"Art. 5º Contribuinte é o prestador do serviço."* No caso do regime especial, conforme já afirmamos, o contribuinte é a sociedade.

[31] Assim, uma lei municipal pode dispor que a sociedade deve recolher, por exemplo, quinhentos reais a título de ISS por mês para cada profissional habilitado (o que é chamado de alíquota específica ou fixa), ou pode atribuir uma receita legalmente presumida de dez mil reais por mês, por profissional prestador de serviço, valor sobre o qual incide uma alíquota *ad valorem* entre 2 e 5%.

a alíquota *ad valorem* correspondente ao serviço prestado. No regime especial, a base de cálculo pode ser determinada pelo número de profissionais habilitados ao exercício do objeto social multiplicado por uma receita legalmente presumida, sobre a qual incide a alíquota *ad valorem* correspondente ao serviço prestado. Outra forma ocorre quando a lei estabelece um valor monetário fixo por profissional, denominado alíquota específica, a qual é multiplicada pelo número de profissionais habilitados, obtendo-se como produto dessa operação aritmética o valor do ISS a recolher em nome da sociedade. A alíquota específica também pode ser considerada como uma receita presumida indireta, porém, nesse caso, a lei estabelece diretamente o valor do ISS a recolher por profissional habilitado. Essa última forma ficaria incólume a qualquer alteração legislativa superveniente nas alíquotas *ad valorem* do ISS, relativamente ao valor do imposto a ser recolhido pela sociedade.

Vejamos agora os demais critérios que compõem a regra-matriz de incidência tributária do ISS, o espacial e o temporal:

d) Critério espacial: CAVALHO (2011, p.329) assim o define:

> "Acreditamos que os elementos indicadores da condição de espaço, nos supostos das normas tributárias, hão de guardar uma dessas três formas compositivas, diretriz que nos conduz a classificar o gênero tributo na conformidade do grau de elaboração do critério espacial da respectiva hipótese tributária:
>
> a) Hipótese cujo critério espacial faz menção a determinado local para ocorrência do fato típico;
>
> b) Hipótese em que o critério espacial alude a áreas específicas, de tal sorte que o acontecimento apenas ocorrerá se dentro delas estiver geograficamente contido;
>
> c) Hipótese de critério espacial bem genérico, onde todo e qualquer fato, que suceda sob o manto da vigência territorial da lei instituidora, estará apto a desencadear seus efeitos peculiares."

O critério espacial do regime especial é "*o Município em que a sociedade estiver estabelecida*". Essa conclusão é obtida ao verificar na Lei Complementar nº 116/2003, que os itens de serviço passíveis de enquadramento no regime especial analisado obedecem à regra geral do critério espacial, disposta no

CAPÍTULO 1 – O REGIME ESPECIAL DO ISS (SOCIEDADE DE PROFISSIONAIS) ...

artigo 3º dessa lei, sendo o local onde estiver o estabelecimento prestador de serviço, o qual está disposto no artigo 4º[32] da Lei Complementar nº 116/2003. Lembramos que o critério espacial é complementado pela existência de estabelecimento prestador de serviço, não sendo este qualquer estabelecimento, mas aquele que atender às disposições impostas pelo artigo 4º da Lei Complementar nº 116/2003.

e) Critério temporal: ele indica quando ocorre o fato imponível e este ocorre com a prestação do serviço. Não está expressamente disposto no Decreto-Lei nº 406/1968, nem na Lei Complementar nº 116/2003. Porém, no regime especial poderá, a critério do legislador local, ser considerado o mês, independentemente de haver ou não prestação de serviço, porque estamos diante de uma presunção que será analisada no Capítulo 4, sendo esse regime de adesão voluntária para o contribuinte.

Destarte, os cinco critérios da regra-matriz de incidência do regime especial do ISS, o antecedente formado pelo material, espacial e temporal, assim como o consequente, integrado pelo subjetivo e quantitativo, devem estar previstos em lei formal, ou igualmente denominada, lei em sentido estrito do Município ou Distrito Federal. Os critérios da regra-matriz não podem contrariar as disposições das leis nacionais, o Decreto-Lei nº 406/1968 e a Lei Complementar nº 116/2003. Caso ocorra a violação, a lei local incorrerá em vício de ilegalidade.

Portanto verificamos que os regimes especial e ordinário do ISS não tratam apenas de formas de recolhimento de ISS distintas, mas de regras-matrizes de incidência diferentes, com critérios materiais e quantitativos distintos. O regime especial do ISS requer requisitos mais específicos para o enquadramento do que a prestação de serviços tributada pelo movimento econômico, o que justifica constituir uma tributação mais benéfica para o sujeito passivo tributário, tais como: tipificação fechada dos serviços passíveis de enquadramento; serviço prestado com pessoalidade, entre os demais requisitos já analisados neste Capítulo.

---

[32] *"Art. 4º Considera-se estabelecimento prestador o local onde o contribuinte desenvolva a atividade de prestar serviços, de modo permanente ou temporário, e que configure unidade econômica ou profissional, sendo irrelevantes para caracterizá-lo as denominações de sede, filial, agência, posto de atendimento, sucursal, escritório de representação ou contato ou quaisquer outras que venham a ser utilizadas."*

Observa-se ainda que o Decreto-Lei nº 406/1968 não dispôs em detalhes sobre o critério quantitativo, ou seja, os valores a serem utilizados pelo legislador local, outorgando a este estabelecer formas distintas de cálculo, desde que ela esteja parametrizada pelo número de profissionais habilitados para a prestação do serviço que constituir o objeto da sociedade, como estatui a lei nacional. Tampouco determinou a utilização de um mesmo valor para todas as sociedades, o que abre espaço para a aplicação do princípio da capacidade contributiva, conforme veremos no Capítulo 4. No Capítulo 5, veremos como o Município de São Paulo estabeleceu o critério quantitativo do regime especial.

Não localizamos na regra-matriz de incidência qualquer alusão ao tipo ou características societárias que possam exercer influência quanto ao enquadramento. Iremos verificar no Capítulo seguinte se algumas características dos tipos societários, especificamente o fato de a sociedade ser de responsabilidade limitada, são aptas a violar algum requisito já analisado relativamente à inclusão da sociedade no regime especial do ISS.

Capítulo 2 – A Sociedade de Responsabilidade Limitada e o Regime Especial do ISS

1. Introdução

No Capítulo anterior, analisamos a possibilidade do enquadramento de sociedades de pessoas e de capital serem enquadradas no regime especial do ISS. Concluímos que a sociedade de capitais estava excluída do enquadramento no regime especial, enquanto a sociedade de pessoas necessitava de uma análise das variáveis do caso concreto para verificar a sua admissão nesse regime. Dada a possibilidade de o tipo societário influenciar, mas não determinar o enquadramento no regime especial do ISS, analisaremos neste Capítulo, a possibilidade de enquadramento da sociedade de responsabilidade limitada no regime especial do ISS. Em relação à análise realizada no Capítulo anterior, quanto a determinação da natureza da sociedade, se de pessoas ou de capitais, COELHO (2007, p. 371) disserta, relativamente à sociedade limitada: *"A sociedade limitada, pode ser de pessoas ou de capital, de acordo com a vontade dos sócios. O contrato social define a natureza de cada limitada."* O mesmo autor, COELHO (2007, p. 374) arremata: *"A pesquisa da natureza de uma limitada, em particular, tem por objeto o contrato social, na cláusula pertinente à matéria em que tem relevância a discussão: condições para a alienação das quotas sociais."* Destarte, a análise do contrato social possibilita determinar se a sociedade limitada possui natureza pessoal, ou de capital. Porém, essa qualificação com base no ato constitutivo merece ser analisada em maiores detalhes.

A jurisprudência do Superior Tribunal de Justiça (STJ) e do Tribunal de Justiça do Estado de São Paulo (TJSP) são predominantemente contra o enquadramento de sociedades limitadas no regime especial do ISS, por atribuir necessariamente a esse tipo societário o caráter empresarial. Julgados com esse entendimento e a posição minoritária, contrária a esse posicionamento, serão analisados, assim como elementos presentes nessas sociedades que foram utilizados como parâmetros de decisão para confirmar os desenquadramentos realizados pela autoridade fiscal e que posteriormente foram julgados pelo Tribunal Paulista.

2. Classificação Legal das Sociedades: Empresárias e Simples

O Código Civil classifica as sociedades em empresárias e simples (ou não empresárias). A primeira observação a ser feita é que o Decreto-Lei nº 406/1968, em momento algum se referiu a qualquer tipo societário passível de enquadramento nem impôs qualquer vedação nesse sentido, limitando-se a estabelecer os requisitos já analisados no Capítulo 1. Vimos que as sociedades de capital exigem uma estrutura complexa para o exercício do seu objeto social e que, por essa razão, tendem a afastar a presença do requisito da pessoalidade na prestação do serviço, razão pela qual não é permitido o seu enquadramento no regime especial do ISS.

Iremos verificar como a sociedade limitada pode ser classificada, se simples ou empresária e, em seguida verificaremos se há correspondência dos atributos desse tipo societário com os requisitos necessários ao enquadramento no regime especial do ISS. Porém, preliminarmente, devemos analisar os elementos que caracterizam a natureza da sociedade, se simples ou empresária, assim como os atributos da sociedade limitada. Lembramos que a definição legal de sociedade foi apresentada no capítulo anterior.

CAPÍTULO 2 – A SOCIEDADE DE RESPONSABILIDADE LIMITADA E O REGIME ESPECIAL DO ISS

2.1 Sociedades Empresárias[33]

O Código Civil de 2002 ao se perfilhar à escola italiana, introduziu no ordenamento jurídico nacional a figura do empresário ampliando o alcance da antiga classificação proposta pela escola francesa que designava as sociedades comerciais, como aquelas que exerciam os atos de comércio, dispostos no artigo 19[34] do já revogado Regulamento nº 737/1850, dispositivo que definiu a mercancia. MARTINS (2009, p. 83) assim expõe uma das faces dessa mudança:

> "Com a evolução da importância das empresas no exercício das atividades comerciais, os comerciantes são considerados *empresários*, isto é, os chefes das empresas (...), vê-se que o campo de ação do comerciante foi ampliado com o conceito de empresário, pois se no Direito tradicional o comerciante era um simples *intermediário*, no novo Direito as atividades da empresa podem ser também de *produção*."

Após a edição da Lei nº 10.406/2002, surge a figura da sociedade empresária. A definição dessa sociedade é legal, conforme preceitua o artigo 982 do Código Civil: "*considera-se empresária a sociedade que tem por objeto o exercício de atividade própria de empresário sujeito a registro*" como consta na própria literalidade desse dispositivo. Devemos verificar o que o legislador qualificou como "atividade própria de empresário", conceito previsto no artigo 966 do mesmo diploma legal: "*Considera-se empresário quem exerce profissionalmente atividade econômica organizada para a produção ou a circulação de bens ou de serviços.*" Destarte, deve ser considerado empresário aquele que a situação fática

---

[33] Segundo COELHO (2007, p. 5), "*Atente-se que o adjetivo 'empresária' conota ser a própria sociedade (e não os seus sócios) a titular da atividade econômica. Não se trata, com efeito, de sociedade empresarial, correspondente à sociedade de empresários, mas da identificação da pessoa jurídica com o agente organizador da empresa*".

[34] "*Art. 19. Considera-se mercancia:*

§ 1º A compra e venda ou troca de effeitos moveis ou semoventes para os vender por grosso ou a retalho, na mesma especie ou manufacturados, ou para alugar o seu uso.

§ 2º As operações de cambio, banco e corretagem.

§ 3º As emprezas de fabricas; de com missões; de depósitos; de expedição, consignação e transporte de mercadorias; de espectaculos publicos.

§ 4.º Os seguros, fretamentos, risco, e quaesquer contratos relativos ao cornmercio maritimo.

§ 5. º A armação e expedição de navios."

comprovar o exercício da atividade empresarial, ou seja, exercer atividade econômica profissionalmente organizada para produção ou circulação de bens ou de serviços. Para tanto, deverão ser analisados os atributos intrínsecos ao exercício do objeto social que permitem verificar como essa atividade econômica é exercida.

REQUIÃO (2009, p. 79) comenta os atributos intrínsecos à atividade empresarial adotado pelo direito italiano, posicionamento que o Código Civil se perfilhou:

> "Vivante identificou o conceito jurídico com o econômico. Escreveu que a empresa é um organismo econômico que sob seu próprio risco recolhe e põe em atuação sistematicamente os elementos necessários para obter um produto destinado à troca. A *combinação* dos fatores – natureza, capital e trabalho – que, associados, produzem resultados impossíveis de conseguir se fossem divididos, e o risco, que o empresário assume ao produzir uma nova riqueza, são os requisitos indispensáveis a toda empresa. Vislumbram-se na conceituação de Vivante os dois elementos, *organização* e *risco*, a que Ferri modernamente denomina *iniciativa* e *risco*, para conceituar o empresário. A iniciativa do empresário coincide, evidentemente, com a ideia de *organização*, pois é devido à sua atividade ou iniciativa que consegue compor a organização dos fatores da produção."

Neste excerto fica claro que na medida em que o capital vai se tornando fundamental para a atividade, há necessidade da presença de uma estrutura organizacional para o exercício do objeto social, conforme já afirmamos quando tratamos das sociedades de capital. Assim, trazendo essa visão para o regime especial do ISS, a vedação do enquadramento de sociedades empresárias ocorre na medida em que a pessoalidade na prestação de serviço realizada pelo sócio vai cedendo espaço para uma estrutura organizada em que os sócios passam a administrar a atividade e, desse modo, a sociedade vai se afastando da prestação pessoal do serviço, retirando um requisito essencial para o enquadramento nesse regime. Por essa característica da sociedade empresária, conclui-se que ela não pode ser enquadrada no regime especial do ISS. Há argumentos adicionais: um, porque não sendo mínima a importância

CAPÍTULO 2 – A SOCIEDADE DE RESPONSABILIDADE LIMITADA E O REGIME ESPECIAL DO ISS

do capital, este atributo afasta a pessoalidade, pois o aporte econômico será mais relevante do que a atuação pessoal do sócio. MORAES (1975, p. 540) assevera que *"Se a pessoa se serve de capital e de pessoal, o serviço deixa de ser pessoal para ser de empresa."*; dois, porque a própria atividade empresarial, por sua definição legal também se distancia da pessoalidade na prestação do serviço, conforme já afirmamos. Isso porque a atividade do empresário estará centrada na organização da atividade ao invés de estar voltada à realização operacional dela como executor, ou seja, da prestação de serviço com pessoalidade.

Podemos fazer uma pergunta: e as sociedades em que a própria lei atribui natureza empresarial, poderiam ser enquadradas no regime especial do ISS? São consideradas empresárias, *ope legis*, as sociedades por ações[35]. Ainda que a sociedade por ações tenha natureza empresarial por força de lei, sua estrutura não comporta justificativa econômica para esse tipo societário ser utilizado numa prestação pessoal de serviços, porque será, em regra, uma sociedade de capitais, embora o STJ já tenha atribuído a ela a natureza de sociedade de pessoas para questões relativas ao direito societário, conforme consta no Informativo de Jurisprudência 595, de 15 de fevereiro de 2017, relativamente ao REsp nº 1.321.263/PR[36]. Vemos que as questões enfrentadas no julgado, embora se utilize dos termos sociedades de pessoas, não guarda relação alguma com os requisitos do enquadramento no regime especial do ISS, a pessoalidade na prestação do serviço, o que evidencia o risco de incorrermos em erro ao

---

[35] BULGARELLI (1997, p. 17) afirma que *"a distinção entre sociedade anônima e sociedade por ações, sendo esta, gênero e aquela, juntamente com a comandita por ações, espécie".*

[36] Texto do Informativo de Jurisprudência nº595 do STJ: *"A questão controvertida em debate visa definir se é possível a dissolução parcial de sociedade anônima de capital fechado por não atingir seu fim (art. 206, II, b, da Lei nº 6.404/76), consubstanciado no auferimento de lucros e na distribuição de dividendos aos acionistas. As sociedades são classificadas como de pessoas e de capitais, a depender da relevância dos sócios para a sua formação. Daí resulta o caráter intuito personae das sociedades limitadas, em que prevalece o relacionamento pessoal dos sócios e a confiança entre eles, em contraposição ao caráter intuito pecunae das sociedades anônimas, preponderando a contribuição pecuniária dos seus integrantes. A jurisprudência desta Corte é firme no sentido de ser possível a dissolução parcial de sociedades que concentram na pessoa de seus sócios um de seus elementos preponderantes, partindo-se do pressuposto de que as sociedades anônimas de capital fechado são, em sua maioria, formadas por grupos familiares, constituídas intuito personae. Nesses casos, o rompimento da affectio societatis representa verdadeiro impedimento a que a companhia continue a realizar o seu fim social, motivo que levou a Segunda Seção a adotar a orientação de que é possível a dissolução parcial da sociedade anônima de capital fechado (EREsp 1.079.763/SP, Segunda Seção, DJe 6/9/2012; EREsp 111.294/PR, Segunda Seção, DJe 10/9/2007)."*

utilizarmos esse critério de classificação como parâmetro de enquadramento no regime especial. Por essa razão, constata-se a existência de um espaço para o cometimento de equívocos por parte do aplicador do direito. Abrimos aqui um parêntese: se a sociedade por ações for considerada sociedade de pessoas, ela poderá ser enquadrada no regime especial do ISS? Entendemos que não, mas a negativa se relaciona pela demanda de capital que esse tipo societário mobiliza, o que retira a pessoalidade na prestação dos serviços, elevando a importância do capital na prestação do serviço, fechando parêntese. A origem histórica desse tipo societário confirma essa afirmação[37].

Esse é o divisor de águas que encontrará compatibilidade com o requisito da pessoalidade disposto no Decreto-Lei nº 406/1968 no seguinte sentido: ao exercer o objeto social de forma empresarial, o sócio deixará de estar prestando o serviço com pessoalidade, desautorizando o enquadramento no regime especial do ISS. Verifica-se assim que o termo "empresarial" para efeito de enquadramento no regime em comento se distancia dos parâmetros formais do direito societário utilizados para a classificação do tipo de sociedade, como exemplo, o registro do ato constitutivo na Junta Comercial que, perante esse ramo do direito, pode estar relacionado com a natureza empresarial, mas esses requisitos formais sequer foram considerados pelo Decreto-Lei nº 406/1968 e nem devem produzir qualquer efeito tributário relativamente ao enquadramento no regime especial do ISS. Corrobora essa afirmação os enunciados a seguir transcritos das Jornadas de Direito Privado:

> "195 – Art. 966: A expressão "elemento de empresa" demanda interpretação econômica, devendo ser analisada sob a égide da absorção da atividade intelectual, de natureza científica, literária ou artística, como um dos fatores da organização empresarial."

---

[37] Tanto é assim que sua origem se deu dentro do contexto das grandes navegações na expansão do comércio para as Índias. HUBERMAN (1986, p. 91) disserta nesse sentido: *"A organização tradicional das associações que se haviam criado para negociar com as velhas rotas de comércio não se adaptava às novas condições. O comércio a uma distância considerável, em terras desconhecidas, com povos estranhos, e sob condições pouco familiares, requeria um novo tipo de associação – e, como sempre acontece, surgiu esse novo tipo, para atender as necessidades. (...) A sociedade por ações foi a resposta dada pelos mercadores nos séculos XVI e XVII ao problema que era levantar os enormes capitais necessários a tão vastos empreendimentos como o comércio com a América, África e Ásia."*

CAPÍTULO 2 – A SOCIEDADE DE RESPONSABILIDADE LIMITADA E O REGIME ESPECIAL DO ISS

Conforme sustentamos, a natureza empresarial, para o fim de exclusão do regime especial do ISS, depende da análise da situação fática do prestador de serviços, não de requisitos formais estatuídos pelo direito societário. Relativamente a esse parâmetro, transcrevemos o enunciado 199, das mesmas Jornadas:

> "199 – Art. 967: A inscrição do empresário ou sociedade empresária é requisito delineador de sua regularidade, e não da sua caracterização."

O enunciado em comento afirma que o critério com base no registro não confere natureza empresarial à sociedade, apenas regularidade cadastral a aquele que exerce a atividade.

No excerto a seguir, MARTINS (2009, p. 173) entende que o caráter empresarial é reconhecido por meio do registro:

> "Denomina-se sociedade empresária a organização proveniente de acordo de duas ou mais pessoas, que pactuam a reunião de capitais e trabalho para um fim lucrativo. (...) O Código Civil descortina o mesmo espírito, conforme o artigo 982 do diploma normativo, porém só reconhece o caráter empresarial por meio do registro;"

Verifica-se pela leitura do excerto imediatamente anterior que, para efeito do direito societário, a atribuição da natureza empresarial pode se dar por meio do registro na Junta Comercial, doutrina que, em nosso entendimento, contraria o enunciado nº 199. Constatamos de plano que a classificação baseada somente em critérios formais é insuficiente para definir o enquadramento no regime especial do ISS. Tal fato permite a apresentação das seguintes conclusões: 1) a natureza empresária classificada segundo os critérios estabelecidos pela legislação societária não está aderente aos requisitos estabelecidos pelo Decreto-Lei nº 406/1968 (se houver uma sociedade registrada na Junta Comercial que atenda aos requisitos do regime especial, não vislumbramos qualquer óbice para o seu enquadramento, ainda que o direito societário possa considerá-la de natureza empresarial); 2) a natureza empresária impedirá a sociedade de ser enquadrada no regime especial do ISS, se e, somente se, o requisito analisado que determinar tal classificação estiver relacionado com a exclusão da pessoalidade na prestação dos serviços[38]. Como o Decreto-Lei nº 406/1968 não mencionou qualquer tipo societário e nem sequer tangenciou os critérios formais contemplados pela legislação empresarial na classificação das sociedades, torna-se necessário para essa análise a harmonização dos requisitos compatíveis (como exemplo, a observação da pessoalidade no exercício da atividade) e a desconsideração de outros meramente formais (como o registro do ato constitutivo na Junta Comercial, por exemplo). Conclui-se aqui que se o atributo empresarial for decidido somente por parâmetros formais, como exemplo, pelo critério do registro, tal qualificação não bastará para afirmar que a sociedade não poderá ser enquadrada no regime especial do ISS.

2.2 Sociedades Simples

A sociedade simples está regulamentada nos artigos 997 a 1038 do Código Civil. Por expressa disposição legal, a cooperativa será sempre considerada sociedade simples. A sociedade simples (ou não empresária) pode eleger como objeto, conforme preceitua o parágrafo único do artigo 966 da Lei Civil, o exercício de *"profissão intelectual, de natureza científica, literária ou artística, ainda com o concurso de auxiliares ou colaboradores, salvo se o exercício da profissão constituir elemento de empresa."*

O legislador conferiu à sociedade simples um caráter residual, conforme exposto na literalidade do parágrafo único do artigo 966, ao ressalvar que, se o exercício da profissão intelectual, de natureza científica, literária ou artística constituir elemento de empresa, ela não será sociedade simples, porém esse exame da presença do elemento de empresa deverá ser feito com base na situação fática relativa ao exercício do objeto social, conforme o entendimento do Enunciado nº 195 das Jornadas de Direito Privado transcrito anteriormente. Observa-se que não é somente a natureza da atividade exercida que determina a classificação da sociedade como simples, mas deve ser considerada a forma como ela se estrutura ao praticar seu objeto social. Destarte, a natureza não empresária não decorre somente do tipo do objeto social, ou seja, de profissão

---

[38] Não vislumbramos que a eventual natureza empresária de uma sociedade poderá interferir nos outros requisitos necessários ao enquadramento no regime especial do ISS, que não seja a pessoalidade, de forma imediata.

CAPÍTULO 2 – A SOCIEDADE DE RESPONSABILIDADE LIMITADA E O REGIME ESPECIAL DO ISS

intelectual, de natureza científica, literária ou artística, mas da forma também como esse objeto é praticado.

Embora somente a natureza da atividade da sociedade não determine sua qualificação, se empresária ou simples, esta última requer um rol específico de atividades, para, em seguida, ser verificado como essas atividades são exercidas. Nesse sentido, REQUIÃO (2012, p. 492) disserta que a sociedade simples está vinculada ao objeto social e ainda ressalva a forma como ela exerce a sua atividade, ou seja, sem elementos de empresa, deixando claro que o tipo de atividade é condição necessária, mas não suficiente para sua qualificação:

> "Serão alvo da sociedade simples: as atividades dedicadas às pesquisas científicas, em todos os campos do conhecimento humano; a atividade literária, na sua variação complexa; as várias manifestações artísticas, seu estudo, pesquisa e divulgação. Nenhuma destas atividades poderá constituir elemento de empresa."

Mas para o efeito de enquadramento no regime especial do ISS, não basta o exercício de uma profissão intelectual, mas de um subconjunto desta, o qual se encontra no rol da Tabela 2 do Capítulo 1. Além disso, é necessário que o exercício dessa atividade intelectual seja feito sem elemento de empresa, portanto com pessoalidade. Com essas considerações, a sociedade simples começa a se aproximar dos requisitos necessários ao enquadramento no regime especial do ISS, mas advertimos que há algumas ressalvas a ser feitas adiante. Trazemos o ponto de vista de SILVEIRA (2009, p. 9):

> "Assim, se a atividade profissional liberal for parte de uma atividade empresarial (como o Jurídico de um banco), esta atividade empresarial não se transmuda em intelectual. Mas uma sociedade de advogados (ou de qualquer outra atividade profissional de cunho intelectual) não se desnatura por seu porte. A parte não contamina o todo. O elemento de atividade intelectual não altera a caracterização da empresa. A organização econômica de atividade não contamina a atividade intelectual, pois o objeto da sociedade e dos sócios continua sendo a atividade profissional regulamentada. Não será pelo porte de uma sociedade de advogados que seu contrato social deva ser registrado na

Junta comercial (art. 967)! E os sócios seguem sempre ilimitadamente responsáveis pela sua atividade profissional."

Por este excerto, a atividade intelectual e técnico-científica será sempre não empresária. Não é o que rege o parágrafo único do artigo 966 do Código Civil. O escritório de advocacia pode ter os atributos de atividade empresarial em razão do seu porte, assim como qualquer outro ramo de atividade pode assumir traços empresariais. Reiteramos que a forma como o objeto social é praticado é um dos fatores determinantes no enquadramento do regime especial, pois há nítida correlação na forma como a sociedade exerce sua atividade e sua estrutura interna e essas duas características estão intimamente relacionadas com a pessoalidade na prestação dos serviços. Para o artigo 966 do Código Civil, nas atividades intelectual, científica, artística, entre outras relativas ao objeto das sociedades simples, pode estar presente elemento de empresa, o que permite caracterizar a atividade como empresária, então não podemos afirmar que o objeto, por si só, determina a natureza da sociedade, se empresária ou simples, desconsiderando a forma de atuação dessa sociedade. Ainda que a sociedade seja qualificada como simples, não afirmamos necessariamente que ela será enquadrada no regime especial, porque será ainda necessário verificar a presença dos demais requisitos necessários ao enquadramento no regime especial. Começamos a perceber que não há correlação necessária no sentido de ser a sociedade simples um parâmetro suficiente ao enquadramento. Poderá eventualmente a sociedade simples ser inscrita no regime especial por coincidência, no sentido de não comportar o elemento de empresa e ainda apresentar os demais requisitos necessários à inscrição na sociedade de profissionais. O legislador tributário não se valeu desse tipo societário, porque se a sociedade não for simples, em razão da forma como exerce o objeto social, ou seja, apresentando elemento de empresa, não simplesmente se baseando nos aspectos formais que determinam sua natureza dentro do direito societário, é que ela não poderá ser enquadrada no regime especial do ISS. Mas advertimos que não é qualquer sociedade simples que pode ser enquadrada. Essas constatações revelam os equívocos que podem ser cometidos quando utilizamos um sistema de classificação do direito societário sem que ele tenha sido contemplado pela lei tributária, como requisito de enquadramento.

CAPÍTULO 2 – A SOCIEDADE DE RESPONSABILIDADE LIMITADA E O REGIME ESPECIAL DO ISS

Há outros elementos que deverão ser analisados: na trajetória de verificarmos se a sociedade simples pode ser enquadrada no regime especial do ISS, devemos lembrar que ela admite como sócio, pessoa física ou jurídica, porém para estar no regime especial do ISS, todos os sócios deverão ser necessariamente pessoas físicas, como já destacamos no item 2 do Capítulo 1. A sociedade simples ainda poderá admitir, na integralização do capital, a contribuição consistente em serviços, cuja prestação esteja descrita no ato constitutivo, sendo que esta disposição não produz qualquer efeito no enquadramento no regime especial do ISS. Há ainda a previsão, na sociedade simples, da necessidade de indicar as pessoas naturais que exercerão a administração e a participação de cada sócio nos lucros ou perdas, que poderá ser (ou não) proporcional a suas quotas e se os sócios responderão (ou não) subsidiariamente pelas obrigações sociais. Essas disposições serão analisadas no item 4 deste Capítulo, pois a jurisprudência do Tribunal de Justiça do Estado de São Paulo atribui a natureza empresarial para sociedades que apresentem cláusulas com esse conteúdo em seus respectivos atos constitutivos, restando demonstrado que as sociedades simples também podem ter tais atributos, ou seja, esses elementos por si só, não conferem natureza empresarial à sociedade, mas são elementos intrínsecos às sociedades conforme sua definição legal no artigo 981 do Código Civil. Destarte, evidencia-se aqui que esses atributos não são característicos das sociedades empresárias, mas de todas as sociedades, inclusive as simples. Os artigos 1.002 e 1.003 evidenciam o caráter de sociedade de pessoas, demonstrando a necessidade da *affectio societatis* na sociedade dessa natureza. Para ABRAHÃO (2012, p. 7), quanto à sociedade simples, "*(...) a destinação ficaria endereçada aos profissionais intelectuais, não organizados empresarialmente, e aos pequenos empresários, agregando as cooperativas que teriam o condão de observar as regras do negócio societário.*" Lembramos que a pessoalidade entre os sócios não está necessariamente correlacionada com a pessoalidade na prestação dos serviços[39].

O ato constitutivo da sociedade simples deve ser registrado no cartório de registro civil das pessoas jurídicas, porém, conforme concluído anteriormente,

---

[39] Pode haver uma sociedade anônima fechada, com uma grande estrutura empresarial e que haja pessoalidade entre seus acionistas, conforme mencionamos anteriormente e que não haja pessoalidade na prestação dos serviços.

a classificação da natureza da sociedade com base somente nos atributos formais demonstrou ser irrelevante para a qualificação da sociedade como empresária relativamente ao enquadramento dela no regime especial do ISS.

Conclui-se aqui que não é qualquer sociedade simples que pode ser objeto de enquadramento no regime especial do ISS, mas tão somente aquela que atenda aos requisitos do Decreto-Lei nº 406/1968. Tal conclusão tende a afastar a utilização de qualificações do direito societário como parâmetro de decisão quanto ao enquadramento no regime especial do ISS. As disposições do Código Civil permitem que as sociedades simples adotem um formato que não admita seu enquadramento no regime especial do ISS, como exemplo, ter sócio que seja pessoa jurídica. Observa-se mais uma vez aqui que o legislador de 1968 não estabeleceu quaisquer critérios que correspondam aqueles do direito societário para que possam ser integralmente utilizados no enquadramento do regime especial do ISS, colocando em xeque a utilização de institutos de direito privado para decidir sobre a inclusão da sociedade no regime especial do ISS.

2.3 Sociedades de Responsabilidade Limitada

Esse tipo societário, nos termos da Lei nº10.406/2002, pode se revestir sob a forma de sociedade simples ou empresária, conforme atesta o artigo 983 dessa lei. O traço característico desse tipo societário é a limitação da responsabilidade do sócio ao valor de suas cotas integralizadas relativamente às obrigações da sociedade perante terceiros.

A limitação da responsabilidade não implica necessariamente atividade empresarial. Alguns tipos societários são adotados em empreendimentos empresariais, a exemplo das sociedades em conta de participação, que, embora seja uma sociedade que não tenha personalidade jurídica, observa-se sua utilização no ramo da incorporação imobiliária, atividade tipicamente empresarial. A sociedade em nome coletivo é dotada de responsabilidade ilimitada dos seus sócios, podendo, conforme seus atributos, ter natureza empresária. Portanto, juridicamente, a responsabilidade limitada não correlaciona necessariamente a natureza empresarial da sociedade. A questão parece ser inversa, ou seja, empreendimentos empresariais preferem adotar a limitação da responsabilidade como instrumento voltado contra o risco. SALAMA (2014, p. 404 e 405) disserta nesse sentido:

CAPÍTULO 2 – A SOCIEDADE DE RESPONSABILIDADE LIMITADA E O REGIME ESPECIAL DO ISS

> "Longe de ser uma característica inerente à prática empresarial, a limitação da responsabilidade de sócios ao valor do capital social subscrito é mais proveitosamente concebida como uma técnica para alocação do risco empresarial. A limitação do risco do negócio significa, essencialmente, que uma parcela maior do risco empresarial será suportada por credores da empresa. É fácil perceber por quê: sob a responsabilidade ilimitada, uma dívida inadimplida pela empresa é automaticamente redirecionada ao sócio; já sob responsabilidade limitada, essa mesma dívida se converte em perda do credor. No primeiro caso, o prejuízo é do sócio; no segundo, é do credor."

Destarte, observa-se que a razão da limitação da responsabilidade dos sócios encontra justificativa econômica e não jurídica[40]. Tal conclusão relaciona-se com o fato de o risco ser inerente à atividade empresarial, pois o empresário suporta os riscos do empreendimento, daí a necessidade de mecanismos para sua alocação. Essa alocação de riscos não está relacionada com a forma como o objeto social está sendo praticado, o que impede a produção de qualquer reflexo na pessoalidade eventualmente existente na prestação do serviço. Tampouco se relaciona com a responsabilidade pessoal prevista no § 3º do artigo 9º do Decreto-Lei nº 406/1968, pois essa responsabilidade, como vimos no Capítulo 1, é a técnica perante o conselho profissional correspondente.

Uma pergunta que surge nesse contexto é se a responsabilidade ilimitada determina necessariamente caráter não empresarial da sociedade. Conforme já mencionamos, MARTINS (2009, p. 211 e 212) disserta sobre a relação entre a responsabilidade ilimitada e a natureza empresarial:

> "Tem-se debatido, na doutrina brasileira, sobre se os sócios de responsabilidade ilimitada são ou não empresários. A questão parece não oferecer dúvidas, em face do Direito Positivo brasileiro: a responsabilidade *ilimitada* que os sócios assumem em algumas sociedades é apenas uma garantia dada aos terceiros para maior segurança destes,

---

[40] Apenas divergimos do autor, no sentido de que a responsabilidade é limitada quanto ao capital integralizado, não quanto ao subscrito.

garantia que é feita de forma *subsidiária*, o que mostra o seu caráter secundário."

Portanto, observa-se que a responsabilidade ilimitada não determina e nem exclui necessariamente a natureza empresarial, mas aparece relacionada a um mecanismo de estabelecimento de garantia vinculado, como já afirmamos, a uma alocação de risco da atividade praticada.

Outra resposta a ser encontrada é se a sociedade simples, quando a responsabilidade dos sócios for limitada à respectiva parcela do capital integralizado, terá necessariamente natureza empresarial por força dessa previsão no ato constitutivo.

Para ABRAHÃO (2012, p. 491):

> "A sociedade simples pode erigir estrutura peculiar, observando as regras gerais determinadas nos arts. 997 e segs. do Código Civil. Poderá adotar o tipo societário próprio de qualquer das sociedades empresárias (salvo o das sociedades por ações), conforme permitem os arts. 983 e 1.150, parte final. Neste caso obedecerá às normas do registro público das empresas mercantis, embora a competência para seu registro continue com o registro civil das pessoas jurídicas."

Destarte, a sociedade simples poderá adotar outros formatos societários sem que isso lhe confira necessariamente natureza empresária, restando vedada apenas a sociedade por ações. Então, o fato de a sociedade ser de responsabilidade limitada não irá conferir-lhe necessariamente natureza empresária, uma vez que o legislador do Código Civil de 2002, previu a existência de sociedade simples de responsabilidade limitada. Anteriormente à vigência desse código, a sociedade limitada era regida pelo Decreto nº 3.708/1919, diploma legal que atribuía necessariamente a esse tipo societário a natureza comercial, conforme veremos adiante.

2.4 Conclusões dos Conceitos Tratados

O Decreto-Lei nº 406/1968, reiteramos, não impôs a necessidade de um tipo societário, mas tão somente arrolou alguns requisitos necessários para

CAPÍTULO 2 – A SOCIEDADE DE RESPONSABILIDADE LIMITADA E O REGIME ESPECIAL DO ISS

o enquadramento das sociedades nesse regime, os quais são: a existência de uma sociedade; em que os sócios prestem o serviço de forma pessoal; que assumam responsabilidade pessoal, nos termos da lei que regulamenta o exercício profissional, o que constitui a contribuição para o exercício do objeto social da pessoa jurídica, e; que esse objeto seja uma das profissões liberais arroladas no § 3º do artigo 9º do Decreto-Lei nº 406/1968. Sobre o regime especial do ISS, BARRETO (2009, p. 409) disserta:

> "Resultam as sociedades referidas da reunião de esforços que, em nível de trabalho pessoal, cada sócio poderia desenvolver individualmente. Tem-se, no caso, associação de natureza profissional, conjugação do trabalho que cada um dos sócios poderia exercer, isoladamente. São sociedades de trabalho. É dizer, sociedades cuja essência não reside no capital aplicado, mas no esforço humano, profissionalmente qualificado, que estão em condições de prestar. (...) É que nas sociedades de trabalho o traço indelével é a técnica, a ciência, a aptidão;"

As sociedades simples apresentam alguns atributos convergentes quanto ao enquadramento no regime especial de tributação, sendo necessário fazer algumas observações. Os serviços passíveis de enquadramento no regime especial constituem um subconjunto das atividades de caráter intelectual, as quais são objeto das sociedades simples. A ausência do caráter empresarial no exercício da atividade está relacionada com a pessoalidade no cumprimento do objeto social. Porém, não é qualquer sociedade simples que poderá ser enquadrada no regime especial do ISS, como exemplo, as sociedades simples que possuem como sócio uma pessoa jurídica.

Reiteramos que se a sociedade simples adotar a forma de sociedade de responsabilidade limitada, ela assim permanece, ou seja, não empresária. Ela não adquire necessariamente o caráter empresarial em razão da limitação da responsabilidade dos sócios. Vimos no Enunciado nº 195 das Jornadas de Direito Privado que a expressão "elemento de empresa" demanda interpretação econômica, ou seja, a qualificação "empresária" não é determinada pela análise dos requisitos formais.

E ainda, para o enquadramento no regime especial do ISS, considerar a sociedade como sendo empresária, para fins de enquadramento no regime especial do ISS somente pela análise de atributos formais considerados pelo direito societário, tal critério se revela distante dos requisitos estatuídos pelo Decreto-Lei nº 406/1968, pois esse diploma legal nada dispõe sobre tipos societários passíveis de enquadramento. Então, apesar de o registro do ato constitutivo ser realizado na Junta Comercial, havendo a pessoalidade na prestação dos serviços e verificados, no caso concreto, os demais requisitos do regime especial, não há razão para que seu enquadramento seja indeferido. A natureza empresária atribuída com base nos institutos e na doutrina de direito societário somente estará relacionada com a exclusão da sociedade do regime do ISS, se a prática do objeto social implicar a ausência de pessoalidade na prestação do serviço, ou colidir com qualquer outro requisito disposto pelo Decreto-Lei nº 406/1968. Em síntese, temos:

1) Se for sociedade de capitais, tal qualificação veda o enquadramento. Se for sociedade de pessoas, serão necessárias análises adicionais, relativamente à verificação dos requisitos estatuídos pelo Decreto-Lei nº 406/1968. Sendo sociedade por ações, não obstante tais pessoas jurídicas serem empresárias por força de lei, mas em razão da estrutura necessária que esse tipo societário demanda, resta excluído o seu enquadramento no regime especial do ISS, por não comportar a pessoalidade na prestação de serviços;

2) Se a natureza empresarial for atribuída pela estruturação da consecução do objeto social, restará verificada a ausência de pessoalidade e, portanto, resta vedado o enquadramento no regime especial do ISS;

3) A sociedade simples somente pelo fato de adotar a responsabilidade limitada dos sócios, não terá necessariamente natureza empresarial e ainda, para qualquer sociedade, o fato de o registro do ato constitutivo ter sido realizado na Junta Comercial não implica necessariamente que os requisitos necessários ao seu enquadramento dispostos no Decreto-Lei nº 406/1968 não estejam presentes. Tal conclusão tem como corolário que a análise dos requisitos formais relativos ao registro e à limitação da responsabilidade, são irrelevantes para determinar o enquadramento (ou não enquadramento) no regime especial do ISS;

4) O tipo do objeto social, pelo simples fato de ser atividade intelectual ou técnico-científica é insuficiente para determinar a natureza da

sociedade, assim como para sua inserção no regime tributário analisado, sendo necessário verificar também a forma como a atividade é exercida, ou seja, se há pessoalidade na prestação dos serviços e se a atividade praticada corresponde àquelas dispostas na Tabela 2 do Capítulo 1, como os demais requisitos necessários ao enquadramento;

5) Não é qualquer sociedade simples que é passível de enquadramento no regime especial do ISS. Esse tipo societário deve estar compatível com os requisitos necessários ao enquadramento. Embora não esteja expresso dentre os requisitos estatuídos pelo Decreto-Lei nº 406/1968, a vedação do sócio pessoa jurídica da sociedade inscrita no regime especial é corolário lógico da prestação de serviço com pessoalidade.

As conclusões até este ponto decorrem da análise de excertos doutrinários e dos textos legais, passando aos próximos itens, 3 e 4, para verificarmos como a jurisprudência do Superior Tribunal de Justiça (STJ) e do Tribunal de Justiça do Estado de São Paulo (TJSP) tem interpretado o assunto. As críticas aos julgados a serem realizadas a seguir são feitas com base nas conclusões até aqui apresentadas.

3. O Posicionamento da Primeira Seção do Superior Tribunal de Justiça (STJ) quanto ao Regime Especial do ISS

Neste item, será analisado o posicionamento da Primeira Seção do STJ quanto à possibilidade de sociedades limitadas serem enquadradas no regime especial do ISS. Foram objeto da análise 18 julgados[41].

---

[41] Pesquisa realizada no dia 09 de setembro de 2015, no site do STJ, por meio da expressão "sociedades uniprofissionais responsabilidade limitada". Os julgados obtidos foram: EDcl no REsp nº 1.523.524/PR, AgRg no AREsp nº 685.687/SP, AgRg no AREsp nº 616.471/RS, EDcl no AREsp nº 425.635/PE, AgRg no AREsp nº 420.198/PR, AgRg no AREsp nº 156.793/RS, AgRg nos EREsp nº 1.182.817/RJ, AgRg nos EDcl no REsp nº 1.275.279/PR, AgRg no Ag nº 1.391.830/RS, REsp nº 919.067/MG, AgRg no REsp nº1.142.393/ MS, AgRg no Ag nº 1.349.283/RO, AgRg no REsp nº 1.178.984/SP, AgRg no REsp nº 1.205.175/RO, AgRg no Ag nº 1.023.655/SP, EDcl no AgRg no Ag nº 798.575/PR, AgRg no REsp nº 807.205/RS, AgRg no REsp nº 1.031.511/ES, REsp nº 1.057.668/RS, AgRg no Ag nº 960.733/RJ.

O REGIME ESPECIAL DO ISS

Transcrevemos a seguir a ementa dos embargos de declaração no recurso especial nº 1.523.524/PR, que menciona em seu item 2, com nossos negritos, o entendimento firmado pela Primeira Seção do STJ a seguir, o qual iremos analisar:

> PROCESSUAL CIVIL. EMBARGOS DE DECLARAÇÃO RECEBIDOS COMO AGRAVO REGIMENTAL. INSTRUMENTALIDADE RECURSAL. TRIBUTÁRIO. ISS. PRESTAÇÃO DE SERVIÇO POR EMPRESA. SOCIEDADE LIMITADA. ESPÉCIE SOCIETÁRIA EM QUE A RESPONSABILIDADE DO SÓCIO É LIMITADA AO CAPITAL SOCIAL. PRECEDENTES. NÃO INCIDÊNCIA DA SÚMULA N. 7/STJ.
>
> 1. É possível receber os embargos de declaração como agravo regimental, em homenagem à fungibilidade recursal e à economia processual, quando nítido o seu caráter infringente. Precedente: EDcl na Rcl 5.932/SP, Rel. Min. Mauro Campbell Marques, Primeira Seção, DJe 29.5.2012.
>
> 2. A orientação da Primeira Seção do STJ firmou-se no sentido de que o tratamento privilegiado previsto no art. 9º, §§ 1º e 3º, do Decreto-Lei n. 406/68 somente é aplicável às sociedades uniprofissionais que tenham por objeto a prestação de serviço especializado, com responsabilidade pessoal dos sócios e sem caráter empresarial. Por tais razões, o benefício não se estende à sociedade limitada – caso dos autos consoante consta dos fundamentos do acórdão recorrido – sobretudo porque nessa espécie societária a responsabilidade do sócio é limitada ao capital social.
>
> 3. O provimento recursal da ora agravada não está obstado pela incidência da Súmula n. 7/STJ, porquanto a informação acerca da constituição da empresa, isto é, LTDA., o que por si só descaracteriza o caráter personalíssimo que autoriza a benesse prevista no art. 9º, § § 1º e 3º, do Decreto-Lei n. 406/68; foi colhida do próprio acórdão.

A leitura do item 2 da ementa demonstra que o STJ entende ser aplicável o regime especial do ISS às sociedades que prestem serviço especializado (constantes da Tabela 2 do Capítulo 1); com responsabilidade pessoal dos sócios, e;

CAPÍTULO 2 – A SOCIEDADE DE RESPONSABILIDADE LIMITADA E O REGIME ESPECIAL DO ISS

sem caráter empresarial (especificando que a limitação da responsabilidade do sócio ao capital social confere natureza empresarial à sociedade). Deste ponto, surge uma questão: estaria o órgão julgador se referindo à sociedade de responsabilidade limitada de natureza empresarial, ou a todas as sociedades limitadas? O item seguinte da ementa traz a resposta: o simples fato de a sociedade ser de responsabilidade limitada, no entender dos julgadores, descaracteriza a responsabilidade pessoal dos profissionais. Este ponto merece uma breve intervenção, para reiterarmos nosso posicionamento: a responsabilidade pessoal estatuída no § 3º do artigo 9º do Decreto-Lei nº 406/1968 é a responsabilidade técnica do profissional que presta o serviço, em nome da sociedade e decorre da lei que regulamenta o exercício da profissão. A responsabilidade limitada decorre de previsão no ato constitutivo da sociedade, que constitui num mecanismo de alocação de risco. Tais responsabilidades não se relacionam, uma não produz qualquer reflexo na outra.

Lembramos os requisitos legais do regime especial do ISS, conforme item 2 do Capítulo 1, são: 1) *"a prestação de serviços sob a forma de trabalho pessoal do próprio contribuinte"*; 2) *"a responsabilidade pessoal do profissional habilitado"*; 3) O objeto social deve ser um dos serviços constantes da Tabela 2, e; 4) Constituir-se sob a forma de sociedade.

Destarte, delimitando o ponto controverso: sociedade simples de responsabilidade limitada, segundo o Código Civil, não tem natureza empresarial, conforme já concluímos. Então, ela poderia ser enquadrada no regime especial do ISS? Na busca de uma resposta, serão analisados os julgados a seguir, a fim de verificar os fundamentos apresentados relativamente a essa questão pelos órgãos julgadores.

3.1 Análise dos Julgados do Superior Tribunal de Justiça (STJ)

Os 18 julgados foram analisados e discutidos, selecionando excertos da ementa e do voto pertinentes ao objeto deste estudo. No agravo regimental no agravo no REsp nº 685.687/SP, as razões são mais explícitas ainda. Transcrevemos aqui excerto do relatório:

> "O agravante, em suas razões, sustenta que o *"requisito de ser ou não responsabilidade limitada ou empresarial não se encontra presente na legislação*

O REGIME ESPECIAL DO ISS

federal (artigo 9º, § 3º do Decreto 406/68)" (fl. 299) e que *"O fato de estar constituída sob forma Sociedade Simples Limitada (com responsabilidade contratual limitada) não lhe retira o caráter pessoal da prestação dos serviços (cirurgia cardíaca) se amoldando perfeitamente à hipótese legal"* (fl. 300)."

Constata-se que a recorrente é sociedade simples e ainda assim o STJ manifestou o entendimento consolidado na 1ª Turma, demonstrando que basta ser sociedade de responsabilidade limitada para não ter direito ao enquadramento. Na mesma direção segue o agravo regimental no agravo no REsp nº 616.471/RS, tendo inclusive apresentado idêntica redação de ementa. Analisando os embargos de declaração no agravo no REsp nº 425.635/PE, especificamente no item 2 da ementa, o Ministro Humberto Martins, relator, reitera os argumentos expostos até então.

> "2. A jurisprudência das duas Turmas que compõem a Primeira Seção é uniforme no sentido de que o benefício da alíquota fixa do ISS somente é devido às sociedades unipessoais integradas por profissionais que atuam com responsabilidade pessoal, não alcançando as sociedades empresariais, como as sociedades por quotas cuja responsabilidade é limitada ao capital social."

E ainda nesse julgado, decide que é vedado ao STJ apreciar se a recorrente preenche os requisitos necessários ao enquadramento. Segue essa linha o agravo regimental no agravo no REsp nº 420.198/PR, especificamente no item 2 da ementa, reitera a jurisprudência firmada pelo STJ[42]. Transcrevemos excerto do voto:

> "Destaque-se, por fim, que, tendo a Corte de origem, com base no conjunto fático-probatório dos autos, concluído que *"o tipo societário*

---

[42] *"2. A orientação da Primeira Seção/STJ pacificou-se no sentido de que o tratamento privilegiado previsto no art. 9º, §§ 1º e 3º, do Decreto-Lei 406/68 somente é aplicável às sociedades uniprofissionais que tenham por objeto a prestação de serviço especializado, com responsabilidade pessoal dos sócios e sem caráter empresarial. Por tais razões, o benefício não se estende à sociedade limitada, sobretudo porque nessa espécie societária a responsabilidade do sócio é limitada ao capital social (AgRg nos EREsp 1182817/RJ, Rel. Min. Mauro Campbell Marques, Primeira Seção, DJe 29.8.2012)."*

CAPÍTULO 2 – A SOCIEDADE DE RESPONSABILIDADE LIMITADA E O REGIME ESPECIAL DO ISS

constituído pela clínica foi a de responsabilidade limitada", a análise da alegação no sentido de ser a recorrente sociedade civil simples demanda o revolvimento do suporte fático-probatório carreado aos autos, o que é inviável em sede de recurso especial, tendo em vista o óbice contido na Súmula n. 7/STJ."

Neste acórdão, o Ministro relator, Mauro Campbell, entendeu que a apreciação do fato de a sociedade ser simples conduz à análise das provas, fato que encontra óbice na Súmula nº 7[43] desse Tribunal. O mesmo se aplica ao agravo regimental nos embargos de divergência do REsp nº 1.182.817/RJ. Reforçam as razões expostas o agravo regimental no agravo no REsp nº 156.793/RS, tanto o entendimento firmado na jurisprudência, quanto a vedação à análise do contexto probatório. O mesmo se aplica aos embargos de declaração no REsp nº 1.523.524/PR e no agravo regimental do REsp nº 807.205/RS.

O item 2 da ementa dos embargos de declaração no agravo regimental no agravo no REsp nº 798.575/PR apresenta a seguinte redação:

> "2. Nos termos do art. 1.052 do CC/2002, *"na sociedade limitada, a responsabilidade de cada sócio é restrita ao valor de suas quotas, mas todos respondem solidariamente pela integralização do capital social"*. Assim, nessa espécie de sociedade, a responsabilidade do sócio *"está limitada à força do capital social"* (Rubens Requião). Nesse contexto, não há falar em responsabilidade ilimitada dos sócios, tampouco em ausência de caráter empresarial."

Pelo excerto em tela, o Ministro relator menciona um dos parâmetros utilizados no julgamento que até então não havia sido exposto como um dos requisitos do enquadramento no regime especial do ISS: a responsabilidade ilimitada. Ocorre que o § 3º do Decreto-Lei nº 406/1968 não menciona se a responsabilidade deve ser limitada ou ilimitada, mas apenas pessoal. Vimos que se trata da responsabilidade técnica, a qual decorre da lei que regulamenta a profissão, a qual estará vinculada ao exercício do objeto social, enquanto

---

[43] Súmula nº 7 do STJ – *"A pretensão de simples reexame de prova não enseja recurso especial."* (DJ 03.07.1990).

a limitação da responsabilidade envolve o consentimento dos sócios o qual origina uma cláusula contratual no ato constitutivo da sociedade, conforme já afirmamos. A segunda observação a ser realizada é a presunção utilizada quanto à sociedade limitada ter natureza empresarial. Assim ocorreu no REsp nº 1.057.668/RS e no agravo regimental no agravo nº 960.733/RJ. Essa presunção é confirmada no item 2 da ementa do agravo regimental no agravo de instrumento nº 1.391.830/RO, o qual transcrevemos:

> "2. A alíquota fixa do ISS somente é devida às sociedades unipessoais integradas por profissionais que atuam com responsabilidade pessoal, não alcançando as sociedades empresariais, como as sociedades por quotas, cuja responsabilidade é limitada ao capital social."

Outros julgados seguem a mesma direção, como o agravo regimental no REsp nº 1.031.511/ES, conforme excerto da ementa correspondente:

> "2. As sociedades limitadas por cotas de responsabilidade inegavelmente possui caráter empresarial, o que as subtraem do benefício contido no art. 9º, § 3º, do DL n. 406/68."

Transcrevemos excerto do voto desse acórdão:

> "Conquanto o corpo de sócios seja formado exclusivamente por profissionais liberais, as sociedades constituídas sob a modalidade "limitadas" desempenham atividade empresarial, uma vez que, nos contratos sociais, dispõem até mesmo como devem ser distribuídos os dividendos. Sobeja asseverar, por oportuno, que uma sociedade empresarial formada exclusivamente por profissionais liberais também se encontra apta a praticar atos de comércio; de sorte que o principal fator a ser verificado para se identificar a finalidade da sociedade é seu objeto social. Em espécie, fica inequívoco que o objeto social das sociedades comerciais recorridas é a prestação de um serviço especializado, todavia, inequivocamente associado ao exercício da empresa. Destarte, definidos os contornos da incidência, ou seja, a inadequação aos preceitos "sociedade uniprofissional", "responsabilidade pessoal" e

CAPÍTULO 2 – A SOCIEDADE DE RESPONSABILIDADE LIMITADA E O REGIME ESPECIAL DO ISS

> "ausência de finalidade comercial", cumpre seja negado ao recorrente o benefício contido no § 3º do artigo 9º do Decreto-Lei n. 406/68. (...) As sociedades limitadas por cotas de responsabilidade inegavelmente possui caráter empresarial, o que a subtraem do benefício contido no art. 9º, § 3º, do DL n. 406/68."

Esse julgado demonstra a presunção utilizada em boa parte dos acórdãos analisados de que a sociedade de responsabilidade limitada é empresarial, havendo menção inclusive à prática de atos de comércio, demonstrando que o julgador segue o entendimento esposado na vigência do antigo Código Comercial, quando a sociedade limitada era necessariamente comercial, conforme disposto no Decreto nº 3.708/1919 e que estendeu esse entendimento para o atual sistema, no sentido de qualificar a sociedade que era comercial na vigência do Código Comercial de 1850, hoje como empresária na vigência do atual Código Civil. Ocorre que o legislador não fez qualquer correlação entre o que era comercial com o que é empresarial, sendo que tal posicionamento contraria as disposições do Código Civil atualmente vigente, porque a sociedade limitada não é necessariamente empresária. E contraria ainda o entendimento no sistema anterior, disciplinado pelo Código Comercial de 1850, porque as sociedades prestadoras dos serviços indicados na Tabela 2 do Capítulo 1, as quais podem ser inseridas no regime especial do ISS, não praticavam atos de comércio e eram definidas como sociedades civis.

Corroboram o que foi exposto quanto a não aplicação do regime especial em sociedades simples de responsabilidade limitada: o agravo regimental no agravo nº 1.349.283/RO, o agravo regimental no agravo no REsp nº 616.471/RS. Quanto ao primeiro, transcrevemos o seguinte excerto:

> "A sociedade simples, constituída sob a forma de sociedade limitada, não pode usufruir do tratamento privilegiado, porquanto nela o sócio não assume responsabilidade pessoal, tendo em vista que sua responsabilidade é limitada à participação no capital social, não obstante todos os sócios respondam solidariamente pela integralização do capital social."

No agravo regimental no agravo no REsp nº 1.142.393/MS, a presunção do caráter empresarial à sociedade de responsabilidade limitada é ainda mais explícita, conforme transcrição de excerto do item 4 da ementa: *"As sociedades limitadas por cotas de responsabilidade inegavelmente possuem caráter empresarial, o que as subtraem do benefício contido no art. 9º, § 3º, do DL n. 406/68"*. O agravo regimental no REsp nº 1.178.984/SP, nos itens 3 a 5 da ementa reforçam o entendimento consolidado, assim como a presunção mencionada:

> "3. A decisão foi proferida com base na jurisprudência mansa e pacífica no sentido de que o benefício da alíquota fixa do ISS somente é devido às sociedades unipessoais integradas por profissionais que atuam com responsabilidade pessoal, não alcançando as sociedades empresariais, como as sociedades por quotas cuja responsabilidade é limitada ao capital social.
> 4. O Tribunal de origem, ao analisar a demanda, consignou de forma expressa, que "a contribuinte é uma sociedade civil por quotas de responsabilidade limitada" (fl. 330).
> 5. A orientação das Turmas que integram a Primeira Seção desta Corte firmou-se no sentido de que, "nos termos do art. 9º, § 3º, do DL 406/68, têm direito ao tratamento privilegiado do ISS as sociedades civis uniprofissionais, que tem por objeto a prestação de serviço especializado, com responsabilidade social e sem caráter empresarial" (AgRg no Ag 458.005/PR, 1ª Turma, Rel. Min. Teori Albino Zavascki, DJ de 4.8.2003)."

O item 4 da ementa do agravo regimental nos embargos de declaração no REsp nº 1.275.279/PR segue o que vem sendo exposto:

> "4. A jurisprudência do STJ é firme no sentido de que as sociedades constituídas sob a forma de responsabilidade limitada, justamente por excluir a responsabilidade pessoal dos sócios, não atendem ao disposto no art. 9º, § 3º, do DL 406/68, razão por que não fazem jus à postulada tributação privilegiada do ISS."

No caso do agravo regimental no REsp.nº 1.205.175/RO, não foi provido em razão do órgão julgador entender não restar caracterizada a divergência jurisprudencial.

Porém, verificamos decisão no STJ, o REsp nº 1.645.813/SP, que pode ser um início de mudança no entendimento desse Tribunal, quanto ao fato de a responsabilidade limitada não conferir caráter empresarial à sociedade:

"Tributário. ISSQN. Ação anulatória de autuação fiscal. Sentença de improcedência. Pretensão à reforma. Cabimento. Tendo o Decreto--lei n. 406/68 sido recepcionado como lei complementar, o regime especial das sociedades profissionais nele estabelecido (art. 9º, §§ 1º e 3º) é de aplicação obrigatória pelos municípios, restando inválida a legislação municipal que dispuser em sentido contrário, inclusive criando requisitos adicionais, por violação aos artigos 146, inciso III, alínea 'a', e 156, § 1º, da Constituição Federal. Recurso provido."

Transcrevemos excerto pertinente ao tema da limitação da responsabilidade não guardar relação com a atividade empresarial. No voto, o relator mencionou inclusive o entendimento do tribunal de origem:

"Analisando os documentos que instruíram a petição inicial, é possível afirmar que a apelante preenche, sim, os requisitos estabelecidos no dispositivo legal transcrito. Ela tem por objeto social a prestação de serviços médicos, como se vê na cláusula 3ª do contrato constitutivo (fls. 21/24). Por conseguinte, enquadra-se no item 1 da Tabela Anexa ao Decreto-Lei n 406/68, que abrange os serviços de "médicos, inclusive análises clínicas, eletricidade médica, radioterapia, ultrassonografia, radiologia, tomografia e congêneres". Ademais, trata-se de sociedade uniprofissional, porque constituída exclusivamente por dois médicos, devidamente inscritos no Conselho Regional de Medicina do Estado de São Paulo, cuja responsabilidade pessoal pelos serviços prestados é inegável, nos termos da legislação aplicável à profissão médica. Por fim, não há nos autos nenhum indício de que a apelante tenha estrutura empresarial, destacando-se a circunstância de que o capital social é de apenas R$ 1.500,00 (mil e quinhentos reais). *Ressalte-se que não têm relevo, para a definição do caráter empresarial de uma sociedade, as seguintes circunstâncias: (a) responsabilidade limitada dos sócios; (b) finalidade lucrativa; (c) distribuição de lucros; (d) possibilidade de abertura de filiais. Esses traços, afinal, são comuns às sociedades simples e às sociedades empresárias, sem que, em tese, possam descaracteriza-las como tais. Vale lembrar, ainda, que o artigo 966 do Código Civil, depois de conceituar empresário como quem exerce profissionalmente atividade organizada para a produção ou a circulação de bens ou de serviços (caput), esclarece que "não se considera empresário quem exerce profissão intelectual, de natureza científica, literária ou artística, ainda que com o concurso de auxiliares ou colaboradores, salvo se o exercido da profissão constituir elemento da empresa.* A jurisprudência desta Corte firmou o entendimento de que as sociedades de médicos que não possuem natureza mercantil e são necessariamente uniprofissionais gozam do tratamento tributário diferenciado previsto no art. 9º, §§ 1º e 3º, do Decreto-Lei 406/1968, recolhendo o ISS não com base no seu faturamento bruto, mas sim no valor fixo anual calculado de acordo com o número de profissionais que as integram."

Há também o AgInt no REsp nº 1.400.942/RS. Observa-se que o órgão julgador fundamentou a decisão no item da Lista anexa do Decreto-Lei nº 406/1968. Esse detalhe será discutido adiante, porque os Municípios ao editarem suas leis locais e as respectivas listas anexas o fizeram com base na lista da Lei Complementar nº 116/2003. Tal fato, produzirá algumas distorções específicas quando a Administração Tributária vedar o enquadramento de sociedades que prestem serviços previstos em itens distintos, como é o caso dos serviços de contabilidade e de auditoria, que analisaremos adiante. Transcrevemos excerto do voto:

"Cumpre salientar, no que se refere à responsabilidade civil, que a limitação da responsabilidade social preconizada no art. 1.052 do Código Civil, restrita à participação do sócio no capital social, diz respeito às relações da pessoa jurídica com terceiros e, por isso, não infirma a responsabilidade pessoal que é atribuída ao profissional pela legislação de regência (arts. 186, 187 e 927 do Código Civil), em relação aos prejuízos que, no exercício de seu mister, causar aos clientes/consumidores, merecendo destaque o art. 14, § 4º, do Código de Defesa do Consumidor, segundo o qual "a responsabilidade pessoal dos profissionais liberais será apurada mediante verificação de culpa". Há necessidade de diferenciar a responsabilidade

do profissional, como sócio da pessoa jurídica, daquela que lhe é pessoalmente atribuída em razão do exercício da profissão. *Não há lógica, pois, em vincular o gozo de benefício destinado ao exercício típico de atividade de profissional liberal, exercício ao qual são atrelados atributos de pessoalidade e de responsabilidade pessoal, com a modalidade de responsabilidade social escolhida pela pessoa jurídica.* Assim, tem-se que a fruição do direito à tributação privilegiada do ISSQN depende, basicamente, da análise da atividade efetivamente exercida pela sociedade para saber se ela se enquadra entre aquelas elencadas no § 3º do art. 9º do Decreto--Lei n. 406/1968(itens 1, 4, 8, 25, 52, 88, 89, 90, 92 da lista anexa à LC n. 56/1987) e se se restringe à prestação pessoal de serviços profissionais aos seus clientes, sem configurar mais um elemento de empresa com objeto social mais abrangente, sendo irrelevante para essa finalidade o fato de a pessoa jurídica ter se constituído sob a forma de responsabilidade limitada."

Esse posicionamento vai em direção ao nosso entendimento de que o caráter empresarial está relacionado com a forma como o objeto social praticado, ao invés de a sociedade ser qualificada por elementos meramente formais.

Tais julgados podem sinalizar que uma alteração de entendimento pode estar iniciando, mudança que converge com o nosso posicionamento.

3.2 Conclusões deste Item 3

Os julgados analisados permitem concluir que o STJ[44] atribui à sociedade limitada o caráter empresarial, não obstante tal interpretação ser divergente do disposto no vigente Código Civil, que permite à sociedade limitada ser empresária ou simples, portanto não empresária. Esse Tribunal, no entanto, não analisa o contexto fático probatório, conforme o teor da súmula nº 7 que editou.

---

[44] O Supremo Tribunal Federal (STF) pouco contribuiu na análise, não se pronunciando sobre o ponto controverso, ou seja, a possibilidade de as sociedades simples de responsabilidade limitada serem inseridas no regime das sociedades uniprofissionais, por não se tratar de questão de caráter constitucional, manifestando apenas o entendimento de que esse regime especial do ISS foi recepcionado pela Constituição Federal de 1988.

No próximo item, serão analisados os julgados do Tribunal de Justiça do Estado de São Paulo (TJSP) sobre a matéria. Por meio desses acórdãos pretende-se aprofundar a análise, adentrando nas fundamentações das decisões a fim de obter mais elementos que subsidiem as conclusões desse estudo por meio da análise do contexto probatório apreciado nos julgamentos. A razão dessa escolha reside no fato desse Tribunal estadual analisar o contexto fático probatório das questões debatidas no processo judicial, razão pela qual as fundamentações desses acórdãos serão cotejadas com as nossas conclusões obtidas anteriormente.

4. O Posicionamento do Tribunal de Justiça do Estado de São Paulo (TJSP) quanto ao Regime Especial do ISS

Neste item, foram analisados 71 acórdãos[45], relativos a decisões proferidas entre 01 de setembro de 2015 e 31 de agosto de 2014 pelo Tribunal de Justiça do Estado de São Paulo (TJSP). A limitação temporal se deu em razão do elevado número de decisões sobre o assunto. A primeira pesquisa que teve como horizonte temporal os últimos 5 anos forneceu mais de 600 julgados. Observou-se que as decisões seguiam um determinado padrão, com poucas variações. Por esta razão, resolveu-se trabalhar com 71 decisões relativamente ao período pesquisado.

Pretende-se aqui tão somente verificar quais são as características societárias analisadas nos julgamentos que impedem o enquadramento das sociedades de responsabilidade limitada no regime especial do ISS e que, segundo o Tribunal Paulista, incidem na determinação da natureza empresarial do tipo societário impedindo a inclusão da sociedade no regime especial. Nos julgados do Tribunal estadual, observa-se, preliminarmente, que as decisões analisam as provas apresentadas nos autos, razão pela qual esses acórdãos fornecem maiores detalhes sobre os requisitos necessários para o enquadramento no regime especial do ISS, fato que não se observou nas decisões analisadas do

---

[45] Pesquisa realizada em 05 de setembro de 2015 no site do TJSP com os parâmetros "sociedade uniprofissional responsabilidade limitada". Intervalo temporal: 01 de setembro de 2014 a 31 de agosto de 2015. Foram obtidos incialmente 118 acórdãos, porém, após análise, versavam sobre o tema em estudo 71 acórdãos.

STJ no item anterior. Os parâmetros presentes nas decisões judiciais, tais como: limitação da responsabilidade dos sócios, *pro labore*, distribuição de lucros, previsão contratual de abertura de filiais, entre outras, serão abordados no item 4.1.1, no exame de sua natureza quanto à caracterização da atividade empresarial.

4.1 Análise dos Julgados do Tribunal de Justiça do Estado de São Paulo (TJSP)

Dos 71 julgados, apenas 4 concederam o ganho de causa aos contribuintes. Passaremos à análise das razões pertinentes ao escopo desta análise e que foram relevantes no deslinde das causas, iniciando pelos motivos que foram favoráveis às Municipalidades. Ficou constatado que maioria expressiva dos julgados sequer tangenciou a legislação tributária municipal, baseando-se apenas nas disposições do Decreto-Lei nº 406/1968.

4.1.1 Análise das Razões que Determinaram a Procedência das Ações para os Municípios

O principal motivo do não enquadramento das sociedades no regime especial do ISS foi o fato de a responsabilidade dos sócios ser limitada ao capital integralizado, entendimento firmado pela Primeira Seção do STJ. Observou-se que a expressiva maioria dos acórdãos do Tribunal estadual citaram julgados desse Tribunal Superior. Encontramos ainda outros argumentos, como a existência de previsão contratual: de *pro labore*; de distribuição de lucros; de gerência da sociedade por apenas um sócio; de elaboração de balanços contábeis; de assunção da condição de sócio pelos herdeiros em caso de falecimento dele; de divisão do capital em quotas; de autorização de abertura de filiais; de direito de preferência no caso de cessão de quotas; e ainda, quando se verifica elevado número de sócios. Para ilustrar, transcrevemos excerto do voto vencedor do recurso de apelação nº 4027064-12.2013.8.26.0114 do acórdão proferido pela 15ª Câmara de Direito Público do TJSP:

> "Destaco que a sociedade simples pura visa essencialmente a atividade intelectual, de natureza literária, científica ou artística, conforme previsão contida no parágrafo único do art. 966 do Código Civil. Tal sociedade também pode se organizar na forma de sociedade limitada,

assumindo a condição de uma sociedade empresarial, cuja responsabilidade limita-se ao capital social. Ao contrário, do que entendeu o MM. Juiz "a quo", os critérios estabelecidos pela legislação municipal não afastaram o enquadramento fiscal previsto na lei federal, prevalecendo a feição empresarial da apelada diante da falta de responsabilidade ilimitada dos sócios, como óbice para o recolhimento do tributo por alíquota fixa e anual. Na espécie, verifica-se que a autora é sociedade civil por quotas de responsabilidade limitada (fls. 22), constituída por cinco sócios (fls. 23), tendo por objeto social a prestação de serviços em tomografia e diagnósticos clínicos por imagem com uso de materiais (cláusula terceira, fls. 23). Ressalto ainda que o contrato social prevê retirada de "pro labore", distribuição de lucro, elaboração de balanço patrimonial, o que denota ainda mais o caráter empresarial da sociedade, conforme se verifica das seguintes cláusulas a seguir transcritas: (...). Assim, se a sociedade optou pela forma limitada e prevê distribuição de lucros, evidentemente não se enquadra no modelo previsto no §3º do art. 9º do Decreto-Lei nº 406/68, ressaltando mais uma vez que o contrato social juntado às fls. 22/28, prevê expressamente que apelada é sociedade por cotas de responsabilidade limitada, sendo inclusive denominada TOMODIAGNOSE S.C. LTDA., cujo capital social é de R$ 7.000,00, dividido em 7.000 cotas, no valor de R$ 1,00 cada uma, totalmente subscrito e integralizado em moeda corrente pátria, distribuído entre os sócios, conforme quadro descritivo de fls. 23."

Tal entendimento foi verificado em vários julgados, demonstrando que muitos julgadores entendem que somente a sociedade simples pura pode ser enquadrada no regime especial do ISS. Por esse tipo societário deve ser entendido que a responsabilidade dos sócios é ilimitada. Verificamos que o órgão julgador está parametrizando o enquadramento tributário no regime especial do ISS com base em elementos intrínsecos à sociedade sem que eles tenham sido contemplados pelo legislador do Decreto-Lei nº 406/1968 como requisitos necessários para o enquadramento no regime especial. A distribuição de lucros está relacionada com o conceito legal de sociedade, pois ela nada mais é do que a partilha dos resultados nos termos do artigo 981 do Código

CAPÍTULO 2 – A SOCIEDADE DE RESPONSABILIDADE LIMITADA E O REGIME ESPECIAL DO ISS

Civil. Constatamos que, conforme o caso, esse procedimento de julgamento pode conduzir a equívocos, se não forem considerados os requisitos dispostos no § 3º do artigo 9º do Decreto-Lei nº 406/1968. Passemos à análise dos argumentos constantes dos acórdãos a serem analisados.

4.1.1.1 Limitação da Responsabilidade do Sócio e a Divisão do Capital em Quotas

Os dois temas serão tratados neste subitem em razão da conexão existente entre a divisão do capital em quotas e a limitação da responsabilidade dos sócios, pois REQUIÃO (2012, p. 569) afirma que *"O capital das sociedades limitadas é dividido em quotas"*. A limitação da responsabilidade é quantificada com base nas cotas subscritas e integralizadas pelos sócios. Esse mecanismo de alocação de risco foi tratado no subitem 2.3 deste Capítulo, no sentido de que a responsabilidade limitada dos sócios não determina necessariamente a natureza empresarial da sociedade, assim como a responsabilidade ilimitada do sócio não implica natureza não empresária, porém reiteramos aqui um argumento: as quotas nada mais são do que a medida da contribuição dos sócios relativamente ao capital social. A limitação da responsabilidade encontrou duas vertentes, no entendimento dos desembargadores paulistas: a primeira é que sociedade de responsabilidade limitada tem natureza necessariamente empresarial. Tal entendimento prevaleceria antes da entrada em vigência do Código Civil de 2002: transcrevemos o artigo 1º do Decreto nº 3.708/1919, diploma que regulamentava as sociedades limitadas:

> Art. 1.º Além das sociedades a que se referem os arts. 295, 311, 315 e 317 do Código Comercial, poderão constituir-se sociedades por cotas de responsabilidade limitada.

Pelo dispositivo em tela, observa-se que, na vigência do Código Comercial de 1850, as sociedades por quotas de responsabilidade limitada tinham caráter necessariamente comercial, porque os artigos mencionados no *caput* do artigo 1º acima transcrito constituíam a tipificação das companhias e sociedades comerciais, conforme consta no respectivo Título XV dessa lei. Ocorre que a Lei nº 10.406/2002 alterou profundamente essa disposição legal. A revogação da sistemática francesa, que caracteriza o comerciante como a pessoa que pratica atos de comércio e a adoção da sistemática italiana quanto ao exercício da atividade empresarial, não permite a realização de uma inferência, na qual se conclui que as sociedades limitadas ainda possuem natureza necessariamente empresarial, porque na vigência do Código Comercial esse tipo societário era necessariamente comercial. A inda que a atividade empresarial constitua um conjunto muito mais abrangente do que os atos de comércio, um exemplo disso são os prestadores de serviço, que antes se organizavam sob a forma de sociedade civil e atualmente podem ser sociedades empresárias, há disposição específica no Código Civil, no artigo 983, que as sociedades simples, portanto não empresárias, poderão se revestir no modelo de responsabilidade limitada. Destarte, afirmar que as sociedades limitadas são necessariamente empresárias constitui uma interpretação *contra legem* e ainda desconsidera a definição legal do empresário. Transcrevemos aqui excerto de ABRÃO (2012, p. 6): "... *a sociedade simples percorre caminho para fortificar natureza sucedânea da sociedade civil, com escopo econômico, sem que se revista de forma empresária ou comercial...*". Conforme excerto transcrito, a sociedade simples veio ocupar o espaço deixado pela antiga sociedade civil. Como vimos no subitem 2.3 já mencionado, a limitação da responsabilidade é um mecanismo de alocação de riscos no exercício da atividade que constitui o objeto social. Portanto o simples fato de a sociedade ser por quotas de responsabilidade limitada em momento algum a torna, por si só, empresária, considerando as disposições atualmente vigentes do Código Civil.

A segunda vertente associa a limitação da responsabilidade dos sócios à exclusão da responsabilidade pessoal (técnica) desses mesmos sócios. Vejamos o excerto do acórdão do recurso de apelação nº 0001265-58.2012.8.26.0441, decidido pela 18ª Câmara de Direito Público:

> "Ou seja, quando a empresa assume a forma de sociedade por cotas de responsabilidade limitada, inclusive com distribuição de lucros (Art. Décimo Sexto), esta circunstância afasta a responsabilidade pessoal dos sócios, vez que automaticamente a exclui, ficando a responsabilidade limitada ao montante de suas respectivas participações no capital social."

A responsabilidade pessoal (técnica) dos sócios decorre da lei que disciplina o exercício da respectiva profissão, como já afirmamos. Tal responsabilidade decorre da atuação profissional do sócio para a qual ele está habilitado, portanto diretamente vinculada à atuação pessoal desse profissional no exercício do objeto social. Destarte, afastar a responsabilidade técnica do profissional, em razão de uma cláusula existente no ato constitutivo, equivale afirmar que a cláusula contratual, ao limitar a responsabilidade patrimonial dos sócios, modifica norma de observância obrigatória que disciplina o exercício profissional por meio da responsabilidade técnica. Teríamos aqui a derrogação de uma lei, a qual constitui uma norma jurídica cogente, por uma cláusula contratual, fato juridicamente inadmissível.

Não visualizamos a correlação entre a pessoalidade na prestação dos serviços e a limitação da responsabilidade patrimonial do sócio. Até quanto a questão temporal há diferenças: a pessoalidade requerida para a inclusão no regime especial se dá no instante da prestação do serviço, ou seja, o próprio sócio deve estar realizando a prestação em nome da sociedade para terceiro. A limitação da responsabilidade patrimonial será invocada em eventual inadimplemento quanto aos credores da sociedade, pois, como vimos, trata-se de um mecanismo de alocação de risco. Sendo assim, considerando a vinculação entre a pessoalidade na prestação de serviços com a responsabilidade pessoal (técnica), a limitação da responsabilidade dos sócios não guarda qualquer relação com a responsabilidade técnica decorrente da prestação pessoal dos serviços, demonstrando-se que a cláusula contratual no ato constitutivo da sociedade que limita a responsabilidade dos sócios não produz qualquer reflexo nos requisitos necessários ao enquadramento no regime especial, os quais são estatuídos pelo Decreto-Lei nº 406/1968. Destarte, não há o afastamento da responsabilidade pessoal, nem como atribuir natureza empresarial, para fins de enquadramento no regime especial do ISS, com a instituição da responsabilidade limitada. Afirmar que a limitação da responsabilidade estabelecida no ato constitutivo derroga a responsabilidade técnica, reiteramos, equivale a afirmar que cláusula do contrato social derroga a lei que rege o exercício da profissão, porque ela é o instrumento jurídico que estabelece a responsabilidade pessoal, ou seja, a responsabilidade técnica requerida pelo Decreto-Lei nº 406/1968, requisito necessário ao enquadramento do prestador de serviço no regime especial do ISS.

Lembramos de que o § 3º do artigo 9º do Decreto-Lei nº 406/1968[46] não menciona que a responsabilidade do sócio deve ser ilimitada. Esse dispositivo, reiteramos, apenas preceitua que ela deve ser pessoal e que a responsabilidade pessoal se dá nos termos da lei, a qual regulamenta o exercício profissional, conforme foi concluído anteriormente.

Outro fato que integra essa discussão quanto ao regime especial do ISS é que essa sistemática é vedada às sociedades empresárias. Tal disposição também não consta de texto legal, mas reiteramos que o conceito "trabalho pessoal" do § 1º do artigo 9º colide frontalmente com a definição legal da figura do empresário, o qual, ao invés de prestar o serviço com pessoalidade, estará organizando os meios e recursos necessários ao exercício da atividade. O que ficou constatado é que os julgados estabeleceram uma correlação equivocada ao atribuir necessariamente a natureza empresarial à sociedade de responsabilidade limitada, ou que apresentar outros elementos meramente formais e que se verificam habitualmente nas sociedades empresárias, desconsiderando os requisitos dispostos no Decreto-Lei nº 406/1968. Recebendo tal qualificação, restou vedado o enquadramento em razão de sua suposta natureza empresária. O segundo equívoco cometido foi utilizar o termo "empresário" sem verificar como ocorre a prestação do serviço no caso concreto, principalmente em relação à pessoalidade. O fato de os julgados não percorrerem os requisitos arrolados no Decreto-Lei nº 406/1968, mas presumindo o caráter empresarial em função da presença de alguns parâmetros formais relativos ao direito societário, resultou na decisão desfavorável ao interessado no enquadramento no regime especial.

Analisaremos a relação existente entre o capital dividido em quotas e a natureza empresária da sociedade. A natureza jurídica da quota, segundo REQUIÃO (2012, p. 572), seguindo as lições da Carvalho de Mendonça: trata-se de *"um direito de crédito futuro, pois ao contribuir para a formação do capital social o sócio transfere seus cabedais e passa a gozar apenas dos resultados líquidos desse investimento."* Portanto, a forma como o capital está dividido não atribui natureza empresária a uma sociedade. Aliás, as sociedades simples também podem ter

---

[46] *"§ 3º Quando os serviços a que se referem os itens 1, 4, 8, 25, 52, 88, 89, 90, 91 e 92 da lista anexa forem prestados por sociedades, estas ficarão sujeitas ao imposto na forma do § 1º, calculado em relação a cada profissional habilitado, sócio, empregado ou não, que preste serviços em nome da sociedade, embora assumindo responsabilidade pessoal, nos termos da lei aplicável."*

CAPÍTULO 2 – A SOCIEDADE DE RESPONSABILIDADE LIMITADA E O REGIME ESPECIAL DO ISS

o seu capital dividido em quotas, conforme demonstraremos a seguir. Antes, lembramos que a cota é a quantificação da limitação da responsabilidade do sócio. É também medida da contribuição deste para a constituição da sociedade. Destarte, a presença desses elementos não implica natureza empresária, apenas integram o conceito de sociedade.

O artigo 1.052 do Código Civil segue a mesma direção do artigo 1º do Decreto nº 3.708/1919, no sentido de o capital da sociedade limitada ser dividido em quotas: *"Na sociedade limitada, a responsabilidade de cada sócio é restrita ao valor de suas quotas, mas todos respondem solidariamente pela integralização do capital social."* Reiteramos que esse mesmo código possibilitou a atribuição da natureza simples (ou seja, não empresária) às sociedades limitadas, permitindo a formulação do seguinte raciocínio: se a sociedade simples pode se revestir sob a forma de responsabilidade limitada e esta tem seu capital divido em quotas, então a sociedade simples também poderá ter seu capital divido nessas mesmas quotas. Tal afirmação constitui o resultado de uma operação lógica decorrente do próprio texto legal do Código Civil. Ademais, o inciso IV do artigo 997 do Código Civil determina a disposição de que a quota de cada sócio deve constar do ato constitutivo da sociedade simples, destarte resta demonstrado que o capital dividido em quotas não é elemento que atribua a natureza empresária à sociedade. Nem se pode afirmar que o legislador de 1968 ao editar o Decreto-Lei nº 406/1968 atribuiu o regime especial às sociedades simples puras, porque tal tipo societário inexistia nessa época no direito brasileiro, sendo introduzido no ordenamento jurídico pátrio somente no ano de 2002. Destarte, o simples fato de o capital ser dividido em quotas e da responsabilidade dos sócios ser limitada não atribui natureza empresarial a uma sociedade, não constituindo justificativa suficiente para denegar o enquadramento do interessado no regime das sociedades profissionais, porque não produzem qualquer efeito nos requisitos estatuídos pelo Decreto-Lei nº 406/1968.

4.1.1.2 Previsão Contratual de Elaboração de Balanços, Distribuição de Lucros e Retirada por Meio do Pro Labore

A finalidade precípua da contabilidade é o fornecimento de informações para subsidiar a tomada de decisões na condução dos negócios da sociedade. Nesse ínterim, as pessoas jurídicas deverão realizar a contabilização do patrimônio, assim como a apuração do rédito. As sociedades empresárias estão obrigadas à elaboração de balanços, porém não é tal incumbência que lhes atribui o caráter empresarial. Ainda o fato de uma sociedade elaborar sua contabilidade não lhe confere natureza empresarial, pois podem os sócios de uma sociedade simples realizar seu controle patrimonial por meio da contabilidade e prestar os serviços atendendo aos requisitos dispostos no Decreto-Lei nº 406/1968. As associações e fundações possuem controle contábil de seu patrimônio e essas pessoas jurídicas estão longe de se aproximarem da natureza empresarial, pois sequer são sociedades. Portanto não há como atribuir a natureza empresária somente pela simples previsão de elaboração de balanços patrimoniais periódicos no contrato social.

Outra previsão contratual que os julgadores entenderam atribuir natureza empresarial é a distribuição de lucros. Não obstante haver previsão legal para a partilha de resultados, no inciso VII do artigo 997 da Lei nº10.406/2002, em momento algum o Decreto-Lei nº 406/1968 determinou que as sociedades inseridas no regime especial do ISS devam ser entidades sem fim lucrativo ou que haja vedação a distribuição do resultado para a sociedade nesse regime especial tributário. Transcrevemos excerto da Apelação nº 1002169-67.2015.8.26.0114, julgada pela 10ª Câmara Extraordinária de Direito Público do TJSP, que fez menção a outro julgado, com nossos negritos:

> "(...) no julgamento da AC 0901468-91.2012.8.26.0506, pela ilustre Des. Silvana Mallandrino Mollo, da 15ª Câmara de Direito Público, em 15 de dezembro de 2016, cabendo destacar o seguinte trecho: "As sociedades uniprofissionais são aquelas formadas por profissionais liberais, não necessariamente da mesma área de especialização, habilitados perante os órgãos fiscalizadores de suas atividades, destinadas à prestação de serviços por meio do trabalho de seus sócios. Consoante o entendimento do C. STJ, o tratamento diferenciado dispensado às sociedades profissionais, destina-se às sociedades que não tenham caráter empresarial (REsp 867715/ES) estabelecendo alguns requisitos, sem os quais a sociedade estará obrigada a recolher o ISSQN com base na sistemática geral (sobre o valor do seu faturamento). *O fato de a sociedade perseguir lucro e dividi-lo entre os sócios, por si só, não*

CAPÍTULO 2 – A SOCIEDADE DE RESPONSABILIDADE LIMITADA E O REGIME ESPECIAL DO ISS

a caracteriza como empresária, já que tais elementos são comuns a qualquer tipo de sociedade. Para que seja considerada "empresária", a sociedade deve ter por objeto a atividade do empresário, nos termos do art. 966 do Código Civil."

O entendimento que expusemos converge para o posicionamento exarado no acórdão cujo excerto foi transcrito. Há ainda, no artigo 1.008 do mesmo diploma legal, vedação quanto à exclusão de qualquer sócio na participação dos lucros. Não importa se a distribuição acompanha ou não a proporção das quotas, porque há previsão legal de que o contrato social pode estabelecer assimetria entre a proporção do capital e o lucro a ser distribuído. Tal fato não guarda qualquer relação com a forma como a empesa exerce suas atividades, portanto não possui qualquer vinculação com eventual caráter empresarial. Aqui, torna-se ainda necessário recorrer ao conceito legal de sociedade, previsto no artigo 981 do Código Civil: *"as pessoas que reciprocamente se obrigam a contribuir, com bens ou serviços, para o exercício de atividade econômica e a partilha, entre si, dos resultados"*. Constata-se que o lucro é inerente à sociedade, uma vez que é entidade destinada ao exercício de atividade econômica, a qual somente será empresarial se estiverem presentes os requisitos do artigo 966 do Código Civil. A distribuição dos lucros entre os sócios (partilha dos resultados) integra o conceito legal de sociedade. O termo utilizado pelo § 3º do artigo 9º do Decreto-Lei nº 406/1968 é "sociedades", portanto a sociedade simples tem finalidade lucrativa e é passível de distribuição de lucros, sem que isso lhe confira necessariamente natureza empresarial.

A possibilidade da retirada por meio do *pro labore* está prevista na alínea "f" do inciso V do artigo 12 da Lei nº 8.212/1991, e seu fato gerador é a prestação de serviços do sócio para sociedade, por meio do qual se dá a retirada, demonstrando seu caráter retributivo. O *pro labore* não é obrigatório, porém uma vez ocorrendo essa modalidade de remuneração, o beneficiário passa a ser contribuinte do Regime Geral da Previdência Social. É uma forma de apropriar o desembolso relativo à remuneração do sócio nas despesas da sociedade, ao mesmo tempo em que ele passa a ser segurado do regime previdenciário. A conclusão a que chegamos é a de que essa forma de remuneração não é capaz de atribuir natureza empresarial para a sociedade que dela se utilizar, uma vez que ela não possui qualquer relação com o exercício do objeto social, tampouco com os requisitos necessários e suficientes ao enquadramento no regime especial do ISS.

4.1.1.3 Previsão Contratual da Gerência da Sociedade por Apenas um Sócio, Assunção da Condição de Sócio pelos Herdeiros no Caso de Falecimento dele e Direito de Preferência no Caso de Cessão de Quotas

Os artigos 1.010 a 1.021 dispõem sobre o papel do administrador na sociedade simples. A nomeação de pessoa que administre a sociedade está dentro das possibilidades legais outorgadas à sociedade simples pelo legislador. A ressalva que pode ser feita é quanto à pessoalidade: se o administrador deixar de prestar pessoalmente o serviço e se dedicar exclusivamente à administração, a prestação de serviço desse sócio pode deixar de ocorrer no instante em que ele passar a se dedicar integralmente à gerência, e assim, a sociedade deixará de cumprir os requisitos necessários ao regime especial, pois restará prejudicada a presença da pessoalidade, relativamente a esse sócio. Além disso, se o sócio passar somente a gerenciar a sociedade, iniciam-se os primeiros traços da atividade empresária conforme sua definição legal, pois começa a atividade organizada e profissional. Isso se verifica até com as pessoas jurídicas de dimensões reduzidas, pois não há disposição alguma que a natureza empresária deva estar relacionada a um determinado tamanho da pessoa jurídica, afinal, existem as grandes e as pequenas empresas.

Embora não haja previsão expressa quanto ao fato de que todos os sócios devam atuar em nome da sociedade, a literalidade do § 3º do artigo 9º do Decreto-Lei nº 406/1968 é clara ao dispor que "o valor será calculado em relação a CADA profissional habilitado que assuma responsabilidade pessoal". Se o sócio não prestar o serviço, em relação a ele não se verificará a pessoalidade nem a responsabilidade técnica, deixando a sociedade de verificar os requisitos necessários à inclusão no regime especial. Tal fato justifica o desenquadramento ou impede o enquadramento. Mas tal constatação não se faz somente pela análise do ato constitutivo, sendo necessário que tal situação esteja comprovada nos autos. Converge para esse entendimento o fato, sendo o sócio parâmetro de base de cálculo do regime especial, então há presunção de que ele deverá estar prestando os serviços.

CAPÍTULO 2 – A SOCIEDADE DE RESPONSABILIDADE LIMITADA E O REGIME ESPECIAL DO ISS

A existência de cláusula contratual prevendo que os herdeiros assumam a condição de sócio após o falecimento de um deles foi objeto de alguns julgados, em que o órgão julgador entendeu que tal previsão retira a pessoalidade da sociedade. Vejamos excerto da apelação n° 0001265-58.2012.8.26.0441 julgado pela 18ª Câmara de Direito Público:

> "Relevante anotar, ainda, o que dispõe o Artigo Décimo: *"A morte, a retirada de qualquer dos sócios não dissolverá a sociedade, que prosseguirá com o sócio remanescente, no caso de retirada, ou com os herdeiros do sócio pré-morto, em caso de falecimento, se estes assim optarem"* (fl. 19). Vê-se que nada menciona acerca da necessidade de admissão de médico atuante na mesma área médica, admitindo a inclusão dos herdeiros, o que também afasta o caráter personalíssimo na prestação dos serviços médicos, uma vez que não se exige qualquer qualificação de pessoas eventualmente admitidas na sociedade."

Em primeiro lugar, essa cláusula está subordinada a um termo, a morte de qualquer um dos sócios, tratando-se de evento futuro e certo. Enquanto tal termo não se verifica, não há que se falar em "perda da pessoalidade da sociedade", mesmo porque a *affectio societatis* pode se verificar entre os sócios e os herdeiros do falecido. Pode ocorrer, no futuro, que os herdeiros não estejam habilitados ao exercício da atividade que constitui o objeto social, o que poderá servir de fundamento para que a autoridade fiscal promova o desenquadramento da sociedade, mas somente após a ocorrência desse fato, ou seja, a partir da verificação desse termo. Se os herdeiros estiverem habilitados e assumirem o lugar do *de cujus*, não haverá por si só perda da pessoalidade na prestação dos serviços, até mesmo porque o contrato social demonstra, nesse caso, a existência de uma sociedade de pessoas, tipo societário que, a princípio, não é vedada a inclusão no regime especial do ISS. Lembramos ainda que a pessoalidade entre os sócios não guarda qualquer relação com a pessoalidade na prestação dos serviços, sendo esta, um dos requisitos para o enquadramento da sociedade no regime especial e não a outra.

O direito de preferência foi objeto de poucos julgados. Transcrevemos a seguir excerto do julgado da apelação n° 0010178-85.2012.8.26.0099, pela 15ª Câmara de Direito Público:

"E, na Cláusula Décima Quarta, denominada "Da transferência de quotas" (fls. 15), consta que: *"O quotista que quiser transferir suas quotas de capital social, ou parte delas, comunicará por escrito aos demais, indicando o nome do pretendente, preço e condições de pagamentos ajustados, se ao término de 30 (trinta) dias contados do recebimento da comunicação, os sócios não exercerem o direito de preferência que lhes é assegurado, o sócio cedente poderá transferi-la ao pretendente indicado. O direito de preferência, uma vez abdicado por qualquer dos sócios, passará imediatamente aos demais antes que as quotas sejam transferidas a terceiros."* Assim, afasta-se a tese de caráter personalíssimo na prestação dos serviços, uma vez que não se exige qualquer qualificação de pessoas eventualmente admitidas na sociedade.

O direito de preferência também não constitui qualquer elemento de empresa, mas trata-se de instrumento de reforço da *affectio societatis* entre os sócios. Ele não se relaciona com a pessoalidade na prestação do serviço, porque essa cláusula, na realidade, estipula uma condição, tratando-se de evento futuro e incerto, não podendo decretar a incompatibilidade de uma sociedade com o regime especial por uma questão futura e que nem ainda se realizou. Além disso, tal instituto sequer foi mencionado no Decreto-Lei nº 406/1968. Verifica-se aqui mais um parâmetro que foi objeto de decisão nos julgados analisados, mas que não permite concluir sobre a natureza da sociedade, não devendo assim, ser utilizado na decisão do enquadramento no regime especial.

4.1.1.4 Existência de Elevado Número de Sócios e Previsão Contratual de Abertura de Filial

A existência de elevado número de sócios, a princípio, não transforma necessariamente a sociedade simples em empresária, mas para que a sociedade seja enquadrada no regime especial do ISS deve haver a pessoalidade na prestação dos serviços na atuação de cada um dos sócios. Trata-se de matéria de prova, não bastando a simples análise de contrato social. A pessoalidade na prestação de serviços nesses casos e nos anteriores não foi objeto de prova, mas de presunção de sua inexistência conforme foi verificada a existência de outros

CAPÍTULO 2 – A SOCIEDADE DE RESPONSABILIDADE LIMITADA E O REGIME ESPECIAL DO ISS

elementos nas cláusulas analisadas dos atos constitutivos das sociedades nas decisões judiciais que foram objeto de análise. Caso esteja constatada a departamentalização ou qualquer evidência de estrutura interna semelhante, restará caracterizada uma natureza direcionada ao exercício da atividade empresarial.

A mera previsão contratual quanto a possibilidade de abertura de filial, por si só, é inócua. A existência de filial deve ser analisada a fim de que se verifique haver ou não pessoalidade na prestação dos serviços. Basta imaginar uma sociedade prestadora de serviços com dois estabelecimentos, sendo que metade dos sócios trabalha na filial e outra metade na matriz. Suponha que integrem a sociedade quatro sócios. Nesse caso, a prestação de serviço poderá se dar sob a forma pessoal, atendendo ao disposto no Decreto-Lei nº 406/1968.

4.1.2 Análise das Razões que Determinaram a Procedência das Ações para os Contribuintes

Observou-se que alguns contribuintes eram sociedades simples puras, nas quais não havia limitação da responsabilidade dos sócios, ou seja, ela era ilimitada e subsidiária em relação a da pessoa jurídica. Outro fator comum é o baixo número de sócios (até 5).

Quanto às razões da procedência da ação para os contribuintes, transcrevemos excertos do acórdão relativo à apelação (com reexame necessário) nº 0054284-29.2008.8.26.0114, julgado pela 18ª Câmara de Direito Público do TJSP, com nossos negritos:

> *"Registre-se, outrossim, que a sociedade simples pode constituir-se de conformidade com a sociedade limitada, nos termos do artigo 983 do mesmo diploma legal, o que não afastaria a responsabilidade pessoal de seus sócios no que se referisse aos atos praticados no exercício da profissão. Isso porque, a responsabilidade por erro profissional cometido por um sócio de sociedade simples prestadora de serviços médicos não está restrita ao valor de sua quota, ainda que a sociedade esteja constituída de conformidade com a sociedade limitada. Conclui-se, portanto, que uma sociedade de médicos será considerada empresarial somente quando o exercício da profissão constituir elemento de empresa.*

> *Para tanto, é necessário que a atividade econômica por ela desenvolvida reúna todos os fatores de produção insumos, mão de obra, capital e tecnologia.* Como bem registrado pelo citado professor[2], "(...) é o requisito da organização dos fatores de produção que caracteriza a presença do chamado elemento de empresa no exercício de profissão intelectual e que, consequentemente, faz com que o profissional intelectual receba a qualificação jurídica de empresário. Isso, obviamente, vale tanto para o exercício de profissão intelectual individualmente quanto para o exercício de profissão liberal em sociedade." No caso dos autos, como comprovado, a apelada é sociedade limitada, formada por médicos e, da leitura de seu contrato social (fls.32/37), não é possível vislumbrar a reunião dos quatro elementos de empresa citados."

Outro julgado em que prevaleceu entendimento favorável ao contribuinte que, embora não tenha se referido a responsabilidade dos sócios. Há um excerto que merece ser transcrito, no recurso de apelação nº 0039094-43.2010.8.26.0506, da lavra da 14ª Câmara de Direito Público:

> "Com efeito, intui-se que o legislador se valeu do direito privado para delimitar quais eram a sociedades que teriam direito ao tratamento diferenciado. Assim ficou determinado que os profissionais que compusessem as sociedades simples uniprofissionais prestassem serviços de forma personalíssima, para fins de usufruírem o benefício fiscal do recolhimento de ISS pela alíquota fixa. Para isso, necessário distinguir a sociedade de trabalho (profissionais) e de capital. Na primeira (Sociedade de Trabalho) o traço predominante é o esforço (intelectualidade) do profissional, individualmente considerado (trabalho pessoal do próprio contribuinte), enquanto que na segunda (Sociedade de Capital), é a busca do lucro, seja ele imediato ou não."

Os dois acórdãos refletem o *iter* a ser percorrido na análise do enquadramento que expusemos nos itens anteriores. No primeiro, o órgão julgador decidiu analisar os quatro elementos de empresa (capital, mão-de-obra, tecnologia e insumos), relacionando-os com a prestação de serviço. Foi considerado ainda o objeto social, profissão intelectual, para determinar o enquadramento

CAPÍTULO 2 - A SOCIEDADE DE RESPONSABILIDADE LIMITADA E O REGIME ESPECIAL DO ISS

no regime especial do ISS. Essa é a conclusão a que chegamos sobre a abordagem que deveria ocorrer na apreciação dos casos concretos. No segundo, foi analisada a predominância do capital no exercício do objeto social. No entanto, afirmamos que as sociedades simples também exercem suas atividades em busca de lucro, pois tal característica constitui traço intrínseco das sociedades. Porém, afirmamos que o legislador não se valeu dos institutos do direito privado, ou seja, não determinou os tipos societários passíveis de enquadramento no regime especial. Em nossa trajetória, verificamos que a sociedade simples, com certas especificidades, converge para os requisitos do regime especial do ISS. Ressaltamos que não há qualquer disposição legal que faça essa correlação, mas essa convergência é obtida por meio da análise de semelhança desse tipo societário com os requisitos do regime especial do ISS, porém, sem desconsiderar as circunstâncias do caso concreto, tais como o modo de prestar o serviço (com ou sem pessoalidade) e os demais requisitos que foram expostos. Reiteramos, inclusive, a possibilidade de se incorrer nos equívocos quando o tipo societário é adotado como parâmetro de enquadramento no regime especial.

4.2 Conclusões do Item 4

Observou-se que o entendimento firmado pela Primeira Seção do STJ é aplicado nas decisões exaradas pelo Tribunal estadual que foram objeto da nossa análise. Tanto é assim que em muitos acórdãos do Tribunal estadual estavam transcritos ementas de julgados desse Tribunal Superior, relativamente à atribuição da natureza empresária às sociedades por quotas de responsabilidade limitada, entendimento que estaria parcialmente em harmonia com a legislação de direito privado até a entrada em vigência do atual Código Civil, mas nesse caso, seria atribuída a ela a natureza comercial, desconsiderando que a prestação dos serviços constantes da Tabela 2 não constituem atos de comércio. Porém, a Lei nº 10.406/2002 modificou a natureza das sociedades limitadas, atribuindo-lhes duas qualificações possíveis: simples ou empresárias. O novo Código abandonou a tese dos atos de comércio e estabeleceu a teoria da empresa. Porém, a jurisprudência, nos casos analisados, correlaciona a responsabilidade limitada com o caráter empresarial, incorrendo em uma incongruência inclusive com o sistema anterior, conforme já afirmamos, pois sociedades civis prestadoras de serviço não praticavam atos de comércio[47].

Os acórdãos analisados, embora apreciaram elementos que normalmente estão presentes nas sociedades empresárias, tais como limitação de responsabilidade, distribuição de lucros, retirada de *pro labore* e demais cláusulas nos atos constitutivos das sociedades, tais elementos não são hábeis para atribuir a natureza empresarial às pessoas jurídicas, mas, ao contrário, sociedades empresárias se utilizam desses elementos. Quanto às características que determinam a natureza empresarial, VENOSA (2010, p. 911 e 912) disserta nesse sentido, definindo a figura do empresário:

> "(..) mediante a reunião dos quatro fatores de produção, quais sejam, capital, mão de obra, tecnologia e insumos, produz e coloca em circulação bens ou serviços". (...). Explorar uma atividade econòmica de forma organizada, no sentido de produzir riquezas, é um requisito necessário para adquirir a condição de empresário. (...). Os profissionais dessa classe adquirem a condição de empresário só quando desenvolvem uma atividade ulterior, distinta da intelectual ou artística, considerada em si mesmo empresária. É o caso, por exemplo, do professor que possui instituição de ensino privada ou de médico que administra e é titular de um hospital, pois, nesse caso, ambos tornam-se empresários, pois exploram uma atividade administração da instituição de ensino e da clínica definidas em si mesmas com empresa."

Como se observa, a atividade empresária resta caracterizada pela forma como a sociedade atua no exercício do seu objeto social, não somente por meio dos elementos formais constantes dos contratos sociais. Dentro da classificação do direito privado, alguns atributos constantes do ato constitutivo podem estar relacionados à natureza da sociedade. CALÇAS (2003, p. 189) assevera que:

---

[47] Exceto os §§ 2º e 3º do artigo 19 do Regulamento nº 737, os quais dispõe sobre atividades que hoje são tributadas pelo ISS, mas que constituem um pequeno subconjunto em relação à lista de serviços tributáveis por esse imposto.

CAPÍTULO 2 – A SOCIEDADE DE RESPONSABILIDADE LIMITADA E O REGIME ESPECIAL DO ISS

"A sociedade limitada é híbrida, podendo ser constituída com natureza capitalista ou personalista, consoante a vontade dos sócios. Se da interpretação das cláusulas contratuais não for possível concluir se a sociedade é capitalista ou personalista, deve ser ela considerada como pessoalista em virtude da incidência do Código Civil, especialmente do artigo 1.028..."

Percebemos que elementos presentes nos atos constitutivos das sociedades foram eleitos como parâmetros de classificação no direito societário. Estes podem fornecer elementos que estejam presentes na maioria, ou até totalidade das sociedades empresárias, mas são insuficientes para determinar o enquadramento no regime especial do ISS. Constatamos aqui que o vocábulo "empresarial" possui significado mais restrito para fins de enquadramento no regime especial, correspondendo tão somente à ausência de pessoalidade na prestação do serviço. Observa-se que os julgados analisados decidiram as questões por meio da análise do ato constitutivo da sociedade. Tal análise possui alcance limitado, permitindo eventualmente a exclusão do enquadramento somente se nos deparamos com uma sociedade de capital.

Ainda que a natureza jurídica da sociedade, dentro do direito societário, possa ser direcionada por seu ato constitutivo como de pessoas ou de capitais, tal natureza não demonstrou ter total aderência aos requisitos necessários para o enquadramento no regime especial do ISS. Sociedades de capitais, portanto empresárias, possuem características que não permitem a inclusão no regime especial, pelo fato de a atividade empresarial se afastar da prestação pessoal de serviços e da relevância do capital para a consecução do objeto social, descumprindo assim um dos requisitos dispostos no Decreto-Lei nº 406/1968. Obviamente, as sociedades por ações têm natureza empresarial por força de lei, mas a questão é a forma como ela se organiza internamente, atendendo à racionalidade econômica[48], fazendo com que não haja pessoali-

---

[48] Segundo MARTINS (2009, p. 288): *"Sociedades anônimas são consideradas sociedades de capital pois vivem em função destes, não merecendo atenção especial a pessoa dos sócios."* Apenas ressalvamos que o STJ entendeu que sociedades anônimas podem ter natureza personalista. Porém, essa característica está relacionada com entidades fechadas, normalmente familiares, nas quais há *affectio societatis*. Tal fato está relacionado às questões atinentes ao direito societário, não se relacionando com a pessoalidade na prestação dos serviços. Fica claro que na medida em

dade na prestação do serviço, desautorizando seu ingresso no regime especial do ISS, conforme já analisamos e concluímos. Por outro lado, as sociedades de pessoas podem ou não ter natureza empresarial, o que demonstra que a mera análise do ato constitutivo não é suficiente para a verificação da presença dos requisitos necessários para a sociedade ser incluída no regime especial do ISS. Portanto, a análise do ato constitutivo apenas constitui-se como critério de exclusão em uma situação particular, na qual esteja demonstrada ser a sociedade de capitais. Assim, todos os elementos analisados, tais como o capital dividido em quotas, a responsabilidade limitada, a distribuição de lucros, a elaboração de balanços, a retirada de *pro labore*, são irrelevantes para inserir a sociedade no regime especial do ISS, ou para exclui-la.

O Decreto-Lei nº 406/1968 não impõe nenhum requisito adicional, tal como tipo societário ou responsabilidade ilimitada ou qualquer outro elemento que foi analisado neste Capítulo. Porém, dos requisitos dispostos no Decreto-Lei em comento, por decorrência lógica, os desdobramentos dos requisitos existentes apresentam como corolário à vedação de sócio que seja pessoa jurídica e que a sociedade seja empresária. Tais vedações estão estritamente vinculadas ao requisito da pessoalidade. Pessoas jurídicas não prestam serviço de forma pessoal; a sociedade empresária não apresenta pessoalidade na consecução de seu objeto social, pois a atividade empresarial resta caracterizada pela conjunção de quatro fatores: capital, mão-de-obra, tecnologia e insumos. A qualificação "empresária" para fins de enquadramento no regime especial não é exatamente aquela em que se baseia nos requisitos formais do direito societário, tais como a análise do registro ou outros elementos contidos nos atos constitutivos, mas tão somente pela forma como o objeto social é praticado: com pessoalidade, ou de forma empresarial, nos exatos termos do artigo 966 do Código Civil, uma vez que, reiteramos, a organização empresarial retira a pessoalidade na prestação dos serviços, razão pela qual a sociedade empresária não pode ser inserida no regime especial.

A natureza empresária que interessa ao regime especial do ISS é aquela tão somente relacionada ao exercício do objeto social, especificamente quanto à

que o capital se torna o fator preponderante na execução do objeto social, tal preponderância se dá em detrimento da pessoalidade, o que desatende um dos requisitos do Decreto-Lei nº 406/1968. As sociedades anônimas estão destinadas a grandes empreendimentos que necessitam a mobilização de capital expressivo.

CAPÍTULO 2 – A SOCIEDADE DE RESPONSABILIDADE LIMITADA E O REGIME ESPECIAL DO ISS

presença da pessoalidade na prestação de serviços não guardando qualquer relação com o enquadramento, por exemplo, em atribuir a natureza empresarial com base somente no fato de o ato constitutivo estar registrado na Junta Comercial.

Entra em cena a sociedade simples tanto pela coincidência de objeto, atividade intelectual, quanto pela sua própria definição legal, não empresária, relativamente às sociedades passíveis de inclusão no regime especial do ISS. O próprio Código Civil de 2002 excepciona tal classificação no parágrafo único do artigo 966, em que a sociedade será simples, somente se não houver elemento de empresa, o que indica ser determinante para a atribuição da natureza empresária a forma como a sociedade realiza o seu objeto social. Porém, não basta ser sociedade simples: é necessário que esse tipo societário satisfaça ainda os requisitos dispostos no Decreto-Lei nº 406/1968, assim como os corolários desses requisitos, como exemplo não ter sócio pessoa jurídica.

Um problema tem se verificado quando a sociedade simples adotar a forma de responsabilidade limitada. Neste ponto, a jurisprudência do STJ tem se posicionando majoritariamente que a sociedade de responsabilidade limitada não pode ser enquadrada no regime especial do ISS, porque, no entendimento de seus julgadores, sua natureza é necessariamente empresarial. O TJSP, nas decisões analisadas, segue majoritariamente esse entendimento, correlacionando a limitação da responsabilidade com o caráter empresarial. No entanto, vimos que a limitação de responsabilidade não determina o caráter empresarial de uma sociedade, porque o próprio Código Civil atribuiu essa possibilidade às sociedades simples, sendo a limitação da responsabilidade um instrumento de alocação de risco, ainda que tal regra seja comum nas sociedades empresárias, elas não são assim consideradas por essa razão, ou seja, tal natureza é conferida conforme a forma como ela exerce suas atividades. Por essas razões, as sociedades simples de responsabilidade limitada que atendam aos requisitos do Decreto-Lei n° 406/1968 podem ser enquadradas no regime especial do ISS, independentemente de apresentarem capital dividido em quotas, distribuição de dividendos, elaboração de demonstrações contábeis, ente outros elementos analisados neste Capítulo.

A análise dos julgados do Tribunal paulista permitiu ainda uma conclusão adicional: constatamos que as cláusulas analisadas conduziram os julgadores à conclusão de que nos casos analisados, a qualificação "empresária" resultou de uma análise formal do ato constitutivo, sem apreciar a forma como a atividade era exercida, se em caráter empresarial ou de forma pessoal. Essa qualificação formal da sociedade como "empresária" não enfrenta os requisitos do Decreto-Lei nº 406/1968, caracterizado preponderantemente pela pessoalidade na prestação dos serviços, estabelecendo uma presunção de que essa prestação pessoal de serviços não existe por mera análise formal do ato constitutivo ou por outro parâmetro que permita presumir sua natureza empresarial. Fato idêntico se verifica com a limitação da responsabilidade.

A análise de elementos do contrato social, tais como capital dividido em quotas, existência de *pro labore* ou distribuição de lucros entre outros, não é suficiente para concluir sobre sua natureza, se empresária ou não, para que se analise o mérito do enquadramento no regime especial do ISS, mesmo porque a sociedade simples poderá se utilizar desses elementos sem encontrar qualquer barreira no Decreto-Lei nº 406/1968. Também o registro de seu ato constitutivo, se na Junta Comercial, ou se no Cartório de Registro das Pessoas Jurídicas, tal fato não produz reflexo algum no que tange ao enquadramento no regime especial, porque justamente ao utilizar o parâmetro do registro, não é analisada a pessoalidade na prestação dos serviços, a qual constitui um requisito necessário para o seu enquadramento.

Conclui-se aqui que a classificação utilizada no direito societário não possui aderência com os requisitos estatuídos no Decreto-Lei nº 406/1968, de modo que a decisão sobre o enquadramento da sociedade no regime especial do ISS não pode se basear nessa classificação, mas poderá dela utilizar os elementos que estejam presentes na lei tributária como requisitos para o enquadramento, ou seja, os elementos do direito societário somente funcionarão como critério de inclusão no regime especial do ISS quando forem correspondentes aos requisitos dispostos pelo Decreto-Lei nº 406/1968, ou, no máximo, poderão servir como excludentes do enquadramento em casos específicos, como é o caso das sociedades de capitais, as quais possuem elementos intrínsecos que colidem frontalmente com os requisitos necessários ao enquadramento no regime especial.

Portanto, a utilização de elementos do direito societário como parâmetro de inclusão no regime especial do ISS, apresenta desvantagens superiores às vantagens, porque geram presunções pelo aplicador do direito que desviam da análise dos requisitos estatuídos pela lei tributária, o que pode ser o fato gerador de equívocos nas decisões proferidas.

Capítulo 3 – Análise da Unicidade de Habilitação dos Sócios Para o Enquadramento do Regime Especial do ISS

1. Introdução

No Capítulo 1, foi exposto o posicionamento de MORAES, segundo o qual a habilitação dos sócios, no regime especial do ISS, deve estar voltada para o exercício do objeto social. Assim sendo, não há necessidade de idêntica habilitação dos sócios, bastando que cada um contribua, dentro da respectiva habilitação, para o exercício do objeto social. No entanto, a jurisprudência não adota esse posicionamento, exigindo que os sócios tenham a mesma formação acadêmica para que possa haver o enquadramento no regime especial do ISS. Neste Capítulo, analisaremos a relação entre a formação acadêmica dos sócios, empregados ou não, relacionada com a habilitação desses profissionais e o exercício do objeto social, iniciando essa análise com o seguinte questionamento: a igualdade de formações acadêmicas é condição necessária e suficiente para o enquadramento no regime especial? Estar habilitado para uma mesma atividade implica igualdade de formação acadêmica entre os profissionais da sociedade? Qual é a relação entre o objeto social e o regime especial do ISS?

Em seguida, serão analisados casos que exemplificam esse relacionamento: a possibilidade de enquadramento no regime especial de uma sociedade formada por: engenheiro civil e arquiteto; contador e técnico em contabilidade, e; engenheiro civil e engenheiro eletrotécnico. Ao final, analisaremos a sociedade de consultores em direito estrangeiro e a sociedade de advogados. Outros exemplos poderiam ser trabalhados, mas os casos a serem expostos são suficientes para responder os questionamentos formulados neste Capítulo. A questão preliminar quanto à possibilidade de haver sociedade registrada num determinado conselho profissional com sócios de formações profissionais distintas, nos termos dispostos pelas leis que regulamentam o exercício profissional da advocacia e da contabilidade restam superadas em nossas análises, pois foram tratadas no item 2 do Capítulo 1, exceto no caso dos consultores em direito, pois essa possibilidade será objeto de nossa análise.

Ao final, analisaremos a possibilidade do enquadramento no regime especial do ISS de uma sociedade formada por profissionais com especializações distintas em uma mesma profissão.

2. Análise da Relação Entre a Formação Acadêmica, a Habilitação dos Sócios e o Enquadramento no Regime Especial do ISS

A primeira pergunta a ser respondida é se "a igualdade de formações acadêmicas é condição necessária e suficiente para o enquadramento no regime especial?" Suponha uma sociedade uma sociedade formada por cinco engenheiros mecânicos. Caso seja prestado serviços dessa modalidade de engenharia, esta sociedade é passível de enquadramento no regime especial, se o serviço for prestado com pessoalidade. Ocorre que, nesse exemplo, se o serviço a ser prestado pela sociedade não for de engenharia mecânica, mas de consultoria financeira, será difícil a Administração Tributária admitir o enquadramento dessa sociedade no regime especial, por flagrante incompatibilidade entre os serviços prestados em nome da pessoa jurídica e aqueles passíveis de enquadramento dispostos do Decreto-Lei nº 406/1968. Dessa constatação há dois desdobramentos: o primeiro é que a igualdade de formação acadêmica não é condição necessária e suficiente para o enquadramento no regime especial; O segundo, é que o objeto social não pode ser desconsiderado no procedimento de inclusão da sociedade no regime especial, não obstante a formação acadêmica dos profissionais integrantes dessa sociedade seja idêntica e em profissão passível de enquadramento.

CAPÍTULO 3 – ANÁLISE DA UNICIDADE DE HABILITAÇÃO DOS SÓCIOS ...

O corolário desses dois desdobramentos é que o enquadramento pressupõe uma vinculação entre o objeto social e a habilitação dos sócios, a qual está relacionada com a formação acadêmica deles. Essa habilitação está regulamentada por lei em sentido amplo[49], sendo que, esse mesmo diploma legal que rege o exercício da profissão estabelece a responsabilidade pessoal decorrente da prestação do serviço pela pessoa natural. A responsabilidade pessoal dos sócios deriva da prestação dos serviços com pessoalidade, pois assim o sócio realiza o exercício profissional para o qual está habilitado. Se uma sociedade de engenheiros mecânicos prestar serviços de consultoria financeira, não haverá a responsabilidade pessoal dos profissionais, porque esses serviços prestados não foram contemplados pela lei que regulamenta o exercício da engenharia. A ausência desse requisito, responsabilidade pessoal (técnica), impede o enquadramento no regime especial.

Há, ainda, uma questão a ser colocada: no exemplo utilizado, a própria formação acadêmica em engenharia está diretamente relacionada com a habilitação profissional, pois, a princípio, basta colar grau para exercer a profissão. Contudo, nem sempre é assim: o bacharel em direito será advogado se, e somente se, for aprovado no exame da Ordem e cumprir as demais exigências para exercer a advocacia. Da mesma forma, o bacharel em ciências contábeis será contador após aprovação no exame de suficiência e as demais exigências para obter a carteira profissional correspondente. Esses são exemplos de que formação acadêmica e habilitação profissional não são sinônimas. Somente haverá a responsabilidade pessoal, ou seja, a técnica, se o prestador estiver legalmente habilitado.

Vejamos o § 3º do artigo 9º do Decreto-Lei nº 406/1968:

> § 3º Quando os serviços a que se referem os itens 1, 4, 8, 25, 52, 88, 89, 90, 91 e 92 da lista anexa forem prestados por sociedades, estas ficarão sujeitas ao imposto na forma do § 1º, calculado em relação a cada

---

[49] Utilizamos a expressão "lei em sentido amplo" porque há profissões em que há uma lei geral que rege o exercício profissional, a qual é regulamentada por atos infralegais expedidas pelos respectivos conselhos profissionais federais. Um exemplo, é a profissão do contador, a qual é regida pelo Decreto-Lei nº 9.925/46 e regulamentada pela Resolução CFC nº 560/1983. Outro exemplo é a engenharia, regulamentada pela Lei nº 5.194/1966 e regulamentada pela Resolução CONFEA nº 208/1973. Outras profissões liberais seguem essa mesma estrutura.

profissional habilitado, sócio, empregado ou não, que preste serviços em nome da sociedade, embora assumindo responsabilidade pessoal, nos termos da lei aplicável.

Conforme já afirmamos no Capítulo 1, os serviços passíveis de enquadramento estão expressos nesse dispositivo e encontram-se na Tabela 2 do mencionado capítulo. O artigo 5º da Lei Complementar nº 116/2003 estatui que o contribuinte é o prestador de serviços, destarte, somente poderá ser enquadrada no regime especial a sociedade que preste os serviços aí previstos e com pessoalidade relativamente aos seus profissionais. Nesse caso, sendo a sociedade a prestadora do serviço, como está disposto no parágrafo em análise, e os serviços prestados em nome dela, não há dúvida de que ela é a contribuinte do ISS. Conclui-se, portanto, que o objeto social é o parâmetro utilizado para o enquadramento no regime especial do ISS, não a formação acadêmica dos profissionais que prestam serviço em nome dela, embora haja conexão do objeto social com a habilitação dos profissionais, sendo que, para essa última, a formação acadêmica é um requisito essencial para estar habilitado ao exercício da profissão.

Não tomamos as expressões "formação acadêmica" e "habilitação" como sinônimas. A primeira é condição para a segunda e ainda é necessário verificar os traços que as distinguem. Reiteramos aqui o que já afirmamos: um bacharel em direito não é advogado enquanto não for aprovado no exame da Ordem e obter seu registro no órgão de classe. Da mesma forma, um bacharel em ciências contábeis não é contador antes de ser aprovado no exame de suficiência e estar registrado no conselho profissional correspondente. A habilitação, em nosso entendimento, é o conjunto de atividades ou de atribuições que uma profissão está legalmente autorizada a desempenhá-las. É possível que formações acadêmicas distintas e, por decorrência, profissões diferentes tenham parcela da habilitação em comum, ou seja, atividades idênticas que a lei autoriza o exercício por ambas profissões, como é o caso do engenheiro civil e do arquiteto, ou do contador e o técnico de contabilidade.

Rumo à análise relativa à habilitação dos sócios, retornamos ao § 3º em comento: esse dispositivo estatui que as sociedades ficarão sujeita ao ISS destinado aos profissionais liberais, o qual será calculado em relação a cada sócio, empregado ou não, habilitado ao exercício do objeto social, pois este

CAPÍTULO 3 – ANÁLISE DA UNICIDADE DE HABILITAÇÃO DOS SÓCIOS ...

nada mais é do que o serviço prestado em nome da sociedade. Em momento algum a lei mencionou a igualdade entre as formações acadêmicas, sendo, portanto, esse requisito, produto de uma interpretação extensiva, podendo resultar até em uma interpretação *contra legem*. Explico: vimos que o parâmetro utilizado para o enquadramento é o objeto social. A formação acadêmica é requisito necessário ao exercício da profissão, a qual implica uma autorização legal para a prática de uma série de atividades. Por exemplo: um engenheiro civil está habilitado a projetar estruturas, fundações, acompanhar obras, a fazer projetos de instalações hidráulicas, entre outros. Assim há escritórios de cálculo estrutural, de projetos de fundações, de projetos de instalações hidráulicas, entre outros. Raramente um escritório que preste serviços com pessoalidade vai prestar todos os serviços que correspondente ao conjunto de atividades que compõem a habilitação do engenheiro civil. Se isso ocorrer, demandará uma estrutura interna, uma departamentalização que conferirá natureza empresarial a essa sociedade. Destarte, o objeto social será em regra um subconjunto de atividades pertencentes a uma determinada habilitação profissional. Ocorre que, outras profissões podem estar igualmente habilitadas para o exercício das atividades eleitas para o objeto social. Exemplos típicos disso são o engenheiro civil e o arquiteto; o contador e o técnico em contabilidade, entre outros exemplos.

Nos casos em que há a vedação ao enquadramento da sociedade no regime especial com base na igualdade de formações acadêmicas, tal fato constitui interpretação *contra legem* porque dentro dos serviços prestados pela sociedade, os quais constituem o parâmetro de sua inclusão no regime especial, se os sócios estiverem habilitados ao exercício de atividades que integrem o objeto social, restarão preenchidos assim os requisitos necessários ao enquadramento, não obstante tenham formações distintas, como são os casos de sociedade formada entre engenheiro civil e arquiteto e a formada por contador e técnico em contabilidade.

A igualdade de formações acadêmicas sequer foi tangenciada pelo legislador no Decreto-Lei nº 406/1968. Lembramos que o § 3º do artigo 9º desse diploma legal utilizou a expressão "profissional habilitado". Assim, essa exigência estará operando como causa impeditiva de enquadramento no regime especial, quando, no caso concreto, o requisito legal, "habilitação", poderá estar plenamente atendido. Aqui é relevante a distinção entre formação

O REGIME ESPECIAL DO ISS

acadêmica e habilitação. Nessa situação que analisamos, queremos dizer que também não é necessária a igualdade de habilitações entre os sócios, ou seja, que todos exerçam a mesma profissão. Basta que a habilitação de cada sócio esteja voltada, ao menos, para parte da consecução do objeto social. Há duas possibilidades para isso se verificar: nos casos de objeto social simples e de objeto social composto, conforme veremos a seguir.

Para os casos que iremos analisar adiante, denominaremos "objeto social singular" quando ele contemplar atividades que estejam na intersecção da habilitação dos sócios com formações acadêmicas distintas, ou seja, que haja atividades em comum, na habilitação de profissões distintas, como os casos a serem analisados das sociedades formadas por engenheiro civil e arquiteto, e outra formada por contador e técnico em contabilidade. O caso de "objeto social composto" se verifica quando ele for integrado por atividades pertinentes a habilitações distintas, caso em que a intersecção entre elas é um conjunto vazio relativamente ao objeto social, como é o caso de uma sociedade formada por um engenheiro civil e um engenheiro eletrotécnico. Nesse caso, embora as profissões sejam modalidades da engenharia, as habilitações respectivas contêm objetos diversos. Adiantamos aqui que as engenharias constituem profissões distintas, não sendo especializações de uma profissão denominada engenharia.

3. Sociedade Formada por Profissionais com Formações Distintas, mas com Atividades em Comum: Engenheiro Civil e Arquiteto – Objeto Social Singular

Retornamos ao item 89 da lista do Decreto-Lei nº 406/1968, o qual contém serviços passíveis de enquadramento no regime especial: *"Engenheiros, arquitetos, urbanistas, agrônomos"*. Observa-se que no item 89[50] há a previsão de engenheiros e arquitetos no mesmo item. Essa observação é pertinente quando o enquadramento for realizado permitindo a prestação de serviços previstos

---

[50] Caso nos reportemos à lista anexa da Lei Complementar nº 116/2003, o item em questão é o 7.01. Nesse exemplo, é indiferente se reportar à lista anexa dessa lei ou do Decreto-Lei nº 406/1968, porque não houve alteração pela lei posterior.

112

CAPÍTULO 3 – ANÁLISE DA UNICIDADE DE HABILITAÇÃO DOS SÓCIOS ...

no mesmo item ou subitem[51]. As conclusões aqui não se alteram se a Administração Tributária não utilizar esse critério de enquadramento, mas caso o utilize, há o argumento adicional de a engenharia e a arquitetura estarem previstas no mesmo item de serviço (89, para o Decreto-Lei nº 406/1968), ou no mesmo subitem (7.01, para a Lei Complementar nº 116/2003). Observamos ainda que essas profissões possuem certo grau de proximidade relativamente ao exercício profissional, possuindo eventualmente atividades em comum ou conexas. Suponha que exista uma sociedade que tenha como objeto social o projeto de pequenas construções e o acompanhamento de obras correspondentes, atividade inscrita nas habilitações tanto do engenheiro civil, como do arquiteto, e que seja formada por um arquiteto e um engenheiro civil, sendo que ambos fazem acompanhamento de obra, relativamente aos projetos que elaboraram.

Não há razão para que essa sociedade não seja enquadrada no regime especial do ISS, não obstante seus sócios tenham profissões distintas. Lembramos mais uma vez que a denominação "uniprofissional" não advém do Decreto-Lei nº 406/1968 e nem nas leis posteriores que alteraram as disposições relativas que modificaram o regime especial, mas trata-se de denominação não introduzida pela legislação tributária nacional, ou seja, o legislador em momento algum vedou que sociedades formadas por profissionais com formações distintas fossem enquadradas nesse regime especial. Aqui percebemos o problema causado por essa denominação: induz o operador do direito a acreditar que somente é passível de enquadramento a sociedade que for formada por apenas um tipo de profissional, ou seja, dentro dessa perspectiva todos os sócios devem estar habilitados para exercer a mesma profissão. E esse requisito relativo ao termo "uniprofissional" induz a forma como a Administração Tributária realiza o enquadramento, vedando a inclusão no regime especial nos casos em que os sócios possuem habilitações distintas. Conforme já afirmamos, os sócios podem contribuir dentro de sua formação específica para a consecução do objeto social, ainda mais quando as profissões possuem atividades em comum nas respectivas habilitações e que estejam

---

[51] Utilizamos o vocábulo "item" quando nos referimos à tabela anexa do Decreto-Lei nº 406/1968. O termo "subitem" foi utilizado para os serviços previstos na lista anexa da Lei Complementar nº 116/2003.

contempladas no objeto social. A responsabilidade deles é técnica e responderão na medida em que suas habilitações contribuírem para o exercício do objeto social, pois nesse exemplo o engenheiro está obrigado à emissão da Anotação de Responsabilidade Técnica (ART) e o arquiteto à emissão do Registro de Responsabilidade Técnica (RRT), instrumentos que vinculam a responsabilidade técnica ao profissional que realizou o trabalho em nome da sociedade. Seguindo a linha exposta até então, observa-se que não seria necessária a mesma profissão entre os sócios, desde que as contribuições de cada profissional habilitado convergissem para a consecução do objeto social, desde que observados os demais requisitos necessários ao enquadramento do regime especial do ISS.

Vejamos os campos de atuação das duas profissões do caso por nós analisado, segundo a doutrina. DÁCOMO (2006, p.114) afirma que:

> "Os serviços de engenharia envolvem a elaboração de projetos, planejamento, orçamento, contratação de profissionais para a execução de obras, empreendimentos, maquinários, equipamentos. A atividade engloba, ainda, a coordenação e manutenção dessas operações, o controle da qualidade dos suprimentos e dos serviços comprados e executados, bem como a elaboração de normas, a documentação e a consultoria técnica."

Quanto aos arquitetos, DÁCOMO (2006, p. 115) disserta:

> "Os serviços de arquitetura pressupõem a elaboração de planos e projetos em todas as suas etapas, definindo materiais, acabamentos, técnicas metodologias, analisando dados, fiscalizando e executando obras e serviços, prestando serviços de consultoria e assessoramento."

Observa-se que, segundo a doutrina, quanto às atividades das duas profissões, há um conjunto delas resultante da intersecção das respectivas habilitações, o que indica que determinadas atividades podem ser desempenhadas por ambos profissionais. Há outras que são privativas a cada profissão. MORAES (1975, p. 224) expõe um pouco essas atividades, relativamente ao arquiteto:

CAPÍTULO 3 – ANÁLISE DA UNICIDADE DE HABILITAÇÃO DOS SÓCIOS ...

"O arquiteto professa ou exerce a arquitetura, que vem a ser a concepção dos projetos arquitetônicos. Todavia, o arquiteto exerce atividade diferente do engenheiro (que também projeta edifícios). A arquitetura não se interessa apenas pelos grandes edifícios, para serem executados de acordo com regras especiais de estrutura e acabamento. Hoje, a arquitetura abrange todas as formas de construção, das mais simples às mais complexas. O arquiteto preocupa-se com a forma, o plano, o nível ou projeto. Pensa na aparência dos imóveis, sua altura, seu volume, seus espaços internos. Por fim, concebe segundo volumes maciços. Reparte, sobre uma área dada, várias unidades, conforme as soluções que pretende dar. Arquiteto é o artista que projeta plantas de edifícios, obras de arquitetura paisagísticas (jardins) ou de decoração arquitetônica. Observa estilos e tipos de construção. Coordena a estrutura do edifício com o aspecto decorativo."

O excerto demonstrou que há atividades privativas do arquiteto e que não são estendidas ao engenheiro civil. Para detalharmos algumas atribuições a fim de ilustrar o caso em análise, iremos recorrer às legislações que regem as duas profissões. Porém antes, advertimos que não há impedimento legal parcial[52] quanto à constituição de uma sociedade que utilize o vocábulo "engenharia" em sua denominação e que seja inscrita no CREA em que os sócios não sejam todos engenheiros, sendo assim possível a constituição da sociedade do engenheiro civil e do arquiteto[53], nos termos dos artigos.

---

[52] Entendemos "parcial", porque se não houver a utilização do vocábulo "engenharia" na denominação da pessoa jurídica, o artigo 4º da Lei nº 5.194/1966 não impede que integre na sociedade outros profissionais que não o engenheiro e o arquiteto. Mesmo com o advento da Lei nº 13.378/2010, entendemos que não houve qualquer alteração no dispositivo mencionado, porque ele regulamenta a sociedade de engenheiros, admitindo excepcionalmente, o arquiteto em seu quadro societário.

[53] Lei 5.194/1966: transcrevemos os artigos 4º e 5º:
"Art. 4º *As qualificações de engenheiro, arquiteto ou engenheiro-agrônomo só podem ser acrescidas à denominação de pessoa jurídica composta exclusivamente de profissionais que possuam tais títulos.*
Art. 5º *Só poderá ter em sua denominação as palavras engenharia, arquitetura ou agronomia a firma comercial ou industrial cuja diretoria fôr composta, em sua maioria, de profissionais registrados nos Conselhos Regionais.*" Entendemos que o artigo 4º não foi derrogado pela Lei nº12.378/2010, não obstante o artigo 66 dessa lei remeta as disposições relativas ao exercício da arquitetura

A habilitação dos engenheiros civis é regulamentada pelo artigo 7º da Resolução CONFEA nº 218, de 29 de junho de 1973, do Conselho Federal de Engenharia e Agronomia (CONFEA), usando das atribuições que lhe conferem as letras "d" e "f"[54], parágrafo único do artigo 27 da Lei nº 5.194, de 24 dezembro 1966, e nos termos do artigo 7º da mesma lei:

"Art. 7º – Compete ao ENGENHEIRO CIVIL ou ao ENGENHEIRO DE FORTIFICAÇÃO e CONSTRUÇÃO:

I – o desempenho das atividades 01 a 18 do artigo 1º desta Resolução, referentes a edificações, estradas, pistas de rolamentos e aeroportos; sistema de transportes, de abastecimento de água e de saneamento; portos, rios, canais, barragens e diques; drenagem e irrigação; pontes e grandes estruturas; seus serviços afins e correlatos."

Para a verificação dessas atividades, é necessário recorrer ao artigo 1º da resolução mencionada:

"Art. 1º – Para efeito de fiscalização do exercício profissional correspondente às diferentes modalidades da Engenharia, Arquitetura e Agronomia em nível superior e em nível médio, ficam designadas as seguintes atividades:

Atividade 01 – Supervisão, coordenação e orientação técnica;

Atividade 02 – Estudo, planejamento, projeto e especificação;

Atividade 03 – Estudo de viabilidade técnico-econômica;

Atividade 04 – Assistência, assessoria e consultoria;

Atividade 05 – Direção de obra e serviço técnico;

Atividade 06 – Vistoria, perícia, avaliação, arbitramento, laudo e parecer técnico;

---

a esse mesmo diploma legal, porque, tratando-se de uma sociedade de engenharia, fato regulamentado pela Lei nº 5.194/1966, admite-se sócio arquiteto, nos termos desse dispositivo.
[54] Transcrevemos aqui p artigo 27 da Lei nº 5.194/1966, lei que regulamenta o exercício da engenharia:
"Art. *27. São atribuições do Conselho Federal:*
d) *tomar conhecimento e dirimir quaisquer dúvidas suscitadas nos Conselhos Regionais;*
f) *baixar e fazer publicar as resoluções previstas para regulamentação e execução da presente lei, e, ouvidos os Conselhos Regionais, resolver os casos omissos;"*

CAPÍTULO 3 – ANÁLISE DA UNICIDADE DE HABILITAÇÃO DOS SÓCIOS ...

Atividade 07 – Desempenho de cargo e função técnica;

Atividade 08 – Ensino, pesquisa, análise, experimentação, ensaio e divulgação técnica; extensão;

Atividade 09 – Elaboração de orçamento;

Atividade 10 – Padronização, mensuração e controle de qualidade;

Atividade 11 – Execução de obra e serviço técnico;

Atividade 12 – Fiscalização de obra e serviço técnico;

Atividade 13 – Produção técnica e especializada;

Atividade 14 – Condução de trabalho técnico;

Atividade 15 – Condução de equipe de instalação, montagem, operação, reparo ou manutenção;

Atividade 16 – Execução de instalação, montagem e reparo;

Atividade 17 – Operação e manutenção de equipamento e instalação;

Atividade 18 – Execução de desenho técnico."

Há ainda outra observação adicional a ser feita, relativamente aos artigos 7º ao 9º[55] da Lei nº 5.194/1966, dispositivos que transcrevemos a seguir:

Art. 7º As atividades e atribuições profissionais do engenheiro, do arquiteto e do engenheiro-agrônomo consistem em:

a) desempenho de cargos, funções e comissões em entidades estatais, paraestatais, autárquicas, de economia mista e privada;

b) planejamento ou projeto, em geral, de regiões, zonas, cidades, obras, estruturas, transportes, explorações de recursos naturais e desenvolvimento da produção industrial e agropecuária;

c) estudos, projetos, análises, avaliações, vistorias, perícias, pareceres e divulgação técnica;

d) ensino, pesquisas, experimentação e ensaios;

e) fiscalização de obras e serviços técnicos;

f) direção de obras e serviços técnicos;

g) execução de obras e serviços técnicos;

---

[55] Nesse caso, houve derrogação do artigo 7º da Lei nº 5.194/1966, relativamente às disposições que disciplinam as atribuições profissionais dos arquitetos, as quais passaram a ser regidas pela Lei nº 12.378/2010.

h) produção técnica especializada, industrial ou agropecuária.

Parágrafo único. Os engenheiros, arquitetos e engenheiros-agrônomos poderão exercer qualquer outra atividade que, por sua natureza, se inclua no âmbito de suas profissões.

Art. 8º As atividades e atribuições enunciadas nas alíneas a , b , c , d , e e f do artigo anterior são da competência de pessoas físicas, para tanto legalmente habilitadas.

Parágrafo único. As pessoas jurídicas e organizações estatais só poderão exercer as atividades discriminadas nos art. 7º, com exceção das contidas na alínea " a ", com a participação efetiva e autoria declarada de profissional legalmente habilitado e registrado pelo Conselho Regional, assegurados os direitos que esta lei lhe confere.

Art. 9º As atividades enunciadas nas alíneas g e h do art. 7º, observados os preceitos desta lei, poderão ser exercidas, indistintamente, por profissionais ou por pessoas jurídicas.

A própria lei que rege o exercício profissional determina as atividades que devem ser exercidas por pessoas físicas e aquelas que podem ser realizadas por pessoas jurídicas, ou ambas. As atividades de engenharia privativas das pessoas físicas têm, nesses dispositivos, a pessoalidade explícita e por força de lei.

Vejamos o texto legal relativo à habilitação profissional dos arquitetos: o artigo 2º da Lei nº 12.378/2010, que regulamenta o exercício da Arquitetura e Urbanismo e cria o Conselho de Arquitetura e Urbanismo do Brasil (CAU/BR), dispõe, entre as atividades e atribuições do arquiteto: direção de obras e serviço técnico (inciso V); elaboração de orçamento (inciso X); execução, fiscalização e condução de obra, instalação e serviço técnico (inciso XII). Vejamos o parágrafo único do artigo 2º e alguns dos seus incisos, que determinam o campo de aplicação dessas atividades:

"Parágrafo único. As atividades de que trata este artigo aplicam-se aos seguintes campos de atuação no setor:

I – da Arquitetura e Urbanismo, concepção e execução de projetos;

VII – da Tecnologia e resistência dos materiais, dos elementos e produtos de construção, patologias e recuperações;

CAPÍTULO 3 – ANÁLISE DA UNICIDADE DE HABILITAÇÃO DOS SÓCIOS ...

VIII – dos sistemas construtivos e estruturais, estruturas, desenvolvimento de estruturas e aplicação tecnológica de estruturas;"

Iremos comparar essas atribuições com aquelas constantes da Resolução nº 218/1973 do CONFEA, para verificar a existência de atividades em comum a essas duas áreas, algumas das quais expomos na tabela a seguir:

Resolução nº 218/73 do CONFEA[56]	Artigo 2º da Lei 12.378/2010
Atividade 02 – Estudo, planejamento, projeto e especificação;	II – coleta de dados, estudo, planejamento, projeto e especificação;
Atividade 11 – Execução de obra e serviço técnico;	XII – execução, fiscalização e condução de obra, instalação e serviço técnico.
Atividade 12 – Fiscalização de obra e serviço técnico;	

Tabela 3: Algumas atribuições em comum entre a engenharia civil e a arquitetura.

Essa Tabela demonstra a existência de atividades em comum entre a Engenharia Civil e a Arquitetura, as quais podem constituir o objeto social singular da sociedade formada pelo engenheiro civil e pelo arquiteto. Constatamos que, não obstante as formações acadêmicas sejam distintas, há possibilidade de os sócios estarem habilitados para as mesmas atividades, conforme demonstrado na Tabela 3. Acrescentamos ainda que o objeto social singular não implica necessariamente apenas uma atividade em comum, podendo ser mais de uma conforme se verifica no caso em tela, ou seja, basta que as atividades sejam comuns aos sócios com profissões distintas, para haver a denominação "objeto social singular".

Aqui há uma consideração a ser feita: a atividade relativa ao projeto está prevista no item 30 do Decreto-Lei nº 406/1968 (Projetos, cálculos e desenhos técnicos de qualquer natureza) e no subitem 7.03 da Lei Complementar nº 116/2003 (Elaboração de planos diretores, estudos de viabilidade, estudos

---

[56] A Resolução CONFEA nº 218/1973 especifica quais atividades são referentes a edificações, estradas, pistas de rolamentos e aeroportos; sistema de transportes, de abastecimento de água e de saneamento; portos, rios, canais, barragens e diques; drenagem e irrigação; pontes e grandes estruturas; seus serviços afins e correlatos.

organizacionais e outros, relacionados com obras e serviços de engenharia; elaboração de anteprojetos, projetos básicos e projetos executivos para trabalhos de engenharia). A princípio, esses serviços não são passíveis de inclusão no regime especial do ISS. Porém, essas atividades também pertencem à habilitação do engenheiro civil, profissão passível de enquadramento. Nosso posicionamento é, em razão de pertencerem à habilitação de uma profissão passível de inclusão no regime especial, se ela for prestada com pessoalidade, responsabilidade pessoal e por esses profissionais, a sociedade prestadora poderá ser incluída no regime especial, com fundamento no item 89 da lista anexa do Decreto-Lei nº 406/1968 (ou subitem 7.01 da lista anexa da Lei Complementar nº 116/2003).

Tanto o item 89, quanto o subitem 7.01, contemplam a habilitação integral de todos os ramos da engenharia.

Porém aqui, verificamos outra questão relacionada ao enquadramento dessa sociedade no regime especial: a atividade de fiscalização de obra não estava expressamente prevista no Decreto-Lei nº 406/1968 e surgiu na edição da Lei Complementar nº 116/2003, no subitem 7.19[57] da lista anexa, e há Municípios que não autorizam o enquadramento no regime especial do ISS de sociedades que tenham essa atividade no objeto social, embora pertençam à habilitação profissional do engenheiro civil, demonstrando-se assim que há reflexos, para casos específicos, da alteração da redação da lista anexa nesse regime especial com a mudança das listas anexas do Decreto- Lei nº 406/1968 para a Lei Complementar nº 116/2003, seja em razão do reagrupamento dos serviços em subitens diversos, seja em razão de serviços que não estavam previstos na lista anexa do Decreto-Lei nº 406/1968, mas que passaram a estar previstos na lista da Lei Complementar nº 116/2003. Nesses casos, não é irrelevante a discussão quanto à lista de serviços que o regime especial do ISS deve contemplar, se a do Decreto-Lei nº 406/1968, ou se da Lei Complementar nº 116/2003. Essa questão relativa à fiscalização de obras será tratada no Capítulo 4. Isso ocorre porque as leis locais seguem a lista anexa da Lei Complementar nº 116/2003, a qual sofreu algumas modificações em relação à lista do Decreto-Lei nº 406/1968, quanto ao regime especial do ISS.

---

[57] *"7.19 – Acompanhamento e fiscalização da execução de obras de engenharia, arquitetura e urbanismo."*

CAPÍTULO 3 – ANÁLISE DA UNICIDADE DE HABILITAÇÃO DOS SÓCIOS ...

4. Sociedade Formada por Sócios em que a Habilitação de Alguns Sócios está Contida na Habilitação de Outros: Contador e Técnico em Contabilidade – Objeto Social Singular

Os serviços técnicos de contabilidade estão previstos no artigo 25, combinado com o artigo 26 do Decreto-Lei nº 9.295/1946, a seguir transcritos:

> Art. 25. São considerados trabalhos técnicos de contabilidade:
> a) organização e execução de serviços de contabilidade em geral;
> b) escrituração dos livros de contabilidade obrigatórios, bem como de todos os necessários no conjunto da organização contábil e levantamento dos respectivos balanços e demonstrações;
> c) perícias judiciais ou extrajudiciais, revisão de balanços e de contas em geral, verificação de haveres revisão permanente ou periódica de escritas, regulações judiciais ou extrajudiciais de avarias grossas ou comuns, assistência aos Conselhos Fiscais das sociedades anônimas e quaisquer outras atribuições de natureza técnica conferidas por lei aos profissionais de contabilidade.
> Art. 26. Salvo direitos adquiridos *ex-vi* do disposto no art. 2º do Decreto nº 21.033[58], de 8 de Fevereiro de 1932, as atribuições definidas na alínea c do artigo anterior são privativas dos contadores diplomados.

---

[58] Vejamos o artigo 2º do Decreto nº 21.033/1932: *"Art. 2º Serão registados na Superintendência do Ensino Comercial, para os efeitos das garantias e regalias discriminadas, respectivamente, no art. 1º deste decreto e nos arts. 67, 70, 72, 73, 74, 75, 76, 77, 78, 79 e 80, bem como no parágrafo único do art. 72 do decreto n. 20.158, de 30 de junho de 1931, além dos certificados e diplomas expedidos pelos estabelecimentos de ensino comercial, oficializados e oficialmente reconhecidos, ou nestes revalidados de acordo com o art. 57 do mesmo decreto, os títulos de habilitação conferidos aos profissionais, brasileiros e estrangeiros, que comprovarem, perante a mesma Superintendência e dentro do prazo estipulado no referido decreto, qualquer das seguintes condições: I, que hajam prestado os exames de habilitação de guarda livros práticos, de acordo com o art. 55 do decreto n. 20.158, de 30 de junho de 1931; II, que sejam portadores de títulos expedidos por estabelecimentos de ensino comercial que hajam gozado de subvenção federal ou de outras regalias consignadas em leis anteriores ao decreto n. 17.329, de 28 de maio de 1926, e que se tenham submetido posteriormente à fiscalização da Superintendência do Ensino Comercial; III, que sejam ou tenham sido professores de contabilidade em estabelecimentos de ensino comercial, oficializados ou oficialmente reconhecidos, sendo a respectiva investidura anterior a 9 de julho de 1931, data da publicação no Diário Oficial do decreto n. 20.158; IV, que hajam publicado, anteriormente à data referida na, alínea precedente, obra ou obras de contabilidade julgadas de mérito pelo Concelho Consultivo*

O REGIME ESPECIAL DO ISS

O contador está habilitado aos serviços técnicos em contabilidade. A lei possui uma descrição genérica das atividades, as quais encontram-se detalhadas no ato regulamentar do Conselho Federal de Contabilidade, a Resolução CFC nº 560, de 28 de outubro de 1983. Transcrevemos o artigo 3º desse ato normativo, dispositivo que trata das atividades privativas dos profissionais de contabilidade[59]:

> Art.3º São atribuições privativas dos profissionais da contabilidade:
> 1) – avaliação de acervos patrimoniais e verificação de haveres e obrigações, para quaisquer finalidades, inclusive de natureza fiscal;
> 2) – avaliação dos fundos do comércio
> 3) – apuração do valor patrimonial de participações, quotas ou ações;
> 4) – reavaliações e medição dos efeitos das variações do poder aquisitivo da moeda sobre o patrimônio e o resultado periódico de quaisquer entidades;

do Ensino Comercial; V, que tenham exercido antes de 9 de julho de 1931, exerciam nessa data ou exerçam cargos técnicos de guarda-livros ou contadores nas repartições públicas federais, estaduais ou municipais; VI, que tenham recebido, até à data anteriormente citada, título de habilitação expedido, nos termos do art. 190 do decreto n. 5.746, de 9 de dezembro de 1929, por associação de classe reconhecida de utilidade pública; VII, que hajam assinado, antes de 9 de julho de 1931, balanços de bancos, companhias, empresas, sociedades, cooperativas ou instituições de caridade, de previdência ou de auxilios mútuos, ou de quaisquer estabelecimentos comerciais, os quais tenham sido publicados nos orgãos oficiais da União ou dos Estados; VIII, que tenham assinado laudos periciais, igualmente em data anterior à referida na alínea precedente; IX, ou que sejam possuidores de atestados de idoneidade profissional e de exercício efetivo, no mínimo, durante cinco anos em um ou mais estabelecimentos comerciais, bancos, empresas, companhias, sociedades, cooperativas ou instituições de caridade, de previdência ou de auxílios mútuos, qualquer deles regularmente organizado e registado na Junta Comercial, ou repartição que as suas vezes fizer, e tendo escrituração de acordo com as formalidades legais.

§ 1º Aos funcionários que atualmente exerçam cargos técnicos de guarda-livros ou contadores em repartições federais, estaduais ou municipais e que não requererem ou não obtiverem registo na Superintendência do Ensino Comercial nos termos deste artigo, será, entretanto, assegurado o direito de continuarem no exercício das respectivas funções públicas.

§ 2º Os profissionais que se prevalecerem, para o respectivo registo na Superintendência do Ensino Comercial, da condição expressa na alínea IX, não ficarão, igualmente, com direito a todas as prerrogativas Constantes das disposições citadas neste artigo; ser-lhes-á apenas assegurado o exercício da profissão para os efeitos do disposto no art. 1º deste decreto e do art. 67 do decreto n. 20.158, de 30 de junho de 1931."

[59] As atividades previstas no artigo 3º não são todas as atividades relacionadas com o profissional de contabilidade, conforme estatui o § 1º desse artigo 3º. No artigo 5º dessa mesma Resolução, estão as atividades que os profissionais de contabilidade poderão exercer de forma compartilhada com outras profissões.

CAPÍTULO 3 – ANÁLISE DA UNICIDADE DE HABILITAÇÃO DOS SÓCIOS ...

5) – apuração de haveres e avaliação de direitos e obrigações, do acervo patrimonial de quaisquer entidades, em vista de liquidação, fusão, cisão, expropriação no interesse público, transformação ou incorporação dessas entidades, bem como em razão de entrada, retirada, exclusão ou falecimentos de sócios quotistas ou acionistas;

6) – concepção dos planos de determinação das taxas de depreciação e exaustão dos bens materiais e dos de amortização dos valores imateriais inclusive de valores diferidos;

7) – implantação e aplicação dos planos de depreciação, amortização e diferimento, bem como de correções monetárias e reavaliações;

8) – regulações judiciais ou extrajudiciais;

9) – escrituração regular, oficial ou não, de todos os fatos relativos aos patrimônios e às variações patrimoniais das entidades, por quaisquer métodos, técnicos ou processo;

10) – classificação dos fatos para registro contábeis, por qualquer processo, inclusive computação eletrônica, e respectiva validação dos registros e demonstrações;

11) – abertura e encerramento de escritas contábeis;

12) – execução dos serviços de escrituração em todas as modalidades específicas, conhecidas por denominações que informam sobre o ramo de atividade, como contabilidade bancária, contabilidade comercial, contabilidade de condomínio, contabilidade industrial, contabilidade imobiliária, contabilidade macroeconômica, contabilidade seguros, contabilidade de serviços contabilidade pública, contabilidade agrícola, contabilidade pastoril, contabilidade das entidades de fins ideais, contabilidade de transportes , e outras;

13) – controle de formalização, guarda, manutenção ou destruição de livros e outros meios de registro contábeis, bem como dos documentos relativos à vida patrimonial;

14) – elaboração de balancetes e de demonstrações do movimento por contas ou grupos de contas, de forma analítica ou sintética;

15) – levantamento de balanços de qualquer tipo ou natureza e para quaisquer finalidades, como balanços patrimoniais, balanços de resultados, balanços acumulados, balanços de origens de recursos, balanços de fundos, balanços financeiros, balanços de capitais, e outros;

16) – tradução, em moeda nacional, das demonstrações contábeis originalmente em moeda estrangeira e vice-versa;

17) – integração de balanços, inclusive consolidações, também de subsidiárias do exterior;

18) – apuração, cálculo e registro de custos, em qualquer sistema ou concepção: custeio por absorção ou global, total ou parcial; custeio direto, marginal ou variável ; custeio por centro de responsabilidade com valores reais, normalizados ou padronizados, históricos ou projetados, com registros em partidas dobrados ou simples , fichas, mapas, planilhas, folhas simples ou formulários contínuos ,com manual, mecânico, computadorizado ou outro qualquer, para todas as finalidades, desde a avaliação de estoques até a tomada de decisão sobre a forma mais econômica sobre como, onde, quando e o que produzir e vender;

19) – análise de custos e despesas, em qualquer modalidade, em relação a quaisquer funções como a produção, administração, distribuição, transportes, comercialização, exportação, publicidade, e outras, bem como análise com vistas à racionalização das operações e do uso de equipamentos e materiais, e ainda a otimização do resultado diante do grau de ocupação ou volume de operações;

20) – controle, avaliação e estudo da gestão econômica, financeira e patrimonial das empresas e demais entidades;

21) – análise de custos com vistas ao estabelecimento dos preços de venda de mercadorias, produtos ou serviços, bem como de tarifas nos serviços públicos, e a comprovação dos reflexos dos aumentos de custos nos preços de venda, diante de órgãos governamentais;

22) – análise de balanços;

23) – análise do comportamento das receitas;

24) – avaliação do desempenho das entidades e exame das causas de insolvência ou incapacidade de geração de resultado;

25) – estudo sobre a destinação do resultado e cálculo do lucro por ação ou outra unidade de capital investido;

26) – determinação de capacidade econômica-financeira das entidades, inclusive nos conflitos trabalhistas e de tarifa;

27) – elaboração de orçamentos de qualquer tipo, tais como econômicos, financeiros, patrimoniais e de investimentos;

CAPÍTULO 3 – ANÁLISE DA UNICIDADE DE HABILITAÇÃO DOS SÓCIOS ...

28) – programação orçamentária e financeira, e acompanhamento da execução de orçamentos-programa, tanto na parte física quanto na monetária;

29) – análise das variações orçamentárias;

30) – conciliações de conta;

31) – organização dos processos de prestação de contas das entidades e órgãos da administração pública federal, estadual, municipal, dos territórios federais, das autarquias, sociedade de economia mista, empresas públicas e fundações de direito público, a serem julgados pelos tribunais, conselhos de contas ou órgãos similares;

32) – revisões de balanços, contas ou quaisquer demonstrações ou registro contábeis;

33) – auditoria interna operacional;

34) – auditoria externa independente;

35) – perícias contábeis, judiciais e extrajudiciais;

36) – fiscalização tributária que requeira exame ou interpretação de peças contábeis de qualquer natureza;

37) – organização dos serviços contábeis quanto à concepção, planejamento e estrutura material, bem como o estabelecimento de fluxogramas de processamento, cronogramas, organogramas, modelos de formulários e similares;

38) – planificação das contas, com a descrição das suas funções e do funcionamento dos serviços contábeis;

39) – organização e operação dos sistemas de controle interno;

40) – organização e operação dos sistemas de controle patrimonial, inclusive quanto à existência e localização física dos bens;

41) – organização e operação dos sistemas de controle de materiais, matérias-primas, mercadorias e produtos semifabricados e prontos, bem como dos serviços em andamento;

42) – assistência aos conselhos fiscais das entidades, notadamente das sociedades por ações;

43) – assistência aos comissários nas concordatas, aos síndicos nas falências, e aos liquidantes de qualquer massa ou acervo patrimonial;

44) – magistério das disciplinas compreendidas na Contabilidade, em qualquer nível de ensino no de pós-graduação;

45) – participação em bancas de exame e em comissões julgadoras de concursos, onde sejam aferidos conhecimentos relativos à Contabilidade;

46) – estabelecimento dos princípios e normas técnicas de Contabilidade;

47) – declaração de Imposto de Renda, pessoa jurídica;

48) – demais atividades inerentes às Ciências Contábeis e suas aplicações.

§ 1º São atribuições privativas dos contadores, observado o disposto no § 2º, as enunciadas neste artigo, sob os números 1, 2, 3, 4, 5, 6, 19, 20, 21, 22, 23, 24, 25, 26, 29, 30, 32, 33, 34, 35, 36, 42, 43, além dos 44 e 45, quando se referirem a nível superior. (redação alterada pela Resolução CFC 898/2001)

§ 2º Os serviços mencionados neste artigo sob os números 5, 6, 22, 25, 30, somente poderão ser executados pelos Técnicos em Contabilidade da qual sejam titulares.

Há ainda as atividades não privativas do contador, previstas no artigo 5º dessa resolução, a seguir transcritas:

Art. 5º Consideram-se atividades compartilhadas, aquelas cujo exercício é prerrogativa também de outras profissões, entre as quais:

1) – elaboração de planos técnicos de financiamento e amortização de empréstimos, incluídos no campo da matemática financeira;

2) – elaboração de projetos e estudos sobre operações financeiras de qualquer natureza, inclusive de debêntures, "leasing" e "lease-beck";

3) – execução de tarefas no setor financeiro, tanto na área pública quanto privada;

4) – elaboração e implantação de planos de organização ou reorganização;

5) – organização de escritórios e almoxarifados;

6) – organização de quadros administrativos

7) – estudos sobre a natureza e os meios de compra e venda de mercadorias e produtos, bem como o exercício das atividades compreendidas sob os títulos de "mercadologia" e "técnicas comerciais" ou "merceologia";

CAPÍTULO 3 – ANÁLISE DA UNICIDADE DE HABILITAÇÃO DOS SÓCIOS ...

8) – concepção, redação e encaminhamento, ao Registro Público, de contratos, alterações contratuais, atas, estatutos e outros atos da sociedade civis e comerciais;

9) – assessoria fiscal;

10) – planejamento tributária;

11) – elaboração de cálculos, análises e interpretação de amostragens aleatórias ou probabilísticas;

12) – elaboração e análise de projetos, inclusive quanto à viabilidade econômica;

13) – análise de circulação de órgãos de imprensa e aferição das pesquisas de opinião pública;

14) – pesquisas operacionais;

15) – processamento de dados;

16) – análise de sistemas de seguros e fundos de benefícios;

17) – assistência aos órgãos administrativos das entidades;

18) – exercício de quaisquer funções administrativas; e

19) – elaboração de orçamentos macroeconômicos.

Os §§ 1º e 2º do artigo 3º da Resolução em comento, respectivamente, determinam a habilitação do contador e do técnico em contabilidade. Constata-se assim que a habilitação do técnico em contabilidade está contida na habilitação do contador, tratando-se novamente de objeto social singular. A tabela seguinte relaciona essas atividades em comum:

Atribuições comuns – Contador e técnico em contabilidade
5) – apuração de haveres e avaliação de direitos e obrigações, do acervo patrimonial de quaisquer entidades, em vista de liquidação, fusão, cisão, expropriação no interesse público, transformação ou incorporação dessas entidades, bem como em razão de entrada, retirada, exclusão ou falecimentos de sócios quotistas ou acionistas;
6) – concepção dos planos de determinação das taxas de depreciação e exaustão dos bens materiais e dos de amortização dos valores imateriais inclusive de valores diferidos;
22) – análise de balanços;
25) – estudo sobre a destinação do resultado e cálculo do lucro por ação ou outra unidade de capital investido;
30) – conciliações de conta;

Tabela 4: Atribuições em comum do contador e do técnico em contabilidade.

Não visualizamos qualquer impedimento quanto ao enquadramento no regime especial do ISS, uma vez que o objeto social contempla as atividades. Mesmo quando nesse objeto haja também atividades privativas do contador, porque cada profissional estará contribuindo com o exercício do objeto social na medida da sua habilitação.

Para ilustrar a análise, vejamos, a apelação nº 0011534-59.2012.8.26.0053, proferida pela 14a Câmara de Direito Público do TJSP:

> "APELAÇÃO Anulatória ISS Sociedade formada por contadores e técnicos em contabilidade. Sentença que não reconheceu direito à tributação diferenciada, nos termos do artigo 9º, § 3º, do Decreto-lei 406/68. Sociedade constituída por sócios não habilitados ao exercício da mesma atividade. Sentença mantida. Recurso não provido."

Neste acórdão, o relator deixou claro o seu critério:

> "Contudo, verifica-se que, na época da autuação fiscal, a recorrente era constituída por dois sócios não habilitados ao exercício da mesma atividade, um contador e outro técnico em contabilidade. (...). Assim, verifica-se que à época da autuação a recorrente não fazia jus à tributação diferenciada, sendo descabida a pretendida anulação do auto de infração."

Entendemos ter ocorrido um equívoco nessa apreciação do mérito, pois resta demonstrado que as duas profissões estão habilitadas às mesmas atividades, as quais são os serviços dos itens 5, 6, 22, 25, 30 do artigo 3º da Resolução CFC nº 560. Nesse caso, os sócios estarão habilitados às mesmas atividades, ainda que com formações distintas. Nesse caso, dentro daquilo que concluímos, essa sociedade preenche os requisitos dispostos no Decreto-Lei nº 406/1968 e a interpretação de suas disposições com base na formação acadêmica conduziu a uma interpretação *contra legem*, como já havíamos afirmado antes, ao vedar o enquadramento de uma sociedade no regime especial que preenchia os requisitos legais.

Vejamos outros julgados do Tribunal de Justiça de São Paulo. Iniciamos com o acórdão dos embargos de declaração nº 1039985-09.2014.8.26.0053/50000, pela 9ª Câmara de Direito Público, do qual transcrevemos a ementa:

CAPÍTULO 3 – ANÁLISE DA UNICIDADE DE HABILITAÇÃO DOS SÓCIOS ...

"EMBARGOS DE DECLARAÇÃO. Omissão. Regime especial de recolhimento do ISS. Lei Municipal nº 13.701/2003. Sociedade composta por sócios contadores e técnicos em contabilidade. Inexistência de atividades estranhas à de contabilidade. Responsabilidade pessoal dos sócios, nos termos do art. 1.177, do Código Civil. Direito ao regime especial, ainda que a sociedade adote a forma de limitada. Sentença reformada para julgar procedente a ação. Embargos de declaração acolhidos, com efeito modificativo."

De plano constatamos que a sociedade em tela é formada por profissionais com formações distintas, como contadores e técnicos em contabilidade, porém o critério utilizado pelo órgão julgador foi a sociedade não prestar atividades estranhas às ciências contábeis. Observa-se que aqui não importou se a sociedade realiza uma ou mais de uma atividade pertencente à habilitação dos sócios. Tampouco, o fato de a responsabilidade dos sócios ser limitada constituiu óbice ao enquadramento no regime especial. Esse é o entendimento que converge com o nosso posicionamento.

Vejamos agora a Apelação nº 0049822-12.2011.8.26.0506, em acórdão proferido pela 14ª Câmara de Direito Público do TJSP, cuja ementa a seguir transcrevemos:

"APELAÇÃO. Ação anulatória. ISS. Sociedades formadas por contadores e técnicos em contabilidade. Sentença que reconheceu direito à tributação diferenciada, nos termos do artigo 9º, § 3º, do Decreto-lei 406/68. Comprovação da natureza de sociedade uniprofissional. Decisão mantida. Recurso desprovido."

Recorremos a excerto do voto:

"Na hipótese, a autora é sociedade simples constituída sob a forma de limitada, que têm como objeto social "prestação de serviços contábeis previstos no artigo 25 do Decreto Le nº 9.295/46" (fls. 25). Formada exclusivamente por dois contadores e um técnico em contabilidade, a prova dos autos autoriza conclusão de que a autora preenche os requisitos do § 3º, do Decreto-lei nº 406/68. Isso porque, pela cópia da RAIS de fls. 61, verifica-se que a apelada possui um único estabelecimento e contrata apenas dois auxiliares, o que é suficiente para descartar o caráter empresarial da sociedade. Assim, configurada, na hipótese, prestação de serviço sob caráter pessoal, na forma do Decreto-lei nº 406/68, de rigor a manutenção da sentença pelos seus próprios fundamentos. Posto isso, nega-se provimento ao apelo."

Aqui, constatamos novamente a presença de contadores e técnicos em contabilidade e, tal fato, não foi suficiente para afastar a sociedade do regime especial do ISS. O mesmo se verifica em relação à responsabilidade dos sócios. Não analisamos se esse posicionamento é majoritário, mas apresentamos ainda mais um acórdão, do recurso de apelação nº 0249269-15.2009.8.26.0000, julgado pela 18ª Câmara de Direito Público do TJSP, com a seguinte ementa:

"APELAÇÃO. Ação declaratória. Sociedade composta por três contadores e um técnico em contabilidade que realizam trabalho pessoal. Portanto, trata-se de sociedade uniprofissional. Assim, a apelante faz jus ao tratamento diferenciado previsto no art. 9º, § 3º do Dec.-lei 406/68. Deram provimento ao recurso, com inversão dos ônus da sucumbência."

Embora a relação de pertinência entre as habilitações do técnico em contabilidade e do contador não tenham sido apreciadas, pois elas não foram cotejadas, ao contrário, admitiu-se que prestam serviços de mesma natureza. Nesse caso, reconhecida a possibilidade de formações distintas na mesma sociedade e ainda, determinou-se o enquadramento no regime especial.

Observa-se que para os contadores é também pertinente a discussão sobre a aplicação de qual lista deve ocorrer, se a do Decreto-Lei nº 406/1968, ou da Lei Complementar nº 116/2003, quando a Administração Tributária realizar o enquadramento por item (ou subitem), por uma razão muito simples: a auditoria é uma atividade pertencente à habilitação dos contadores e essa atividade estava prevista no item 25 da lista anexa do Decreto-Lei nº 406/1968, assim como estava prevista a contabilidade, sendo que tais atividades foram segregadas em subitens distintos com a edição da Lei Complementar nº 116/2003, nos itens 17.16 e 17.19[60], não sendo mais permitido o enquadramento da sociedade que prestar serviços de auditoria, para as Administrações Tributárias que realizarem o enquadramento no regime especial com base nas atividades previstas no mesmo subitem de serviço. Essa questão será tratada no Capítulo 4.

5. Sociedade Formada por Engenheiros com Habilitações Distintas – Engenheiro Civil e Engenheiro Eletrotécnico – Objeto Social Composto

O caso a ser analisado difere dos anteriores, pois trata-se de objeto social composto, ou seja, formado por atividades que não sejam comuns relativamente à habilitação dos sócios, empregados ou não. Verificamos que o termo "sociedade uniprofissional", embora não seja o *nomen juris* do regime especial, encontra acolhida em acórdãos do Tribunal de Justiça do Estado de São Paulo (TJSP).

Porém, algumas decisões, ainda que pontuais e proferidas pela 18º Câmara de Direito Público, tem apresentado uma visão relativizada do termo "uniprofissional", como no caso do acórdão da Apelação nº 0119468-52.2007.8.26.0053, pela 18º Câmara de Direito Público, no qual foi exarado o seguinte entendimento na ementa transcrita a seguir:

> "APELAÇÃO. Ação declaratória ISS – Sociedade apelante constituída por dois sócios, ambos engenheiros que exercem trabalho pessoal, está dispensada da emissão e escrituração de documentos fiscais (Decreto nº 47.006, de 16/02/2006 art. 150) e faz jus ao tratamento privilegiado previsto no art. 9º, § 3º do Decreto-Lei nº 406/68. Precedentes do S.T.J. Deram provimento ao recurso, com inversão dos ônus da sucumbência."

---

[60] Vejamos o item 25 da lista anexa do Decreto-Lei nº 406/1968, com a redação da Lei Complementar nº 56/1987: "*25. Contabilidade, auditoria, guarda-livros, técnicos em contabilidade e congêneres;*". Passemos aos itens 17.16 e 17.19 da lista anexa da Lei Complementar nº 116/2003: "*17.16 – Auditoria.*" e "*17.19 – Contabilidade, inclusive serviços técnicos e auxiliares*".

O REGIME ESPECIAL DO ISS

Para que o caso seja melhor compreendido, transcrevemos excerto do voto:

"A alteração do Contrato Social da autora, ora apelante, kML Engenharia e Projetos Ltda. dispõe em sua cláusula 3ª: 'O objeto social da sociedade é a prestação de serviços de engenharia civil, elétrica e mecânica eletricista, no que concerne a consultoria, parecer e laudo' (fl. 14). Compõem a sociedade os sócios Sérgio Kater, engenheiro civil e técnico de 2º grau em edificações, e Enéas Lanjoni Ferreira, engenheiro eletricista e técnico em eletrotécnica (fl. 274). O perito judicial ao responder ao quesito nº 4 da apelante afirmou: 'Os serviços realizados são desenvolvidos pelos sócios da empresa que não possui empregados' (fl. 285); (...) Daí se conclui que a apelante é uma sociedade uniprofissional, onde os sócios prestam serviços em caráter pessoal."

Nesse *decisum*, a 18ª Câmara de Direito Público julgou sendo considerado o fato de os sócios possuírem habilitações distintas nas duas carreiras de engenharia, no que concerne a consultoria, parecer e laudo. Nesse ponto, podemos abrir uma breve discussão: os termos "consultoria", previsto no item 22[61] da lista do Decreto-Lei nº 406/1968 (e no subitem 17.01 da lista anexa da Lei Complementar nº 116/2003) e "perícias e laudos", no item 26 da lista do mencionado Decreto-Lei (e no subitem 17.09 da lista da lei complementar correspondente), não são passíveis de enquadramento no regime especial quando se referirem a profissões que estão autorizadas a ingressarem no regime? A resposta está no próprio item 22 mencionado. Aqui, deve ser aplicado o critério da especialidade, transcrito na expressão desse mesmo item da lista do Decreto-Lei nº 406/1968, *"não contida em outros incisos desta lista"*, referindo-se a consultoria de profissões contempladas na lista[62]. Assim sendo, se for

---

[61] Transcrevemos o item 22: *"22. Assessoria ou consultoria de qualquer natureza, não contida em outros incisos desta lista, organização, programação, planejamento, assessoria, processamento de dados, consultoria técnica, financeira ou administrativa."*

[62] Vejamos o subitem 17.01 da lista anexa da Lei Complementar nº 116/2003: *"17.01 – Assessoria ou consultoria de qualquer natureza, não contida em outros itens desta lista; análise, exame, pesquisa, coleta, compilação e fornecimento de dados e informações de qualquer natureza, inclusive cadastro e*

CAPÍTULO 3 – ANÁLISE DA UNICIDADE DE HABILITAÇÃO DOS SÓCIOS ...

consultoria em profissões passíveis de enquadramento como é o caso da consultoria jurídica, o enquadramento deve ser autorizado por serem atividades pertencentes ao campo de profissões autorizadas para enquadramento no regime especial. Idêntica conclusão pode ser aplicada para as demais profissões que podem ser inscritas nesse regime. Não vemos razão, embora não esteja expresso, dispensar tratamento idêntico ao da consultoria aos itens e subitens relativos a laudos e perícias (item do Decreto-Lei nº 46/1968: "26. Perícias, laudos, exames técnicos e análises técnicas;" e subitem 17.09 da Lei Complementar nº 116/2003: "17.09 – Perícias, laudos, exames técnicos e análises técnicas."). Em síntese, afirmamos para todos os serviços passíveis de enquadramento que, se o laudo, parecer ou qualquer outra atividade estiver inscrita na habilitação de uma profissão que foi contemplada no regime especial do ISS, como é o caso da advocacia, da engenharia, da contabilidade, de psicologia, entre outras, deve ser aplicado o critério da especialidade, não obstante restar ausente a sua previsão expressa no item/subitem correspondente, não se tratando aqui de aplicação da analogia, porque se essas atividades estão inscritas na habilitação profissional e a profissão é passível de enquadramento, esta é a interpretação que harmoniza com as disposições legais existentes. Assim como não faz sentido desenquadrar uma sociedade de advogados na área consultiva que emite um parecer, igualmente não há razão para desenquadrar uma sociedade de engenheiros que faça o laudo pericial de uma estrutura que entrou em colapso e está na iminência de causar desabamento, ou do contador que realizou uma perícia contábil, tendo, para isso, emitido um laudo. Em nosso entendimento, essa é a interpretação que permite a aplicação do regime especial de forma coerente com as disposições que regem esse mesmo regime.

Constata-se que o legislador nacional não dispôs sobre a impossibilidade de uma sociedade de engenheiros com modalidades distintas, sendo tal discriminação obra das Administrações Tributárias Municipais, as quais introduziram uma interpretação restritiva ao vedar o enquadramento no regime especial do ISS a sociedade de engenheiros formados em modalidades distintas.

---

similares." Comparando com o item 22 acima, constatamos que o critério da especialidade foi contemplado pela lei superveniente."

O REGIME ESPECIAL DO ISS

Conclusão idêntica a da Apelação nº 0119468-52.2007.8.26.0053 poderia ser aplicada se nesse rol de atividades fosse incluída a elaboração de projetos? Vejamos, como exemplo, as atribuições das duas engenharias, civil e eletrotécnica:

Habilitação – engenharia civil	Habilitação – engenharia eletrotécnica
Art. 7º – Compete ao ENGENHEIRO CIVIL ou ao ENGENHEIRO DE FORTIFICAÇÃO e CONSTRUÇÃO:	Art. 8º – Compete ao ENGENHEIRO ELETRICISTA ou ao ENGENHEIRO ELETRICISTA, MODALIDADE ELETROTÉCNICA:
I – o desempenho das atividades 01 a 18 do artigo 1º desta Resolução, referentes a edificações, estradas, pistas de rolamentos e aeroportos; sistema de transportes, de abastecimento de água e de saneamento; portos, rios, canais, barragens e diques; drenagem e irrigação; pontes e grandes estruturas; seus serviços afins e correlatos.	I – o desempenho das atividades 01 a 18 do artigo 1º desta Resolução, referentes à geração, transmissão, distribuição e utilização da energia elétrica; equipamentos, materiais e máquinas elétricas; sistemas de medição e controle elétricos; seus serviços afins e correlatos.

Tabela 5: Habilitações da engenharia civil e elétrica na Resolução nº 218/1973 do CONFEA.

A comparação das duas habilitações repousa na análise dos incisos I dos artigos 7º e 8º, transcritos na Tabela 5. A leitura desses dois dispositivos demonstra que é possível uma sociedade com objeto social em projetos de subsistemas de edificações que seja formada por engenheiro civil e eletrotécnico, pois o engenheiro civil faz os projetos de fundação, estruturas, e instalação hidráulica, enquanto o engenheiro eletrotécnico faz o projeto de instalação elétrica destinado a essa mesma edificação. Tais atividades são correspondentes às respectivas habilitações. Nesse caso, os dois profissionais, embora com habilitações distintas, estarão contribuindo para o exercício do objeto social.

Reexaminemos o disposto no § 3º do artigo 9º do Decreto-Lei nº 406/1968: "Quando os serviços a que se referem os itens 1, 4, 8, 25, 52, 88, 89, 90, 91 e 92 da lista anexa forem prestados por sociedades...". Qual serviço é prestado pela sociedade? Normalmente, o seu objeto social. Portanto, para que ela seja enquadrada no regime especial é necessário considerar o objeto social, para depois, verificarmos se a habilitação dos sócios é compatível com os serviços

CAPÍTULO 3 – ANÁLISE DA UNICIDADE DE HABILITAÇÃO DOS SÓCIOS ...

prestados pela sociedade. Não basta apenas os sócios serem habilitados à mesma profissão. MORAES (1975, p. 548 e 549) traz uma observação interessante:

> "A jurisprudência tem se inclinado pela necessidade de todos os sócios serem habilitados para o exercício da profissão objeto da sociedade, possuindo todos a mesma categoria profissional (identificação entre o objeto da sociedade e a atividade de todos os sócios), v.g., não aceitando como sociedade profissional onerada por alíquota fixa, a sociedade constituída por um advogado e um economista, com objeto de social de prestação de serviços jurídicos e de economia. Todavia, com a devida vênia, não partilhamos de tal ponto-de-vista, uma vez que: o objeto social é que irá caracterizar a sociedade, em nada influindo as condições dos sócios; quem vai dispor quanto às exigências para a constituição dessas sociedades é a lei (da União) aplicável, reguladora do exercício da respectiva profissão; e, ainda, se a atividade da sociedade é ligada a serviços de medicina, sua situação de fato continuará a mesma, ainda que a atividade seja exercida irregularmente (a sociedade será tributada como sociedade prestadora de serviços médicos). Uma sociedade constituída por advogados e estagiários, nem todos os sócios estão devidamente habilitados ao pleno exercício da profissão e a lei específica admite como sociedade de advogados. Na hipótese de laboratórios de análises clínicas, nem todos os sócios devem ser médicos ou químicos, mas a lei exige um responsável. Basta a sociedade ser obrigatoriamente aceita como tal (sociedade de serviços profissionais)."

Segundo o autor do excerto transcrito, deve haver a vinculação das profissões dos sócios com o objeto social, no sentido de as habilitações estarem direcionadas para sua consecução, não sendo necessário que elas sejam idênticas, conforme já afirmamos. BARRETO (2009, p. 411) manifesta o mesmo entendimento:

> "A tributação lastreada na natureza do serviço ou em outros fatores pertinentes – nestes não compreendida a remuneração do próprio trabalho – pressupõe que todos os profissionais, que prestam serviços em nome da sociedade, sejam habilitados para o exercício da atividade

que constitua o objeto da sociedade. Não é rigorosamente necessário que tenham todos a mesma profissão. O que sobreleva é estarem todos habilitados para o exercício do mister a que se dedicar a sociedade."

Recorrendo ao exemplo dado no início deste Capítulo, supondo que a sociedade de engenheiros mecânicos que prestem consultoria financeira já esteja enquadrada no regime especial: se a consideração do objeto social é condição necessária e suficiente para o seu desenquadramento, não há razão para que o mesmo critério não seja considerado para o enquadramento como critério necessário, sob pena de estar incorrendo em "dois pesos, duas medidas". Indo mais além, trata-se de questão de ordem lógica, pois o enquadramento e o desenquadramento são eventos mutuamente exclusivos. Se o objeto social é determinante para um, não há como ser indiferente para outro. Se a habilitação dos sócios não sendo compatível com o objeto social da sociedade é motivo para o desenquadramento, a compatibilidade das habilitações com o objeto social deveria ser motivo de enquadramento. Se a mesma habilitação dos sócios não é condição suficiente para o enquadramento, a habilitação distinta, a princípio, não deveria ser suficiente para o desenquadramento, uma vez que o legislador nacional foi silente quanto a isso. BARRETO (2009, p.413) adverte precisamente no ponto em que estamos debatendo:

> "Cautela deve haver, portanto, nessa matéria. A necessidade é a de que essas sociedades sejam uniprofissionais, mas este vocábulo deve ser tomado em relação aos serviços prestados pela sociedade e não em função meramente do nome das profissões. O inafastável é, tão-só, que para objetivo social concorram, diretamente, profissionais habilitados a esse mister."

Tal excerto converge com o que expusemos, corroborando que o parâmetro relativo ao enquadramento é a atividade da sociedade, não as habilitações dos sócios. Estas devem estar convergentes com o exercício do objeto social, ainda que não haja identidade entre elas. Destarte, dentro do que dispõe a lista anexa introduzida pela Lei Complementar nº 56/87, é admissível o enquadramento no regime especial da sociedade que tem como sócios engenheiros com habilitações distintas, desde que elas estejam compatíveis com o exercício do objeto social. O mesmo se verifica em relação à lista anexa da Lei Complementar nº 116/2003. Reiteramos: a mesma formação acadêmica não é requisito legal para esse regime e inserir essa imposição corresponde a interpretar o § 3º do artigo 9º do Decreto-Lei nº 406/1968 de forma restritiva, pois seguindo esse entendimento é exigido que haja identidade entre as habilitações dos sócios, requisito esse que não fora introduzido pelo legislador, mas como produto resultante da interpretação das Administrações Tributárias e acolhido pela jurisprudência.

6. Sociedade prestadora de serviços de consultoria em direito estrangeiro e a sociedade de advogados

A advocacia tem a natureza jurídica de *munus* público, estando disposta na Constituição Federal como função essencial à justiça. A Carta Magna, em seu artigo 133 preceitua que o advogado é indispensável à administração da justiça, sendo inviolável por seus atos e manifestações no exercício da profissão, nos limites da lei. Esta é o Estatuto da Advocacia, Lei nº 8.906/94, que estabelece no inciso II de seu artigo 1º que *"as atividades de consultoria, assessoria e direção jurídicas são atividades privativas da advocacia"*. Porém, tal disposição não deve ser interpretada sem limites, pois se assim for, graves distorções poderão ser cometidas. O legislador referiu-se a essas atividades relativamente ao ordenamento jurídico pátrio, não se podendo estender tal efeito quando a atividade jurídica envolver direito alienígena, ou seja, o conceito "advogado" é de natureza legal definido em lei doméstica, pois um advogado que esteja licenciado para atuar num país, obviamente não implica que ele esteja habilitado para atuar em qualquer outro país. Essa conclusão é relevante quando questionamos se as sociedades prestadoras de serviço de consultoria em direito estrangeiro podem ser enquadradas no regime especial do ISS.

Preliminarmente, é necessário expor o que são essas sociedades. Suponha uma sociedade formada por brasileiros e estrangeiros, ou somente brasileiros, ou somente estrangeiros[63], com formação em instituições de ensino jurídico

---

[63] Não importa a nacionalidade dos profissionais. Importa, para a caracterização da sociedade de consultoria em direito estrangeiro que a habilitação de seus profissionais seja de outro país, que não o Brasil.

no exterior e que prestem serviços a empresas no Brasil que, por exemplo, queiram investir no país onde eles foram habilitados ao exercício da advocacia, por exemplo: uma empresa domiciliada em São Paulo contrata uma sociedade estabelecida no Brasil e composta de brasileiros e americanos formados em escolas de direito americanas, para prestar serviços de consultoria jurídica sobre o direito americano, pois tal empresa estabelecida em solo paulistano pretende investir e negociar nos Estados Unidos.

Para tanto, inicialmente é necessário verificar a regulamentação da profissão do consultor jurídico em direito estrangeiro. O provimento nº 91/2000 do Conselho Federal da Ordem dos Advogados do Brasil no § 1º do artigo 1º dispõe que:

> "§1ºA autorização da Ordem dos Advogados do Brasil, sempre concedida a título precário, ensejará a prática de consultoria no direito estrangeiro correspondente ao país ou estado de origem do profissional interessado, vedados expressamente, mesmo com o concurso de advogados nacionais, regularmente inscritos ou registrados na OAB:
> I – o exercício do procuratório judicial;
> II – a consultoria ou assessoria em direito brasileiro."

Como se observa, neste provimento há vedação expressa do exercício de atividades privativas da advocacia aos sócios da sociedade de consultoria em direito estrangeiro, pois se os advogados exercem função essencial à justiça brasileira e considerarmos os impedimentos expressos existentes à atividade dessas sociedades, no § 1º em tela, obviamente não se pode classificar a atividade de consultoria em direito estrangeiro como exercício da advocacia. O próprio § 1º do artigo 1º em tela menciona que a *"a autorização será concedida a título precário e ensejará a prática da atividade de consultoria em direito estrangeiro"*, não outorgando à sociedade a prática da advocacia, mesmo porque esta, lhe é vedada nos termos dos incisos transcritos desse mesmo § 1º. O provimento em tela delimita o alcance do inciso II do artigo 1º do Estatuto da Advocacia, distinguindo a atividade de consultoria em direito estrangeiro, dos serviços de advocacia. Logo essas atividades possuem naturezas distintas, pois se assim não fosse, não haveria razão para essa distinção feita pela Ordem dos Advogados do Brasil (OAB). Esta conclusão é corroborada pela qualificação

CAPÍTULO 3 – ANÁLISE DA UNICIDADE DE HABILITAÇÃO DOS SÓCIOS ...

atribuída aos profissionais que exercem a consultoria em direito estrangeiro, sendo consultores, ao invés de advogados. Tanto é que os números de registro profissional dos consultores não seguem a numeração padrão dos advogados, sendo acompanhado do complemento "- C".

Ainda que a sociedade tenha registro na OAB, assim como seus sócios estejam nela inscritos, tais fatos constituem simples condições para a obtenção da autorização a título precário para exercer a consultoria em direito estrangeiro, podendo, portanto, essa autorização ser cassada a qualquer tempo. Esta precariedade quanto à inscrição na Ordem não se verifica com os advogados, os quais terão o cancelamento da inscrição e, portanto, deixarão de ser advogados, se ocorrer uma das hipóteses arroladas no artigo 11[64], da Lei nº 8.906/1994. A precariedade da inscrição dos consultores em direito estrangeiro não se aplica aos advogados, em razão do disposto nos incisos do artigo 11 em tela, o que novamente permite concluir que a consultoria em direito estrangeiro não pode ser qualificada como prática da advocacia, ou seja, com ela não se confunde.

Na mesma linha, a Instrução Normativa do Conselho Federal da OAB nº 3/2000 trata do registro de sociedades de consultores em direito estrangeiro no Brasil, evidenciando que estas pessoas jurídicas se submetem a regime jurídico distinto da sociedade de advogados. Destarte, seus sócios jamais serão advogados no Brasil, ainda que possuam inscrição na OAB, pois essa inscrição reflete o mero controle exercido pela Ordem dentro de sua área de competência. Considerá-los advogados colide frontalmente com o disposto no inciso XIII, do artigo 5º da CF, o qual dispõe que "*é livre o exercício de qualquer trabalho, ofício ou profissão, atendidas as qualificações profissionais que a lei estabelecer.*"

---

[64] *"Art. 11. Cancela-se a inscrição do profissional que:*
I – assim o requerer;
II – sofrer penalidade de exclusão;
III – falecer;
IV – passar a exercer, em caráter definitivo, atividade incompatível com a advocacia;
V – perder qualquer um dos requisitos necessários para inscrição.
§ 1º Ocorrendo uma das hipóteses dos incisos II, III e IV, o cancelamento deve ser promovido, de ofício, pelo conselho competente ou em virtude de comunicação por qualquer pessoa.
§ 2º Na hipótese de novo pedido de inscrição – que não restaura o número de inscrição anterior – deve o interessado fazer prova dos requisitos dos incisos I, V, VI e VII do art. 8º.
§ 3º Na hipótese do inciso II deste artigo, o novo pedido de inscrição também deve ser acompanhado de provas de reabilitação."

O REGIME ESPECIAL DO ISS

Os requisitos que a lei dispõe e que impedem a qualificação do exercício da consultoria em direito estrangeiro como exercício da advocacia são os incisos II e IV do artigo 8º[65] da Lei nº 8.906/1994, que dispõe sobre os requisitos necessários para inscrição como advogados, os quais são: "*diploma ou certidão de graduação em direito, obtido em instituição de ensino oficialmente autorizada e credenciada*" e "*aprovação em Exame de Ordem*", respectivamente. A autorização a título precário não os torna advogados e, por decorrência, não transforma a pessoa jurídica consultora em direito alienígena em uma sociedade de advogados, mas apenas permite a prestação dos serviços de consultoria jurídica relativa ao direito estrangeiro.

Se os sócios não são advogados, por não apresentarem os requisitos necessários estatuídos pela lei nacional, a pessoa jurídica que eles integram jamais poderá ser sociedade de advogados no território brasileiro, porque ela está impossibilitada de exercer a advocacia. Exercerá sim o serviço de consultoria em direito estrangeiro que, para isso, será necessário atender aos requisitos exigidos pela OAB. Sendo assim, o enquadramento para a prestação desses serviços não poderá ser o exercício da advocacia, não estando a atividade de consultoria em direito estrangeiro autorizada ao enquadramento no regime especial do ISS. Trata-se tão somente de serviço de consultoria não abrangido pelo critério da especialidade, que se encontra expresso para alguns serviços

---

[65] "*Art. 8º Para inscrição como advogado é necessário:*
I – capacidade civil;
II – diploma ou certidão de graduação em direito, obtido em instituição de ensino oficialmente autorizada e credenciada;
III – título de eleitor e quitação do serviço militar, se brasileiro;
IV – aprovação em Exame de Ordem;
V – não exercer atividade incompatível com a advocacia;
VI – idoneidade moral;
VII – prestar compromisso perante o conselho.
§ 1º O Exame da Ordem é regulamentado em provimento do Conselho Federal da OAB.
§ 2º O estrangeiro ou brasileiro, quando não graduado em direito no Brasil, deve fazer prova do título de graduação, obtido em instituição estrangeira, devidamente revalidado, além de atender aos demais requisitos previstos neste artigo.
§ 3º A inidoneidade moral, suscitada por qualquer pessoa, deve ser declarada mediante decisão que obtenha no mínimo dois terços dos votos de todos os membros do conselho competente, em procedimento que observe os termos do processo disciplinar.
§ 4º Não atende ao requisito de idoneidade moral aquele que tiver sido condenado por crime infamante, salvo reabilitação judicial."

CAPÍTULO 3 – ANÁLISE DA UNICIDADE DE HABILITAÇÃO DOS SÓCIOS ...

da lista anexa, conforme já mencionamos, em razão dessa exclusão advir da própria lei que rege o exercício da advocacia.

Verifica-se então que há dois requisitos que impedem o enquadramento no regime especial nos casos de sociedade de consultoria em direito estrangeiro: o primeiro, seus sócios não são advogados, pelo fato de a OAB não reconhecer neles tal qualificação, sendo inclusive profissionais desprovidos de capacidade postulatória; segundo, não há exercício da advocacia, porque o objeto da prestação não é o direito pátrio, mas o alienígena, destarte, não se trata de função essencial à justiça brasileira. É necessário que os dois requisitos estejam atendidos, ou seja, que os sócios sejam advogados e que exerçam a advocacia o que, nesse caso concreto analisado, reflete mais uma vez, como já sustentamos anteriormente, a vinculação entre a habilitação dos sócios e o objeto social da pessoa jurídica. Talvez, à primeira vista, seja difícil visualizar uma situação assim descrita. Então pergunto: dentro do que já analisamos, qual seria a situação dos advogados portugueses, uma vez que há reciprocidade[66]? A razão desse questionamento reside na situação que era tratada no Provimento nº 37/69 do Conselho Federal da OAB, o qual foi revogado pelo Provimento nº 129/2008 e que aqui transcrevemos, assim dispõe em seu artigo 1º:

> Art. 1º O advogado de nacionalidade portuguesa, em situação regular na Ordem dos Advogados Portugueses, pode inscrever-se no quadro da Ordem dos Advogados do Brasil, observados os requisitos do art. 8º da Lei nº 8.906, de 1994, com a dispensa das exigências previstas no inciso IV e no § 2º, e do art. 20 do Regulamento Geral do Estatuto da Advocacia e da OAB.

O artigo 2º desse Provimento estatui que ele poderá ser qualificado como consultor de direito estrangeiro se cumprir as exigências do já mencionado Provimento nº 91/2000 do Conselho Federal da OAB:

---

[66] A reciprocidade que mencionamos refere-se ao fato de o advogado habilitado em Portugal, mediante autorização da OAB após o preenchimento de determinados requisitos, pode advogar no Brasil e vice-versa com o advogado habilitado no Brasil para atuar em Portugal.

Art. 2º O disposto no o art. 1º não exclui a possibilidade do exercício da atividade do advogado português na qualidade de consultor em direito estrangeiro no Brasil, cumpridas as exigências do Provimento nº 91/2000-CFOAB.

O artigo 6º do mesmo Provimento esclarece que o advogado português que cumprir os requisitos do Provimento nº 129/2008 será qualificado como advogado no Brasil:

Art. 6º O requerente à inscrição no quadro de advogados prestará o seguinte compromisso perante o Conselho Seccional: "Prometo exercer a advocacia com dignidade e independência, observar a ética, os deveres e prerrogativas profissionais e defender a Constituição, a ordem jurídica do Estado Democrático, os direitos humanos, a justiça social, a boa aplicação das leis, a rápida administração da justiça e o aperfeiçoamento da cultura e das instituições jurídicas".

O artigo 9º impede que essas disposições sejam aplicáveis a sociedades de advocacia portuguesas:

Art. 9º O presente Provimento não se aplica às sociedades de advogados.

Mas nada impede que o advogado formado em Portugal e também habilitado no Brasil participe de uma sociedade com outros advogados habilitados no Brasil, com inscrição na OAB. Os advogados habilitados em Portugal e inscritos na OAB brasileira podem atuar no Brasil, mas isso não implica necessariamente o exercício da advocacia. Isso vai depender do objeto da prestação do serviço: se for o direito português ou qualquer outro que não o brasileiro, tratar-se-á de consultoria em direito estrangeiro: se o objeto for o direito brasileiro, estarão preenchidos os requisitos do regime especial, pois haverá o exercício da advocacia. Esse exemplo explicita a importância da habilitação profissional com o objeto da prestação do serviço, conforme seja ou o direito brasileiro, ou o alienígena. Lembramos que o Provimento nº 91/2000 impede a formação de sociedade com advogados e consultores em direito estrangeiro. Aqui, verificamos que a lei que rege o exercício profissional

CAPÍTULO 3 – ANÁLISE DA UNICIDADE DE HABILITAÇÃO DOS SÓCIOS ...

impede a constituição da sociedade entre advogados e consultores em direito estrangeiro. Resta demonstrado que os dois requisitos são necessários: ser advogado e ainda atuar no direito pátrio. Eles constituem requisitos cumulativos para que se verifique o exercício da advocacia. Apenas o exercício dessa profissão está autorizado para o enquadramento no regime especial do ISS. Resta igualmente demonstrado que é vedado o enquadramento da consultoria em direito estrangeiro no regime especial do ISS.

7. Análises da Possibilidade de Enquadramento de Especializações Distintas de uma Mesma Profissão

Há também a questão relativa a especializações da mesma carreira relativamente à possibilidade de enquadramento no regime especial do ISS. Aqui iremos tratar de três casos: médicos, engenheiros e advogados. Porém, há uma questão preliminar de relevo a ser considerada: tanto os advogados quanto os médicos fazem o mesmo curso de graduação para, em seguida, ingressarem em uma área de atuação, portanto as especialidades são atividades que constituem um subconjunto da habilitação de uma mesma profissão, em que o profissional aprofundou seus estudos. Assim temos o médico ortopedista, o cardiologista, o oftalmologista. Todos eles são formados em um mesmo curso de graduação, possuindo, portanto, a mesma habilitação. O mesmo se aplica aos advogados, porque o Estatuto da OAB não dispõe sobre as habilitações do advogado civilista, do tributarista, nem do constitucionalista. O advogado está habilitado para advogar em todas as áreas do direito.

No entanto, para os engenheiros, há uma diferença relevante: são cursos de graduações distintos, pois aquele que concluiu curso de engenharia civil fez um curso distinto daquele que se formou em engenharia mecânica. A própria Resolução nº 273/1973 do CONFEA estatui habilitações distintas para cada uma das modalidades da engenharia, fato que não ocorre com a advocacia. As habilitações das modalidades de engenharia não constituem subconjunto de uma "engenharia", porque esta profissão reclama um complemento: não existe somente o "engenheiro", mas o engenheiro civil, mecânico, de produção, naval, aeronáutico, entre outros. Isso não quer dizer que não existam áreas de especializações nas engenharias. Na engenharia civil, pode o profissional se especializar em construção civil, estruturas, fundações, hidráulica, transportes, entre outras. O engenheiro elétrico pode se especializar em eletrônica, em eletrotécnica, entre outras áreas e assim vai. Destarte, resta demonstrado que as engenharias não são especializações, mas profissões distintas umas das outras.

Mas o fato de não serem a mesma profissão não impede o enquadramento de sociedade formada por engenheiros com formações em modalidades distintas, pois vimos o exemplo do objeto social composto que contempla atividades pertencentes às duas habilitações distintas, porque o item 89 da lista anexa do Decreto-Lei nº 406/1968 (ou o subitem 7.01 da Lei Complementar nº 116/2003) prevê o enquadramento para o exercício da engenharia, desde que as atividades pertencentes às habilitações estejam voltadas para o exercício do objeto social. Importante lembrar que, na medida em que, cada profissional contribui para a consecução do objeto social com uma atividade inscrita na sua habilitação profissional, há nessa contribuição a responsabilidade pessoal perante o respectivo conselho profissional. No entanto, a Apelação nº 4001576-49.2013.8.26.0019, julgada pela 14ª Câmara de Direito Público do TJSP chamou-nos a atenção. Vejamos a ementa:

> "SOCIEDADE UNIPROFISISONAL – Ato administrativo de desenquadramento – Sentença que determinou o enquadramento como sociedade uniprofissional – Recurso da Municipalidade para reforma da sentença – Hipótese em que não atendidos os requisitos autorizadores do regime especial de recolhimento do ISS reservado às SUPs, de modo que acertado o desenquadramento – Recurso provido."

O voto discute um ponto relativo ao que estamos dissertando:

> "Dessa sorte, da análise minuciosa desse regramento pode-se concluir que a sociedade uniprofissional, quanto aos seus sócios, deve ser composta por profissionais habilitados no conselho regional competente para o exercício da mesma profissão, mas não necessariamente na mesma área de especialização. Tal fato é de suma importância tendo em vista a constante descaracterização, pelo fisco, de sociedades cujos

CAPÍTULO 3 – ANÁLISE DA UNICIDADE DE HABILITAÇÃO DOS SÓCIOS ...

profissionais atuam em diferentes espectros da mesma profissão. Nesse sentido, alerta Kiyoshi Harada:

"O fisco de São Paulo vem promovendo o desenquadramento, com efeito retroativo, dessas sociedades quando elas são compostas por sócios pertencentes a especialidades diferentes, ainda que integrantes do mesmo amo do conhecimento científico.

Assim, para o fisco paulistano não pode um engenheiro civil associar-se com um engenheiro industrial, sob pena de descaracterização da sociedade uniprofissional. Se isso fosse correto um advogado criminalista não poderia associar-se com um advogado tributarista. Esse procedimento do fisco paulistano não encontra amparo na jurisprudência do E. TJESP que não distingue as diversas modalidades de uma mesma área de conhecimento científico para fins tributários."

Nesse julgado foi introduzido mais um parâmetro indireto relativamente às habilitações: a sociedade ser composta por profissionais habilitados no mesmo conselho regional competente. Entendemos que esse não é um requisito legal, mas produto de uma hermenêutica equivocada, pois vimos o caso da sociedade formada pelo engenheiro civil e pelo arquiteto, profissionais registrados em conselhos profissionais distintos, CREA e CAU, respectivamente, portanto, em nosso posicionamento, não vemos razão alguma para que haja o enquadramento com base no conselho profissional, mesmo porque tal parâmetro sequer foi contemplado pelo legislador. Lembramos que o legislador utilizou como parâmetro a "habilitação", sem ter mencionado se ela se aplica no sentido amplo (mesma habilitação) ou estrito (mesma atividade em habilitações distintas). Quanto ao caso do excerto doutrinário transcrito no voto, nos reportamos ao que expusemos antes de comentar o julgado neste item relativamente ao fato de que as modalidades da engenharia não constituem especializações de uma profissão denominada "engenharia". Assim, fica evidente que cada engenharia constitui uma profissão distinta da outra, fato que, em nosso entendimento, não impede o enquadramento no regime especial do ISS.

8. Conclusões deste Capítulo

Na análise do § 3º do artigo 9º do Decreto-Lei nº 406/1968 realizada no Capítulo 1, o Superior Tribunal de Justiça, nos julgados mencionados, concluiu que a Lei Complementar nº 116/2003 não revogou o dispositivo mencionado e nem o modificou. O desdobramento dessa decisão é que deve ser aplicada a norma resultante da lista anexa introduzida pela Lei Complementar nº 56/1987, para as Administrações Tributárias que realizam o enquadramento no regime especial com base em serviços previstos num mesmo item ou subitem. Ocorre que o dispositivo em tela se remete aos itens da lista do Decreto-Lei, enquanto a nova lei introduziu a sistemática de itens divididos em subitens e isso fez com que, para casos específicos, serviços passíveis de enquadramento previstos em um mesmo item nas disposições do Decreto-Lei nº 406/1968 deixassem de sê-lo após a vigência do Lei Complementar nº 116/2003, quando a Administração Tributária realizar o enquadramento por atividades previstas no mesmo subitem. Os legisladores locais transcreveram a lista anexa da Lei Complementar nº 116/2003 nas leis municipais, porém tal transcrição não pode ampliar e nem reduzir o campo de incidência do regime especial com base na lista da lei anterior, pois o STJ tem entendimento de que o regime especial do ISS não sofreu alteração alguma com a lei de 2003, embora não tenha julgado situação que tratasse de tal ponto específico.

O fato de a lista do Decreto-Lei prever habilitações distintas em um mesmo item, como é o caso do item 89, ao mesmo tempo em que as atividades passíveis de enquadramento estão previstas sob a forma de itens (1, 4, 8, 25, 52, 88, 89, 90, 91 e 92) no § 3º do artigo 9º do Decreto-Lei nº 406/1968, concluímos que a intenção do legislador não foi vedar que sócios tivessem habilitações distintas, até mesmo porque os serviços de cada item são passíveis de serem prestados por profissionais com formações distintas, a depender do objeto social. Entendemos que é possível a atividade prestada pela sociedade ser passível de enquadramento e comportar ainda sócios com habilitações distintas (portanto, com formações acadêmicas diferentes), tenham elas atividades em comum ou não com as respectivas habilitações profissionais, mas que necessariamente estejam voltadas ao exercício do objeto social e que ainda se verifiquem os demais requisitos impostos pela lei, como o trabalho com pessoalidade e a responsabilidade pessoal (técnica) do profissional envolvido. Nesse caso, ainda

CAPÍTULO 3 – ANÁLISE DA UNICIDADE DE HABILITAÇÃO DOS SÓCIOS ...

que a jurisprudência entenda incabível tal enquadramento, constatamos que o § 3º do artigo 9º do Decreto-Lei nº406/1968 não contém disposição que determine entendimento contrário a esse: a uma, porque se refere ao serviço prestado pela sociedade, o qual contém as diversas participações dos sócios[67], pois se assim não fosse, não haveria razão da existência de uma sociedade, podendo os profissionais atuarem de forma autônoma; a duas, porque inexiste o vocábulo "mesma" ou termo semelhante quando se refere à habilitação dos sócios, restando demonstrado que a identidade de habilitações profissionais é obra do intérprete ao invés do legislador; a três, porque sendo contribuinte a sociedade, é o serviço por ela prestado que é objeto de enquadramento e não a habilitação dos sócios[68], ou sua formação acadêmica.

Portanto, verifica-se que não há óbice quanto ao enquadramento de habilitações distintas, desde que elas sejam compatíveis com o exercício do objeto social, restando presentes os demais requisitos que permitam o enquadramento. Sendo assim, é possível uma sociedade formada por um engenheiro eletrotécnico e outro civil em uma sociedade que tenha como objeto social a elaboração de projetos de subsistemas de edificações, porque há os subsistemas de fundação, de estrutura, assim como há o subsistema de instalação elétrica. Nesse caso, cada sócio realizaria o objeto social dentro da sua respectiva área de habilitação profissional, não havendo disposição legal expressa que impedisse o enquadramento dessa sociedade no regime especial do ISS, desde que verificados os demais requisitos necessários ao enquadramento, demonstrando assim que tal impedimento decorre de uma interpretação das Administrações Tributárias Municipais ao invés de previsão expressa contida no texto legal. O mesmo pode se dizer da sociedade formada entre o engenheiro civil e o arquiteto: nesse caso, demonstrou-se ainda que as duas profissões possuem em comum atividades pertencentes às respectivas habilitações, o que reforça ainda mais a possibilidade de ocorrer o enquadramento

---

[67] Nos exemplos vistos, os projetos que a sociedade realizou foram os de engenharia civil (estruturas, fundações e hidráulica) e o de engenharia eletrotécnica (instalações elétricas). No segundo exemplo, foram esses mesmos de engenharia civil e o projeto arquitetônico e acompanhamento de obras. Lembramos ainda que mais de um profissional relativamente a uma mesma habilitação pode ter participação num mesmo projeto.

[68] O sócio é um parâmetro para determinar a base de cálculo e sua habilitação deve ser compatível e relacionada com o exercício do objeto social da sociedade.

no regime especial, não obstante as profissões serem distintas. As conclusões relativas à possibilidade de a sociedade entre engenheiro civil e eletrotécnico e entre engenheiro civil e arquiteto prevaleceriam ainda que não se entenda pela aplicação da norma contida na lista anexa do Decreto-Lei nº 406/1968, uma vez que o subitem 7.01 contém todas as profissões do item 89.

Outro aspecto analisado é se o fato, especificamente de o engenheiro civil, ter as atividades para as quais a profissão está regulamentada, segundo a Resolução nº 218/1973 do CONFEA, dispostas em subitens distintos da lista anexa da Lei Complementar nº 116/2003, impede o enquadramento dessa sociedade no regime especial[69]. Aqui ficou constatado que os serviços enquadráveis nesse regime devem ser prestados pela sociedade e que normalmente constitui o seu objeto social. Portanto, o que se observa é, em primeiro plano, o objeto social. Ocorre que a prestação pessoal pelos sócios, vincula a habilitação profissional deles ao exercício do objeto social. Supondo que uma sociedade de engenheiros civis faça projetos de edificações, acompanhe e fiscalize as obras correspondentes, atividades inscritas no campo de sua atuação profissional, a mera segregação dessas atividades em subitens distintos pela lista anexa da Lei Complementar nº 116/2003 não autoriza o desenquadramento, ou não impede o enquadramento dessa sociedade no regime especial simplesmente porque as atividades relativas a uma mesma habilitação estão presentes em subitens distintos. Tal interpretação, como vimos, violaria frontalmente o princípio da igualdade, pois seria o mesmo que afirmar que médicos ou advogados com especialidades distintas não poderiam ser enquadrados no regime especial do ISS (ainda que tais especialidades estejam previstas em itens distintos da lista anexa). Perceba que aqui estamos nos referindo a duas atividades que integram a habilitação de uma mesma profissão, a engenharia civil. Seria situação análoga impedir o enquadramento de uma sociedade de médicos, formada por um geriatra e um pediatra, ou uma sociedade de advogados formada por um tributarista e um civilista.

Analisamos também o caso de a sociedade ser formada por contador e o técnico em contabilidade: ainda que a habilitação deste seja um subconjunto

---

[69] Por exemplo: um escritório formado por dois engenheiros civis que fazem projetos e acompanham as respectivas obras (subitens 7.03 e 7.19 da Lei Complementar nº 116/2003 e item 30 quanto ao projeto e ausência de previsão legal quanto ao acompanhamento de obra).

CAPÍTULO 3 – ANÁLISE DA UNICIDADE DE HABILITAÇÃO DOS SÓCIOS ...

da habilitação daquele, o enquadramento no regime especial do ISS é admissível, seja quando o objeto social contemplar as atividades em comum, caso do objeto social singular, desde que essas atividades estejam previstas no objeto da sociedade, pois assim, cada um dos sócios estará concorrendo para o exercício do objeto social dentro de sua habilitação. Embora, nesse caso, utilizamos como exemplo um caso com objeto social singular, nada impede o enquadramento no regime especial para um caso com objeto social composto, o qual ocorrerá quando, na sociedade formada por contador e técnico em contabilidade, houver prestação de serviços pertencente a ambas as habilitações e também de serviços pertencentes à habilitação do contador, mas não do técnico.

Com relação à sociedade de consultoria em direito estrangeiro, esta não se confunde com sociedade de advogados, pelo próprio Estatuto da OAB, pois não confere aos profissionais habilitados para o exercício da advocacia em outros países a capacidade postulatória no Brasil, não sendo considerados assim advogados, nos termos da lei pátria. Exceção feita aos advogados portugueses, quando estiverem autorizados pela OAB a advogar no Brasil e prestarem serviços relativos ao direito brasileiro.

Capítulo 4 – Aspectos Complementares Relativos às Sociedades de Profissionais

1. Introdução

Neste Capítulo, iremos discorrer sobre aspectos complementares relativos ao regime especial do ISS, tais como: as presunções aplicáveis a esse regime; O tipo de lançamento; O desenquadramento do regime especial, em razão dos atributos do contribuinte e aquele realizado com base em ato normativo superveniente, ou de alteração de critério jurídico; A nova lista de serviços, de 2003, e os serviços de engenharia civil, assim como os serviços de contabilidade e de auditoria, em razão da Lei Complementar nº 116/2003 ter separado esses serviços na lista anexa correspondente; A aplicação do REsp nº 973.733 e da súmula nº 555 do STJ na determinação do *dies a quo* do prazo decadencial no desenquadramento das sociedades de profissionais; O conceito de terceirização e o regime especial e; A aplicação do princípio da capacidade contributiva no regime especial do ISS. Ao contrário dos capítulos anteriores, em razão da diversidade dos assuntos tratados neste Capítulo, as conclusões constarão dos próprios itens e subitens correspondentes aos assuntos a serem expostos, ao invés de serem reunidos em um mesmo item, no final do capítulo.

2. As Presunções no Regime Especial do ISS

A base de cálculo do regime especial do ISS é dada em função do número de profissionais habilitados (sócios, empregados ou não), estabelecendo uma presunção de que quanto maior o número de profissionais, maior será também o volume de serviço prestado, portanto presume-se que a receita de serviços deverá acompanhar proporcionalmente o número de profissionais que prestam o serviço em nome da sociedade, conforme determina a lei. Há Municípios que atribuem uma receita presumida por profissional, sobre a qual deve incidir a alíquota *ad valorem* correspondente, a exemplo do que ocorre em São Paulo. Outros, estabelecem um valor fixo de ISS a ser recolhido em função do número de prestadores de serviço, sócios, empregados ou não, da sociedade[70], denominada alíquota específica.

A primeira questão a ser colocada é se esse valor por profissional habilitado constitui presunção quanto à receita de serviços? Analisemos a seguinte disposição do § 1º do artigo 9º do Decreto-Lei nº 406/1968: "*o impôsto será calculado, por meio de alíquotas fixas ou variáveis, em função da natureza do serviço ou de outros fatores pertinentes, nestes não compreendida a importância paga a título de remuneração do próprio trabalho*". O legislador excluiu da base de cálculo do ISS no regime especial o preço do serviço, ou seja, a receita do serviço prestado, uma vez que ela é desconsiderada em relação a alíquota fixa que incide nos casos em que a sociedade estiver enquadrada no regime especial. Destarte, a receita de serviço, ou a alíquota específica, conforme o caso, desse regime constitui uma presunção legal.

Em seguida, questionamos se essa presunção é relativa ou absoluta? Enquanto a sociedade estiver inscrita no regime especial cumprindo todos os

---

[70] Embora, aritmeticamente, o resultado de uma e de outra forma de estabelecer a receita bruta do ISS no regime especial conduzam a valores do ISS fixos a serem recolhidos, a forma adotada pelo Município Paulistano, que é a receita presumida sobre a qual incide uma alíquota *ad valorem*, é passível de sofrer reflexo se houver alteração desse último parâmetro do critério quantitativo. Isso não ocorre quando a lei fixa um valor determinado de ISS a recolher. Por exemplo: se a receita presumida é de R$1.000,00 e a alíquota de 2%, o ISS será de R$20,00. Se se a alíquota passar para 5%, respeitadas as limitações constitucionais do poder de tributar, o ISS passará a ser de R$50,00. Se a lei municipal estabelecesse um valor fixo de ISS a pagar, a alteração da alíquota *ad valorem* não alteraria o valor a pagar. Essa é a diferença das duas formas impostas pela lei.

CAPÍTULO 4 – ASPECTOS COMPLEMENTARES RELATIVOS ÀS SOCIEDADES DE PROFISSIONAIS

requisitos necessários ao enquadramento, entendemos que ela será absoluta, pois não importa qual foi a efetiva receita auferida em razão dos serviços prestados, afinal a sociedade deverá recolher os valores estabelecidos na lei em sentido estrito em função do número de profissionais que nela atuam, porque a base de cálculo é atributo do critério quantitativo, o qual deve atender ao princípio da legalidade. A presunção, quando a lei estabelece um valor como receita bruta unitária[71], é da base de cálculo, sobre a qual deve incidir a alíquota *ad valorem* correspondente ao serviço prestado. Trata-se então de presunção legal. Caso a lei local disponha sobre a alíquota específica, ela vai constituir a presunção do valor do ISS a recolher sem se importar com a receita efetivamente auferida[72]. Assim, sabemos que essa alíquota nesse caso nada mais é do que uma receita presumida indireta. Transcrevemos a definição de presunção legal de Pontes de Miranda, a qual foi citada por FERRAGUT (2005, p. 105):

> "presunção legal (*praesumptio iuris*) (...), em vez de meio de prova, é o conteúdo de regras jurídicas que estabelecem a existência de fato, fato jurídico, ou efeito de fato jurídico (e.., direito), sem que possa provar o contrário (*praesumptiones iuris et de iure*, presunções legais absolutas)."

Verificamos assim que a disposição legal sobre a receita da sociedade inserida no regime especial estabelece a presunção quanto a sua existência, não havendo espaço para prova em contrário, pois não há autorização do legislador.

Não há espaço para ato infralegal dispor sobre o valor unitário por profissional, podendo apenas o decreto realizar a atualização monetária desses valores anteriormente estabelecidos em lei até o índice oficial da inflação para cada ano. O legislador nacional, no § 1º do artigo 9º do Decreto-Lei nº 406/1968, não determinou que o valor deva ser fixo para todos os prestadores de serviço, ao contrário, esse dispositivo estatui que "*o impôsto será calculado, por meio de alíquotas fixas ou variáveis, em função da natureza do serviço ou de outros fatores pertinentes*", permitindo alíquotas específicas diferenciadas.

---

[71] Denominamos "receita bruta unitária" o valor dela por profissional que presta serviços em nome da sociedade.

[72] A receita efetivamente auferida corresponde à somatória dos preços dos serviços prestados em um determinado período.

Assim, pode o Município atribuir valores menores para profissões que não exijam formação superior, por exemplo. Lembramos que o § 1º do artigo 9º do Decreto-Lei nº 406/1968 não trata das sociedades de profissionais, mas de trabalhadores autônomos, inclusive profissionais liberais que não atuem por meio de uma sociedade.

Caso a sociedade tenha descumprido um dos requisitos necessários ao enquadramento no regime especial, tal presunção deixará de ser aplicada retroativamente, até a data em que os requisitos deixaram de ser verificados, respeitando o prazo decadencial. Nesse caso, os lançamentos serão realizados de ofício, por meio da lavratura de autos de infração com base no movimento econômico relativamente ao período em que se dá a retroação dos efeitos do desenquadramento. Verifica-se assim que a presunção é aplicada a partir do enquadramento no regime especial e ela expira no instante em que os efeitos desse enquadramento deixaram de ser produzidos.

Outra questão a ser posta: a presunção se aplica também à prestação de serviços? Explico: seria exigível o ISS de uma sociedade inscrita no regime especial e que não prestou serviço quando, a exemplo, os sócios saíram de férias? No regime especial, a lei atribui ao contribuinte uma receita mensal de serviços, ou uma alíquota específica que incide por mês, enquanto o contribuinte permanecer inscrito nesse regime. Se há presunção quanto à receita mensal, ou quanto à alíquota específica, em razão do enquadramento[73], por consequência lógica, deve haver também a presunção na prestação de serviço, pois não faz sentido algum presumir receita, ou alíquota específica, se não houver presunção da prestação correspondente ao serviço. A 3ª Câmara Julgadora do Conselho Municipal de Tributos já decidiu nesse sentido, nos autos do processo nº 6017.2016/0017834-0, cuja ementa transcrevemos a seguir:

> "ISS – SUP – EMPRESA INATIVA NÃO A DESOBRIGA DO CUMPRIMENTO DE SUAS OBRIGAÇÕES – CCM ATIVO E TFE RECOLHIDA REGULARMENTE – NO REGIME SUP É IRRELEVANTE A RECEITA OBTIDA NO PERÍODO, JÁ O ISS É CALCULADO EM

---

[73] Isso ocorre no Município de São Paulo, conforme estatui o "Caput" e inciso II do art. 15 da Lei nº 13.701, de 24/12/03, c/c a Lei nº 14.865, de 29/12/08, estabelecendo uma receita bruta mensal. A incidência mensal presente no texto legal constitui também a presunção quanto à prestação do serviço.

CAPÍTULO 4 – ASPECTOS COMPLEMENTARES RELATIVOS ÀS SOCIEDADES DE PROFISSIONAIS

FUNÇÃO DO NÚMERO DE PROFISSIONAIS HABILITADOS –
RECURSO CONHECIDO E NEGADO PROVIMENTO."

Vejamos as razões presentes no voto:

> "Em consonância com o regime especial, no qual a recorrente se encontra submetida, o ISS é calculado em função do número de profissionais habilitados no exercício da profissão, sendo irrelevante o valor da receita obtida no período. Ademais, não há previsão legal de não incidência do ISS sobre estabelecimentos inativos, enquadrados no regime especial de recolhimento, definido pelo caput e inciso II do art. 15 da Lei nº 13.701, de 24/12/03, c/c a Lei nº 14.865, de 29/12/08."

Assim, a presunção da prestação de serviço não implica qualquer inconstitucionalidade, porque o regime especial é de adesão voluntária do contribuinte. Destarte, o ISS será devido ainda que por um certo período a sociedade não tenha prestado serviço, fato que igualmente decorre do enquadramento no regime especial, pois uma vez que a incidência dos valores decorre de lei, a qual fixa a sua incidência mensal[74], independentemente da periodicidade dos recolhimentos realizados pela sociedade, a presunção tanto em relação à prestação de serviço, quanto à receita bruta é aplicável para a sociedade que se manteve enquadrada no regime especial. Tal fato não se verifica na tributação pelo movimento econômico, pois a incidência do ISS ocorre sobre a receita efetiva de serviços: se a sociedade não prestou serviços, não há imposto a recolher.

Destarte, no regime especial, conclui que a presunção é aplicada no critério quantitativo, relativamente ao *quantum* auferido, assim como no critério material, quanto à prestação de serviço, mesmo quando ela não houver ocorrido no caso concreto. Aqui, verificamos que o regime especial, embora benéfico em relação à tributação com base no movimento econômico, ele estabelece presunções que constituem traços diferenciadores do regime ordinário, no qual a tributação deriva dos serviços efetivamente prestados.

---

[74] Como exemplo, no Município de São Paulo a incidência é mensal, porém o recolhimento é realizado trimestralmente.

O REGIME ESPECIAL DO ISS

3. O Tipo de Lançamento Realizado no Regime Especial do ISS

Pode haver quem defenda que a modalidade de lançamento para o regime especial do ISS é de ofício, em razão de os elementos necessários aos recolhimentos periódicos estarem nos cadastros das Administrações Tributárias, com a declaração enviada pela sociedade afirmando que preenche os requisitos necessários ao enquadramento no regime especial do ISS. Porém, tal fato não implica, por si só, tal modalidade.

Vejamos como ocorre o enquadramento da sociedade no regime especial: o contribuinte declara seus dados fáticos e jurídicos e a legislação determina que o sujeito passivo antecipe o pagamento sem o prévio exame da autoridade fiscal, relativamente à declaração apresentada. Nesse caso, estaremos nos exatos termos do caput do artigo 150 do CTN, caracterizando o lançamento por homologação. Por exemplo, no Município de São Paulo o contribuinte faz uma declaração, a D-SUP, como condição necessária ao enquadramento, na qual informa uma série de dados pertinentes ao cumprimento dos requisitos legais. Com essa declaração, se a Administração Tributária realizar um exame, ainda que de cognição superficial e provisório, no ato da entrega da declaração em que a sociedade prestadora de serviço declare os preenchimentos dos requisitos do regime especial, como exemplo, a verificação de atendimento de requisitos negativos[75], o lançamento seria por homologação? A resposta é afirmativa, pois esse tipo de exame provisório e de cognição superficial não corresponde à homologação do lançamento. Vejamos os requisitos legais dessa modalidade de lançamento, conforme estatui o artigo 150 do CTN, que transcrevemos a seguir:

> Art. 150. O lançamento por homologação, que ocorre quanto aos tributos cuja legislação atribua ao sujeito passivo o dever de antecipar o pagamento sem prévio exame da autoridade administrativa, opera-se pelo ato em que a referida autoridade, tomando conhecimento da atividade assim exercida pelo obrigado, expressamente a homologa.

[75] Há Municípios em que, o simples fato de a sociedade ser de responsabilidade limitada, informação que consta na declaração, impede o enquadramento no regime especial do ISS. Esse exame em que são analisados de forma superficial alguns requisitos do regime especial não constitui homologação.

CAPÍTULO 4 – ASPECTOS COMPLEMENTARES RELATIVOS ÀS SOCIEDADES DE PROFISSIONAIS

§ 1º O pagamento antecipado pelo obrigado nos termos deste artigo extingue o crédito, sob condição resolutória da ulterior homologação ao lançamento.

§ 2º Não influem sobre a obrigação tributária quaisquer atos anteriores à homologação, praticados pelo sujeito passivo ou por terceiro, visando à extinção total ou parcial do crédito.

§ 3º Os atos a que se refere o parágrafo anterior serão, porém, considerados na apuração do saldo porventura devido e, sendo o caso, na imposição de penalidade, ou sua graduação.

§ 4º Se a lei não fixar prazo a homologação, será ele de cinco anos, a contar da ocorrência do fato gerador; expirado esse prazo sem que a Fazenda Pública se tenha pronunciado, considera-se homologado o lançamento e definitivamente extinto o crédito, salvo se comprovada a ocorrência de dolo, fraude ou simulação.

O Código Tributário Nacional apenas dispõe sobre os tipos de lançamento, mas em momento algum correlaciona o tipo de lançamento a um determinado tributo. Esta tarefa é realizada pela lei ordinária do ente tributante, o qual instituiu esse tributo. O contribuinte faz uma declaração sem o prévio exame da Administração Tributária, devendo realizar os recolhimentos periódicos (trimestrais, no caso de São Paulo). Aqui verificamos que essa declaração não é entregue com a mesma periodicidade dos pagamentos correspondentes, mas o fato de ser apenas uma declaração para vários pagamentos, ainda que seja renovada anualmente, tal lançamento se encontra dentro dos requisitos legais do lançamento por homologação, porque houve a declaração prévia, a antecipação do pagamento, ainda que a correspondência entre a declaração e os recolhimentos não seja unívoca, pois isso não é um requisito legal do lançamento por homologação, embora muitas vezes essa situação possa ocorrer. Além disso, a matéria informada é composta por dados de fato e de direito.

A seguir, vamos cotejar o lançamento do regime especial com as disposições do artigo 150 do CTN. O § 1º é plenamente aplicável, pois os pagamentos no regime especial do ISS extinguem o crédito tributário sob condição resolutiva da homologação correspondente. Esse fato legitima os lançamentos retroativos quando ocorre o desenquadramento da sociedade desse regime. Nesse caso, a condição resolutiva seria o desenquadramento da sociedade do regime especial do ISS. Além disso, a matéria informada na declaração é tanto de fato, como exemplo, o número de profissionais prestadores de serviço, quanto de direito, a qualificação dos profissionais e o tipo societário, por exemplo.

Restando atendidos os critérios estabelecidos na análise prévia da declaração, o enquadramento no regime especial deverá ocorrer, pois trata-se de ato vinculado, embora dependa de requerimento do interessado. Uma vez enquadrada, a sociedade passa a recolher o ISS fixo, para, em um momento posterior, haver o exame da autoridade tributária, a qual realizará a homologação, ou não, fato que caracteriza esse tipo de lançamento.

A homologação está relacionada à declaração que deu causa ao enquadramento, contemplando os pagamentos realizados até então, exceto aqueles que eventualmente tenham sido atingidos pela homologação tácita[76], se houver. Não restando verificados os requisitos necessários ao enquadramento no regime especial do ISS, a autoridade fiscal deverá proceder ao desenquadramento, verificando-se que não houve a extinção do crédito tributário em relação aos pagamentos realizados enquanto a sociedade esteve enquadrada no regime especial, uma vez que restou configurada a cláusula resolutória, disposta no § 1º do artigo 150 do CTN, o que determina a não extinção desses créditos tributários. A não homologação do enquadramento implica o cancelamento dos lançamentos realizados em regime especial no período em que os efeitos do desenquadramento retroagiram, caso o período seja inferior a cinco anos, para que seja feito novo lançamento com base no movimento econômico relativamente ao mesmo período, sendo a receita efetivamente auferida a base de cálculo para esses novos lançamentos em relação à prestação dos serviços. Haverá assim, cancelamento dos lançamentos ocorridos na vigência do regime especial para a lavratura dos autos de infração com base no movimento econômico, em razão da não aplicação da presunção vigente no regime especial. Essa conclusão será relevante na determinação do termo inicial do prazo decadencial, o qual constitui a data máxima para a incidência dos efeitos do desenquadramento retroagirem, o que determina quais créditos tributários poderão ser objetos da lavratura dos autos de infração. A determinação do termo inicial será discutida no item 5 deste Capítulo após analisarmos o procedimento de desenquadramento do regime especial.

---

[76] A homologação tácita está prevista no § 4º do artigo 150 do CTN.

CAPÍTULO 4 – ASPECTOS COMPLEMENTARES RELATIVOS ÀS SOCIEDADES DE PROFISSIONAIS

4. Os Tipos de Desenquadramento no Regime Especial do ISS Realizados pela Administração Tributária

Vimos que o contribuinte que entender reunir os requisitos legais necessários promove sua inscrição por meio da entrega de uma declaração e, a partir de então, passa a recolher o ISS no regime especial. No futuro, a autoridade fiscal pode intimar esse sujeito passivo, o qual deverá comprovar o preenchimento dos requisitos para permanecer no regime especial. Se estes não forem comprovados, haverá desenquadramento retroativo dessa sociedade até o limite do prazo decadencial se for o caso ou até a data em que restarem comprovados o descumprimento de, pelo menos, um desses requisitos. Em seguida, serão lavrados os autos de infração com base no movimento econômico nesse período em que os efeitos retroagirem. O desenquadramento produz o reflexo de desconstituir as presunções vigentes enquanto a sociedade esteve inscrita no regime especial.

Com base no que analisamos até aqui, fazemos as seguintes afirmações: 1) o enquadramento do contribuinte no regime especial possui caráter precário, não gerando direito adquirido somente em razão da entrega da declaração sem o correspondente exame da Administração Tributária de todos os elementos nela contidos; 2) o enquadramento concedido liminarmente pela Administração Tributária opera sob condição resolutiva[77], assim como os pagamentos correspondentes; 3) quando a fiscalização comprovar que a sociedade nunca cumpriu ou deixou de cumprir as condições necessárias para ser enquadrada no regime especial, o desenquadramento retroage à data em que os requisitos deixaram de ser verificados, respeitado o prazo decadencial de 5 anos.

Destarte, o despacho do desenquadramento implica a não homologação dos pagamentos realizados enquanto o contribuinte esteve inscrito no regime especial, para o período que não operou a homologação tácita.

Há outro caso de desenquadramento: aquele com base em alteração de critério jurídico ou com base em um ato normativo superveniente. Supondo que a sociedade tenha reunido os requisitos necessários à inscrição no regime

---

[77] No item 3 deste Capítulo, utilizamos o termo "resolutória" em razão de o legislador do CTN tê-lo assim adotado. Preferimos o termo "resolutiva", embora entendemos tratar-se de sinônimos.

especial e, em um instante posterior, o ente tributante edita uma lei, ou então, a Administração Tributária altera critério jurídico utilizado até então. Nesses casos, entendemos que o desenquadramento não poderá retroagir, mas poderá ser aplicado com efeitos prospectivos a partir da data da vigência da lei, observadas as limitações constitucionais do poder de tributar, ou da data em que passou a vigorar a alteração do critério jurídico. Veremos os tipos de desenquadramento que comentamos neste subitem a seguir.

4.1 Desenquadramento com Base nos Atributos do Contribuinte

Nesse caso, a sociedade nunca reuniu os requisitos necessários e foi liminarmente inscrita como sociedade de profissionais, ou então cumpria os requisitos no instante da inscrição e deixou de satisfazer algum deles a partir de um determinado instante após a entrega da declaração. Nesse caso, ocorre a retroação dos efeitos do desenquadramento, pois o enquadramento liminar do contribuinte com a entrega da declaração não produz direito adquirido.

Vejamos a apelação nº 0022088-19.2013.8.26.0053, julgada pela 14ª Câmara de Direito Público do TJSP cuja ementa a seguir transcrevemos:

> "APELAÇÃO. Ação Anulatória de Débito Fiscal. ISS. Regime especial. Sociedade uniprofissional. Alteração espontânea dos dados cadastrais, dando ensejo ao desenquadramento tributário da sociedade.
> Apelo Fazendário. Exercício de atividade empresarial desenvolvido desde 2005. Configurado. Desenquadramento retroativo. Ocorrido de forma acertada. Multa de 50% pelo não recolhimento. Cabimento. Juros de mora incidentes sobre a verba honorária. Condenação sentencial inexistente. Pleito não conhecido. Recurso provido.
> Apelo da autora. Honorários advocatícios fixados de forma irrisória. Recurso prejudicado."

A ementa deixa claro a alteração de dados do cadastro do contribuinte. Vamos ao voto:

> "Pelo documento juntado com a inicial às fls. 151, o auditor, na realização da ordem de diligência nº 87.079.470, verificou que muito embora

CAPÍTULO 4 – ASPECTOS COMPLEMENTARES RELATIVOS ÀS SOCIEDADES DE PROFISSIONAIS

a sócia Economista tivesse adentrado no quadro social apenas em novembro/2010, ela, de fato, já representava a sociedade em maio/2005. O fato fora apurado através da análise da cláusula 19 do contrato de prestação de serviços (CSS nº 20.660/04) firmado com a SABESP em 11/05/2005. Considerando-se que a sede da empresa foi transferida para o Município de São Paulo em 14/07/2005 (data do registro da terceira alteração do contrato social), se propôs a retroação da data de início do código de serviço 01520, conforme GDC em apenso, bem como a inclusão dos códigos de serviços 02658, 02879 e 03115, pelos serviços prestados pela sociedade. Como não se desconhece, é perfeitamente possível a revogação administrativa do benefício aludido, com data retroativa, desde apurado pela Municipalidade que a empresa autora, não poderia pagar o ISS nos moldes do artigo 9º, §3º, do Decreto-lei Nº 406/68."

Conforme se observa, a fiscalização detectou o descumprimento de um requisito para o enquadramento no regime especial do ISS, do qual, não entraremos no mérito, e realizou o desenquadramento retroativo. Com isso, foi possível tributar a sociedade com base no movimento econômico, porque não estando no regime especial não há que se presumir a receita bruta da prestação de serviços. No excerto do acórdão transcrito restou, sem qualquer dúvida, a possibilidade da retroação dos efeitos do desenquadramento do regime especial do ISS quando a sociedade inscrita não cumprir, pelo menos, um de seus requisitos.

Veremos a seguir o desenquadramento relativo à edição de ato normativo superveniente ou de alteração de critério jurídico pela autoridade fazendária.

4.2 Desenquadramento com Base em Ato Normativo[78] Superveniente ou Alteração Critério Jurídico

Situação diversa ocorre quando o desenquadramento se dá pela edição de um ato normativo superveniente, ou pela alteração de critério jurídico até

---

[78] Admitiremos nessa análise a possibilidade desse ato normativo ser lei formal, ou em sentido estrito, como também ato normativo infralegal.

então adotado pela autoridade fiscal e os contribuintes são desenquadrados em função do teor desse ato. No caso em tela, a sociedade reunia todos os requisitos necessários para o enquadramento no regime especial do ISS, mas, com a edição de novo ato normativo, ou adoção de novo critério jurídico, a sociedade deixa de reunir todos esses.

Iremos analisar inicialmente a edição de um novo ato normativo. Nesse caso, há duas possibilidades quanto à natureza do ato normativo: que ele seja lei formal, ou que seja ato infralegal. No primeiro caso, entendemos que, a princípio, a lei poderia retroagir se, e somente se, fosse de natureza interpretativa, mas não entraremos nessa discussão porque o conceito de lei interpretativa está longe de alcançar o consenso na doutrina. Apenas mostramos a existência dessa possibilidade. Nesse caso, não há que se falar na aplicação do artigo 146 do CTN[79], porque a alteração legislativa não está considerada entre as hipóteses de aplicação desse dispositivo.

Nos casos em que a lei não for interpretativa, não haveria retroação em razão do princípio da irretroatividade da lei, pois desenquadrar retroativamente com base nessa nova lei equivale a conferir efeitos retrospectivos a essas disposições legais.

No entanto, se a lei dispuser sobre um novo requisito, como exemplo: a sociedade que tiver faturamento superior a um milhão e duzentos mil reais não poderá ser incluída no regime especial. Essa lei não poderá retroagir, porque para ser qualificada como interpretativa, a lei reclama um objeto, ou seja, uma disposição legal para ser interpretada. Aqui, percebe-se claramente que a introdução de um novo requisito jurídico não reclama objeto normativo algum a ser interpretado. Destarte, a lei que introduz novo requisito para a sociedade de profissionais jamais poderá ser classificada como interpretativa.

Analisemos agora a situação quando ocorre a edição de um ato infralegal pela Administração Tributária, por meio de um exemplo: suponha que um

---

[79] Transcrevemos esse dispositivo: *"Art. 146. A modificação introduzida, de ofício ou em conseqüência de decisão administrativa ou judicial, nos critérios jurídicos adotados pela autoridade administrativa no exercício do lançamento somente pode ser efetivada, em relação a um mesmo sujeito passivo, quanto a fato gerador ocorrido posteriormente à sua introdução."* Perceba que o dispositivo em comento não contempla a lei em suas disposições, mas para essa espécie normativa aplica-se o princípio constitucional da irretroatividade, exceto quanto tratar-se de lei interpretativa.

CAPÍTULO 4 – ASPECTOS COMPLEMENTARES RELATIVOS ÀS SOCIEDADES DE PROFISSIONAIS

determinado Município edite uma norma infralegal, uma instrução normativa, a qual não permita que sociedades com sócios de formações acadêmicas distintas sejam enquadradas no regime especial do ISS. A questão inicial que surge é: esse ato infralegal pode retroagir?

Quanto ao ato normativo infralegal, há duas formas de posicionamento: na primeira, o legislador ao estatuir no inciso I do artigo 106 do CTN a qualificação "interpretativa", atribuiu tal natureza somente para lei formal ou em sentido estrito. O mesmo legislador, nesse diploma legal, deixou claro quando quis se referir à lei ou à legislação, então não há previsão legal quanto ao ato infralegal interpretativo. Na segunda, há quem entenda que os atos infralegais, assim como as leis, podem ter natureza interpretativa, podendo retroagir seus efeitos. Mas no caso em tela, isso não se verifica pelo fato do ato interpretativo estar introduzindo novo requisito, fato que evidentemente não lhe confere essa natureza, ainda que o ato se autodeclare interpretativo.

Se um ato normativo superveniente, seja lei ou qualquer ato infralegal, introduzir um novo requisito para o regime especial, ele não poderá ser qualificado como interpretativo. Embora não tenhamos adentrado nesse controverso conceito, é razoável supor que o ato normativo interpretativo não deve inovar a ponto de trazer algo que não existia, mas tão somente disporá sobre a interpretação de algo anteriormente existente. Destarte, o ato normativo interpretativo jamais introduziria um novo requisito para a sociedade de profissionais, mas trataria da interpretação de um requisito legal já existente ao tempo em que a lei que veio interpretar ingressou no mundo jurídico.

Outra situação ocorre quando, um órgão de julgamento ou de fiscalização passa a manifestar entendimento diverso daquele que vinha sendo aplicado. Nesse caso, a aplicação de novo critério jurídico somente poderá se dar para fatos imponíveis ocorridos a partir do início da adoção desse critério, sob pena de restar violado o artigo 146 do CTN. Destarte, a aplicação desse novo critério jurídico não poderá ocorrer para fatos imponíveis ocorridos anteriormente à data da adoção desse novo critério, razão pela qual o desenquadramento não poderá ter efeitos retroativos nesse caso.

Dessa discussão há uma dúvida: um ato infralegal pode dispor sobre um requisito necessário ao enquadramento? Responderemos essa questão no subitem seguinte.

O REGIME ESPECIAL DO ISS

4.2.1 A Possibilidade de um Ato Infralegal Dispor sobre Requisitos de Enquadramento

Os requisitos necessários ao enquadramento no regime especial compõem a regra-matriz de incidência tributária (RMIT) correspondente, portanto, os elementos devem estar necessariamente previstos em lei formal ou em sentido estrito e, no caso em tela, uma lei local. Destarte, tanto os requisitos positivos quanto os negativos devem estar previstos nessa espécie normativa, pois se assim não for, restará violado o princípio da legalidade, ao ato infralegal que introduzir esses atributos, ainda que negativos, ao critério material da RMIT. Recordemos esse critério e os seus elementos estabelecidos no Decreto-Lei nº 406/1969: 1) Ser sociedade; 2) Que preste os serviços previstos na Tabela 2 do Capítulo 1; 3) Serviços do item 2 (acima) prestados com pessoalidade; 4) Serviços do item 2 prestados com responsabilidade pessoal (técnica); E agora, em nosso exemplo, introduzimos novo requisito negativo do regime especial disposto em ato normativo infralegal: 5) Não ser sociedade de responsabilidade limitada.

Nesse exemplo fica evidente que o quinto requisito compõe a regra-matriz de incidência, pois, ao mesmo tempo em que a ausência de um requisito positivo impede o enquadramento, a presença de um requisito negativo produz o mesmo efeito. Por essa propriedade, resta demonstrado que o requisito negativo integra o critério material da RMIT do regime especial

Nesse caso, entendemos que o novo requisito, ainda que negativo, deva estar necessariamente previsto em lei formal. Ainda que o ato infralegal fosse um decreto, o mencionado princípio restaria violado e não estaria regulamentando coisa alguma, como preceitua o artigo 99 do CTN[80]. Não há espaço para os decretos autônomos no direito tributário, nem no que tange à regra-matriz de incidência.

Verificada as formas de desenquadramento, resta saber, no caso em que os seus efeitos retroagem, até quando pode ocorrer essa retroatividade. Para a determinação do limite da retroação dos feitos do desenquadramento, será necessário a análise do REsp nº 973.733 e da súmula nº 555 do STJ. Para

---

[80] Transcrevemos esse dispositivo: *"Art. 99. O conteúdo e o alcance dos decretos restringem-se aos das leis em função das quais sejam expedidos, determinados com observância das regras de interpretação estabelecidas nesta Lei."*

CAPÍTULO 4 – ASPECTOS COMPLEMENTARES RELATIVOS ÀS SOCIEDADES DE PROFISSIONAIS

aprofundarmos essa análise, será necessário verificar a aplicação do entendimento consolidado no recurso especial mencionado nos julgados do Conselho Municipal de Tributos.

5. Aplicação do REsp nº 973.733 e da Súmula nº 555 do STJ no Regime Especial do ISS

Vimos que havendo o desenquadramento com base nos atributos do contribuinte, seus efeitos devem retroagir até a data em que a sociedade deixou de reunir os requisitos legais para estar inscrita nesse regime. Surge assim a necessidade de se determinar o *dies a quo* do prazo decadencial, o que indicará até quando poderão operar os efeitos retroativos do desenquadramento. Esse termo inicial, quanto mais retroagir, maior tende a ser o valor da autuação lavrada pela Administração Tributária, por abranger um período mais extenso. A questão, em detalhes, é se o termo inicial do prazo decadencial deverá ser regido pelo disposto no artigo 150, § 4º do CTN, sendo este a data da ocorrência do fato gerador do ISS realizado há 5 anos, ou pelo artigo 173, inciso I dessa mesma lei, que considera o termo inicial como sendo o primeiro dia do exercício seguinte aquele em que o tributo deveria ter sido lançado.

Recorremos a um exemplo: suponha que um auditor fiscal desenquadrou, em dezembro de 2015, uma sociedade do regime especial do ISS, descobrindo que a sociedade não cumpria os requisitos desde o ano de 2008. É necessário determinar até quando o auditor fiscal poderá retroagir os efeitos para lavrar os autos de infração, ou seja, até qual mês e ano ele poderá lançar os créditos tributários com base no movimento econômico nos autos de infração que irá lavrar. Se o termo inicial for regido pelo § 4º do artigo 150 do CTN, o auditor poderá lançar retroativamente os créditos relativos a fatos imponíveis ocorridos desde o desenquadramento até dezembro de 2010. Caso o termo inicial seja determinado pelo artigo 173, inciso I do CTN, ele poderá lançar todo o período compreendido entre o desenquadramento e janeiro de 2010. Nesse caso, fica evidente a diferença entre os termos iniciais: nesse exemplo, foram 11 meses de autuação com imposto e multa com base no movimento econômico da sociedade. Mas, ocorre a pergunta: quais são os requisitos para ser aplicado um ou outro dispositivo, a fim de determinar o *dies a quo* do prazo decadencial? A resposta será dada nos subitens que seguem.

5.1 A Decadência

A decadência é forma de extinção do crédito tributário, prevista no inciso V do artigo 156 do CTN. Ela ocorre quando, após a ocorrência do fato imponível, constata-se a inércia da autoridade fiscal em realizar o lançamento, após o decurso do prazo de 5 anos. Com isso, o Fisco estará impedido de realizar o lançamento do crédito já decaído, pois restará fulminado o direito material do ente tributante, por força do artigo 156, V do CTN. Porém, é necessário que tal evento seja vertido em linguagem competente. SANTI (2011, p.102) disserta nesse sentido:

> "No direito tributário, decadência e prescrição operam sobre as fontes de produção de normas individuais e concretas, interrompendo o processo de positivação do direito tributário. Mas esses efeitos não se operam automaticamente: exigem reconhecimento do sistema jurídico. Por isso, tanto quanto as outras normas gerais e abstratas, a decadência e prescrição devem ser aplicadas, produzindo suas respectivas normas individuais e concretas.
> Provocam uma espécie de autofagia do direito, motivada pelo tempo: direito extingue direito, produzindo novo direito. Ao aplicar a regra da decadência, o sistema jurídico extingue o direito de constituir o ato administrativo de lançamento tributário, o direito ao crédito ou o direito de pleitear administrativamente o débito do Fisco."

Pelo excerto em tela, a decadência é uma norma jurídica contrária ao direito de lançar o tributo (caduco) do ente tributante.

Para que a decadência possa ser aplicada no caso concreto, é necessário determinar a partir de quando o seu prazo se inicia, ou seja, qual é o seu *dies a quo*. O CTN dispõe de regras que foram objeto de muita controvérsia e que o entendimento restou pacificado pelo julgamento do REsp. nº 973.733. Neste estudo, interessam apenas dois dispositivos do código mencionado: o primeiro está no § 4º do artigo 150. Vejamos o que está disposto:

CAPÍTULO 4 – ASPECTOS COMPLEMENTARES RELATIVOS ÀS SOCIEDADES DE PROFISSIONAIS

"§ 4º Se a lei não fixar prazo a homologação, será ele de cinco anos, a contar da ocorrência do fato gerador; expirado esse prazo sem que a Fazenda Pública se tenha pronunciado, considera-se homologado o lançamento e definitivamente extinto o crédito, salvo se comprovada a ocorrência de dolo, fraude ou simulação."

Constata-se que ele é referente a tributos lançados por homologação, como já vimos ser o caso do regime especial do ISS, determinando o termo inicial como sendo a data de ocorrência do fato gerador, apresentando adiante uma regra que excepciona o que foi anteriormente disposto: a ocorrência de dolo, fraude ou simulação.

O segundo dispositivo é o inciso I do artigo 173 do CTN:

"Art. 173. O direito de a Fazenda Pública constituir o crédito tributário extingue-se após 5 (cinco) anos, contados:
I – do primeiro dia do exercício seguinte àquele em que o lançamento poderia ter sido efetuado;"

Neste inciso, observa-se regra diversa para o *dies a quo*: o primeiro dia do exercício seguinte aquele em que o lançamento poderia ter sido efetuado, sendo este exercício seguinte, imediatamente após aquele em que ocorreu o fato imponível. Nesse caso, temos o seguinte exemplo: o valor do imposto a ser lançado em julho de 2010, de acordo com esse dispositivo, o prazo decadencial se inicia em 1º de janeiro de 2011. Indo mais além: se o prazo decadencial for regido pelo inciso em comento, todos os valores que deveriam ter sido lançados em cada um dos meses do ano de 2010 terão como termo inicial o primeiro dia do exercício de 2011. Portanto, esses lançamentos poderão ser realizados até 31 de dezembro de 2015[81]. Diante dessa possibilidade de aplicação de um ou outro dispositivo, o inciso I do artigo 173 ou do § 4º do artigo 150, ambos do CTN, vem a seguinte questão: em quais situações cada um deles é aplicável? SANTI (2011, p.116 a 119) estabelece cinco critérios para a composição das normas

---

[81] O lançamento é considerado realizado com a intimação do contribuinte. Destarte, essa intimação deve ocorrer até o último dia do ano de 2015, não bastando a lavratura do auto de infração pela autoridade fiscal.

O REGIME ESPECIAL DO ISS

jurídicas de decadência do direito do Fisco: (i) previsão ou não previsão de pagamento antecipado; (ii) ocorrência ou não ocorrência do pagamento antecipado; (iii) ocorrência ou não ocorrência de dolo, fraude ou simulação; (iv) ocorrência ou não ocorrência da notificação de medida preparatória; (v) ocorrência da anulação de lançamento anterior. Desses critérios, SANTI (2011, p.119) afirma que, com da combinação deles, decorrem seis regras quanto à aplicação dos dispositivos em comento, conforme tabela a seguir:

	Regras de decadência	Dispositivo aplicável (CTN)
(i)	regra da decadência do direito de lançar sem pagamento antecipado	Artigo 173, I
(ii)	regra da decadência do direito de lançar sem pagamento antecipado e com notificação	Artigo 173, parágrafo único (antecipação)
(iii)	regra da decadência do direito de lançar com pagamento antecipado	Artigo 150, §4º
(iv)	regra da decadência do direito de lançar com pagamento antecipado, ilícito e notificação	Artigo 173, parágrafo único (postergação)
(v)	regra da decadência do direito de lançar perante anulação do lançamento anterior	Artigo 173, II
(vi)	regra de decadência do direito de crédito do Fisco	Artigo 156, V

Tabela 6: Regras de decadência.

As regras estabelecidas na Tabela 6 são aquelas que determinarão o dispositivo que irá reger *dies a quo* do prazo decadencial. Adiantamos que a questão a ser respondida é se os pagamentos realizados na vigência do regime especial do ISS podem ser considerados "pagamentos antecipados" para o fim de determinar a regência do termo inicial do prazo decadencial, uma vez que os valores a serem lançados com base no movimento econômico no período em que o desenquadramento retroagiu não foram objeto de lançamento anterior. Como regra geral, caso sejam considerados pagamentos antecipados, aplica-se o artigo 150, § 4º do CTN, sendo o termo inicial a data em que ocorreu

CAPÍTULO 4 – ASPECTOS COMPLEMENTARES RELATIVOS ÀS SOCIEDADES DE PROFISSIONAIS

o fato gerador[82]. Porém antes, iremos ver como o STJ se pronunciou sobre a matéria.

5.2 O Entendimento Exarado do REsp nº 973.733/SC e Súmula nº 555 do STJ

O REsp 973.733, no qual o recorrente foi o Instituto Nacional da Seguridade Social (INSS) e como recorrido o Estado de Santa Catarina, foi apreciado no rito dos recursos repetitivos, previsto no artigo 543 – C do Código de Processo Civil de 1973.

Transcrevemos inicialmente a ementa do julgado:

> "PROCESSUAL CIVIL. RECURSO ESPECIAL REPRESENTATIVO DE CONTROVÉRSIA. ARTIGO 543-C, DO CPC. TRIBUTÁRIO. TRIBUTO SUJEITO A LANÇAMENTO POR HOMOLOGAÇÃO. CONTRIBUIÇÃO PREVIDENCIÁRIA. INEXISTÊNCIA DE PAGAMENTO ANTECIPADO. DECADÊNCIA DO DIREITO DE O FISCO CONSTITUIR O CRÉDITO TRIBUTÁRIO. TERMO INICIAL. ARTIGO 173, I, DO CTN. APLICAÇÃO CUMULATIVA DOS PRAZOS PREVISTOS NOS ARTIGOS 150, § 4º, e 173, do CTN. IMPOSSIBILIDADE.
>
> 1. O prazo decadencial quinquenal para o Fisco constituir o crédito tributário (lançamento de ofício) conta-se do primeiro dia do exercício seguinte àquele em que o lançamento poderia ter sido efetuado, nos casos em que a lei não prevê o pagamento antecipado da exação ou quando, a despeito da previsão legal, o mesmo inocorre, sem a constatação de dolo, fraude ou simulação do contribuinte, inexistindo declaração prévia do débito (Precedentes da Primeira Seção: REsp 766.050/PR, Rel. Ministro Luiz Fux, julgado em 28.11.2007, DJ 25.02.2008; AgRg nos EREsp 216.758/SP, Rel. Ministro Teori Albino Zavascki, julgado em 22.03.2006, DJ 10.04.2006; e EREsp 276.142/SP, Rel. Ministro Luiz Fux, julgado em 13.12.2004, DJ 28.02.2005).

---

[82] Retomando o exemplo que mencionamos: se aplicarmos o artigo 150, § 4º do CTN, o imposto que deveria ter sido lançado em julho de 2010, vamos supor que o dia a ser lançado é o primeiro dia do mês, o lançamento poderá ocorrer até 30 de junho de 2015. Assim, fica clara a diferença entre a aplicação de um ou de outro dispositivo.

2. É que a decadência ou caducidade, no âmbito do Direito Tributário, importa no perecimento do direito potestativo de o Fisco constituir o crédito tributário pelo lançamento, e, consoante doutrina abalizada, encontra-se regulada por cinco regras jurídicas gerais e abstratas, entre as quais figura a regra da decadência do direito de lançar nos casos de tributos sujeitos ao lançamento de ofício, ou nos casos dos tributos sujeitos ao lançamento por homologação em que o contribuinte não efetua o pagamento antecipado (Eurico Marcos Diniz de Santi, "Decadência e Prescrição no Direito Tributário", 3ª ed., Max Limonad, São Paulo, 2004, págs. 163/210).

3. O *dies a quo* do prazo qüinqüenal da aludida regra decadencial rege-se pelo disposto no artigo 173, I, do CTN, sendo certo que o *"primeiro dia do exercício seguinte àquele em que o lançamento poderia ter sido efetuado"* corresponde, iniludivelmente, ao primeiro dia do exercício seguinte à ocorrência do fato imponível, ainda que se trate de tributos sujeitos a lançamento por homologação, revelando-se inadmissível a aplicação cumulativa/concorrente dos prazos previstos nos artigos 150, § 4º, e 173, do *Codex* Tributário, ante a configuração de desarrazoado prazo decadencial decenal (Alberto Xavier, "Do Lançamento no Direito Tributário Brasileiro", 3ª ed., Ed. Forense, Rio de Janeiro, 2005, págs. 91/104; Luciano Amaro, "Direito Tributário Brasileiro", 10ª ed., Ed. Saraiva, 2004, págs. 396/400; e Eurico Marcos Diniz de Santi, "Decadência e Prescrição no Direito Tributário", 3ª ed., Max Limonad, São Paulo, 2004, págs. 183/199).

5. *In casu*, consoante assente na origem: (i) cuida-se de tributo sujeito a lançamento por homologação; (ii) a obrigação *ex lege* de pagamento antecipado das contribuições previdenciárias não restou adimplida pelo contribuinte, no que concerne aos fatos imponíveis ocorridos no período de janeiro de 1991 a dezembro de 1994; e (iii) a constituição dos créditos tributários respectivos deu-se em 26.03.2001.

6. Destarte, revelam-se caducos os créditos tributários executados, tendo em vista o decurso do prazo decadencial qüinqüenal para que o Fisco efetuasse o lançamento de ofício substitutivo.

7. Recurso especial desprovido. Acórdão submetido ao regime do artigo 543-C, do CPC, e da Resolução STJ 08/2008."

CAPÍTULO 4 – ASPECTOS COMPLEMENTARES RELATIVOS ÀS SOCIEDADES DE PROFISSIONAIS

A seguir, os tópicos 1 a 5 da ementa são analisados.

O tópico 1 menciona que o prazo decadencial é de 5 anos e que se aplica o artigo 173, I do CTN no *dies a quo* para os lançamentos de ofício e por declaração e ainda nos lançamentos por homologação sem que haja a declaração prévia do crédito e ainda sem a ocorrência de dolo fraude ou simulação. Observa-se a seguinte regra: *no lançamento por homologação, se não houve declaração prévia do crédito tributário, nem dolo, fraude ou simulação, aplica-se o artigo 173, I do CTN, sendo o termo inicial do prazo decadencial o primeiro dia do exercício seguinte aquele em que o tributo poderia ter sido lançado.*

No tópico 2, há a menção da existência de cinco das seis regras que foram mencionadas na Tabela 6, assim como os reflexos do decurso de prazo decadencial para a autoridade fiscal, ou seja, *após o término do prazo decadencial a autoridade fica impedida de realizar o lançamento.*

A análise do tópico 3 demonstra que *o exercício seguinte aquele em que o tributo poderia ter sido lançado corresponde ao exercício imediatamente posterior aquele em que ocorreu o fato imponível.* O tópico menciona ainda o entendimento jurisprudencial de que não há aplicação cumulativa dos artigos 150, § 4º e 173 do CTN, decorrendo a conclusão de que a tese dos "cinco mais cinco" não encontrou amparo no entendimento desse órgão julgador.

Observa-se que não há o tópico 4 no texto da ementa. O tópico 5 menciona os fatos do caso *sub judice*: tributo, contribuição previdenciária, sujeito a lançamento por homologação em que não se verificou o pagamento entre janeiro de 1991 a dezembro de 1995 e que o lançamento correspondente ocorreu em 26 de março de 2001.

A ementa reflete as razões do voto, de modo que ela sintetiza o conteúdo da decisão. Conforme o item 2 da ementa, o STJ referendou as regras expostas na Tabela 6, de modo que, as regras de decadência (i) e a (iii) serão objeto de nossa análise.

Vejamos o enunciado da súmula nº 555 do STJ:

> "Quando não houver declaração do débito, o prazo decadencial quinquenal para o Fisco constituir o crédito tributário conta-se exclusivamente na forma do art. 173, I, do CTN, nos casos em que a legislação atribui ao sujeito passivo o dever de antecipar o pagamento sem prévio exame da autoridade administrativa."

O REGIME ESPECIAL DO ISS

A súmula nº 555, cujo teor está contido no item 1 da ementa do REsp nº 973.733, levanta um debate acerca da declaração que inscreve a sociedade no regime especial: essa declaração pode ser considerada a declaração dos débitos a serem pagos durante o seu período de validade, desde que a sociedade esteja inscrita no regime especial, ou seja, a declaração para inclusão no regime especial pode ser considerada a declaração dos créditos tributários relativos ao enquadramento da sociedade no regime especial? Entendemos que sim, porque no instante em que a sociedade é enquadrada no regime especial, ela fica sujeita a uma receita bruta fixa estatuída por lei, a qual constitui presunção absoluta. Tal conclusão, no entanto, não se aplica se a sociedade for desenquadrada retroativamente do regime especial, relativamente aos débitos a serem lançados com base no movimento econômico, porque estes não foram objeto de qualquer declaração anterior. Mas aqui, há uma nova questão: e se a legislação tributária municipal determinar a emissão de notas fiscais eletrônicas para a sociedade inscrita no regime especial, então assim haverá a declaração dos débitos a serem lançados com base no movimento econômico em período anterior à sociedade ser desenquadrada? Entendemos que não, porque enquanto a sociedade estiver enquadrada no regime especial, a nota fiscal simplesmente constitui uma obrigação tributária acessória sem qualquer relação com o lançamento, porque a receita bruta de serviços constitui uma presunção relativa e esse valor legalmente presumido é o objeto do lançamento. Por essa razão, não há motivo para ela declarar algo que, juridicamente, não é o débito, porque não é objeto de obrigação tributária principal alguma.

É necessário ainda analisar em mais detalhes o teor da súmula: se não houver declaração dos débitos deve ser aplicado o artigo 173, inciso I do CTN. Se houve declaração[83], não significa que será aplicado o artigo 150, § 4º da mesma lei. O artigo 173, inciso I pode ser aplicado por outras razões que não essa. Nesse ponto, será necessário recorrer às regras mencionadas na ementa do REsp nº 973.733 da Tabela 6. Porém, para melhor compreensão do tema vamos lançar mão da análise de julgados do Conselho Municipal de Tributos, nos quais vamos expor os casos concretos.

---

[83] Se houver declaração, entendemos que os créditos declarados não serão objeto de decadência, mas de prescrição.

CAPÍTULO 4 – ASPECTOS COMPLEMENTARES RELATIVOS ÀS SOCIEDADES DE PROFISSIONAIS

5.3 O Contencioso Administrativo – A Aplicação do Entendimento do REsp 973.733 no Desenquadramento das Sociedades do Regime Especial do ISS na Determinação do Termo Inicial do Prazo Decadencial

No Conselho Municipal de Tributos de São Paulo (CMT), observa-se que o entendimento consagrado no REsp nº 973.733 vem sendo aplicado nos julgamentos de autos de infração lançados com base no movimento econômico que resultaram do desenquadramento de sociedades uniprofissionais, uma vez que possui efeito retrospectivo[84], quando não houve o cumprimento de pelo menos um dos requisitos impostos pela lei. Há também o efeito de caráter prospectivo do desenquadramento, uma vez que a partir dele, a sociedade passará a ser tributada pelo movimento econômico nos períodos subsequentes.

A nossa análise será verificar se a aplicação do entendimento firmado no julgamento do REsp nº 973.733 no desenquadramento do regime especial será baseada em se considerar ou não os pagamentos realizados na época em que o contribuinte esteve inscrito no regime especial do ISS como antecipação do pagamento. Caso possam assim ser considerados, a determinação do termo inicial do prazo decadencial será regida pelo artigo 150, § 4º do CTN. Caso contrário, o dispositivo a ser aplicado é o 173, I do CTN. Essa aplicação está diretamente relacionada com o cancelamento ou com a manutenção de determinados autos de infração lavrados retroativamente, relativamente ao período correspondente à diferença temporal dos dois termos iniciais determinados por esses dois dispositivos. Passemos à análise dos acórdãos.

---

[84] O Tribunal de Justiça do Estado de São Paulo já se pronunciou sobre os efeitos retroativos do desenquadramento: *"AGRV.Nº: 0149681-64.2011.8.26.0000 – 15ª Câmara de Direito Público. EMENTA: AGRAVO AÇAO ORDINÁRIA – ISS de 2006 a 2009. Alegada sociedade de médicos Hospital com diversas especialidades – Inexistência, pois no contrato social consta que uns dos sócios é administrador e não existe indício de que seja, também, médico Desenquadramento do regime fixo para o comum com efeitos retroativos Possibilidade prevista no CTN, art. 147, § 2º – Ausência de verossimilhanças nas alegações Antecipação de tutela cassada Litigância de má fé não demonstrada – RECURSO DA MUNICIPALIDADE PROVIDO PARCIALMENTE para cassar a antecipação dos efeitos da tutela."*

5.3.1 Análise dos Acórdãos do Conselho Municipal de Tributos (CMT) Relativas ao Desenquadramento de Sociedades – Determinação do dies a quo do Prazo Decadencial

Neste subitem, serão analisadas algumas decisões do CMT que enfrentaram a determinação do termo inicial do prazo decadencial relacionado com o processo de desenquadramento do regime especial, quanto aos pagamentos realizados enquanto o contribuinte esteve inscrito no regime especial.

Nos casos que veremos, em regra, os pagamentos realizados no período em que a sociedade esteve enquadrada no regime especial foram reconhecidos como "pagamentos antecipados", determinando a aplicação do artigo 150, § 4º do CTN, na definição do termo inicial do prazo decadencial. Esse era o entendimento que prevaleceu por um período, com pequenas divergências quanto a um detalhe, tal como na 1ª Câmara Julgadora, a qual se resumia quanto às incidências[85] decaídas relativamente aos pagamentos, ou seja: os pagamentos do regime especial pela legislação do Município de São Paulo eram trimestrais e ocorriam nos meses de abril, julho, outubro e janeiro. No entanto, os pagamentos nesses meses se referiam ao trimestre imediatamente anterior[86]. Assim, o pagamento realizado em abril era relativo aos meses de janeiro a março; o recolhimento em julho contemplava os meses de abril a junho e assim por diante. Havia Conselheiros que tinham o seguinte entendimento: o pagamento realizado abrangia o trimestre imediatamente anterior, como determina a legislação, portanto um pagamento estava relacionado a três meses. Destarte, ocorrendo pagamento, por exemplo, em abril, aplicava-se o § 4º do artigo 150 do CTN para os meses de janeiro, fevereiro e março. Outros, que compunham uma minoria, entendiam pela aplicação do

---

[85] As incidências correspondem aos meses. Assim, um exercício corresponde a um ano, ou doze incidências.

[86] Transcrevemos o § 1º do artigo 72 do Decreto nº 56.378/2015, dispositivo relacionado com essa discussão:

"*§ 1º. As sociedades constituídas na forma do artigo 19 deste regulamento devem recolher o Imposto trimestralmente, calculado na conformidade do § 3º do artigo 19 deste regulamento, com vencimento no dia 10 (dez) do mês subsequente a cada trimestre, de acordo com a tabela a seguir:*

Trimestre:	Vencimento do Imposto em:
janeiro, *fevereiro e março*	*10 de abril*
abril, *maio e junho*	*10 de julho*
julho, *agosto e setembro*	*10 de outubro*
outubro, *novembro e dezembro*	*10 de janeiro*"

CAPÍTULO 4 – ASPECTOS COMPLEMENTARES RELATIVOS ÀS SOCIEDADES DE PROFISSIONAIS

§ 4º do artigo 150 do CTN somente para os meses em que o pagamento foi realizado, portanto o termo inicial do prazo decadencial seria determinado pelo artigo 150, § 4º do CTN somente para as incidências em que houve recolhimento (janeiro, abril, julho e outubro) e, quanto aos demais meses, deveria ser aplicado o artigo 173, I do CTN. Esses dois entendimentos partiam da premissa de que os valores recolhidos enquanto o contribuinte estivesse inscrito no regime especial caracterizava antecipação do pagamento capaz de legitimar a aplicação do artigo 150, § 4º do CTN. Iremos analisar os acórdãos, de algumas Câmaras Julgadoras que apreciaram a questão.

Transcrevemos a ementa do PA 2013-0.376.037-8, julgado pela 1ª Câmara:

> "ISS – EX. 2008 A 2012 – DESENQUADRAMENTO DE REGIME ESPECIAL DE RECOLHIMENTO SOCIEDADE UNIPROFISSIO-NAL (SUP) – RENOVAÇÃO DA DISCUSSÃO ACERCA DOS FATOS QUE DETERMINARAM A EXCLUSÃO DA RECORRENTE DO REGIME ESPECIAL DE RECOLHIMENTO – IMPOSSIBILIDADE – NÃO COMPETÊNCIA DO CMT PARA ANÁLISE DE MÉRITO NOS TERMOS DO ART. 53, DA LEI 14.107/2003. EXISTÊNCIA DE RECOLHIMENTOS – RECONHECIMENTO, DE OFÍCIO, DE OCORRÊNCIA DE DECADÊNCIA, NOS TERMOS DO ART. 150, § 4º, DO CTN – RETIFICAÇÃO DE AUTO DE INFRAÇÃO."

O texto é explícito ao mencionar que houve o desenquadramento de uma sociedade de profissionais e que com a existência dos recolhimentos, foi aplicado o artigo 150, § 4º do CTN. A Relatora, em seu voto, menciona:

> "Através do processo administrativo nº 2008-0.347.392-0, consoante decisão publicada no DOC de 02/02/2011 (fls. 155), a Recorrente foi desenquadrada de ofício da condição de sociedade sujeita a regime especial de recolhimento retroativamente à 27/11/2006, por não atender aos requisitos legais para tratamento fiscal diferenciado dispensado às "sociedades de profissionais", a teor do determinado pelo artigo 15, da Lei 13.701/2003. (...)
>
> Entretanto, ainda preliminarmente, no tocante à decadência, observa-se que o auto de infração nº 6.672.746-4, referente ao exercício de

O REGIME ESPECIAL DO ISS

2008, foi lavrado em 26/06/2013. Ocorre que, no DLP de fls. 50 consta recolhimento de ISS pelo contribuinte referente aos serviços prestados por técnico em contabilidade, relativamente ao trimestre abril, maio e junho/2008, de maneira que, de ofício, a decadência deve ser decretada, nos termos do disposto no artigo 150, § 4º, do CTN, a fim de que o auto de infração nº 6.672.746-4 seja retificado, excluindo-se as incidências 04/2008, 05/2008 e 06/2008, devendo as demais incidências deste AII serem mantidas, assim como os demais autos de infração, nos termos em que foram lavrados."

Restou demonstrado que o entendimento consubstanciado no REsp nº 973.733 prevaleceu nesse julgado. Nesse caso, os pagamentos realizados na vigência do regime especial foram considerados como antecipação do pagamento para o fim da aplicação do artigo 150, § 4º. Passemos ao acórdão da 2ª Câmara, no PA 2014-0.235.456-4, com a seguinte ementa:

"ISS – EXERCÍCIOS DE 2008 A 2013 – DECADÊNCIA – CONSIDERADOS OS PAGAMENTOS REALIZADOS NO REGIME ESPECIAL – A SISTEMÁTICA DE APURAÇÃO E DE RECOLHIMENTO TRIMESTRAL NÃO AFASTA A INCIDÊNCIA MENSAL DO ISS – OCORRÊNCIA DA DECADÊNCIA DO PERÍDO DE 01/2008 A 09/2008, NOS TERMOS DO ART. 150, § 4º DO CTN – RECURSO CONHECIDO E PARCIALMENTE PROVIDO – RETIFICAÇÃO DOS AUTOS DE INFRAÇÃO Nº 6.679.108-1 e 6.679.117-0."

Neste julgado, observa-se a divergência se os pagamentos devem ser considerados relativamente aos trimestres ou somente ao mês em que se verificou o pagamento, conforme já mencionado. Prevaleceu a primeira posição. O excerto do voto divergente explicita a discussão e ressalva o entendimento pessoal do Conselheiro que o proferiu entendendo que os pagamentos realizados no regime especial não devem ser considerados pagamentos antecipados, sendo, no entanto, vencido nesta parte:

"Assim, a despeito inclusive de meu entendimento pessoal de que não teria ocorrido a decadência, já que defendo que os pagamentos

CAPÍTULO 4 – ASPECTOS COMPLEMENTARES RELATIVOS ÀS SOCIEDADES DE PROFISSIONAIS

realizados pelo contribuinte são reportáveis a outra operação (regime especial), devendo, pois, ser aplicada, na apuração do ISS pela movimentação econômica (operações específicas), a regra de decadência prescrita no art. 173, I e não aquela constante do art. 150, § 4º, ambos do CTN, como nos precedentes anteriores citados fui vencido em primeira votação, e privilegiando a supremacia do órgão, acolho, também neste julgamento, a tese então vencedora."

Nesse caso, o Conselheiro do voto divergente entendeu que os pagamentos realizados durante a vigência do regime especial se reportam a outra operação. Em nosso entendimento, não se trata de outra operação, mas de outro lançamento que se reporta à regra matriz de incidência diversa da tributação sobre o movimento econômico, a qual possui diferenças tanto no critério material como no quantitativo, conforme já expusemos no Capítulo 1.

Entendemos que o desenquadramento promoveu o cancelamento dos lançamentos realizados na vigência do regime especial, concedendo aos contribuintes o direito à restituição dos valores recolhidos durante a vigência desse regime. É importante destacar que os créditos tributários objetos dos autos de infração decorrentes do desenquadramento não foram originados do mesmo lançamento que os créditos do regime especial e nem poderiam, em razão das diferenças entre as regra-matrizes de incidência do ISS de cada regime. Assim, em nosso entendimento, não fica caracterizado pagamento parcial, o que, impede o reconhecimento dos recolhimentos como pagamento antecipado.

Entendemos ainda que a decisão do REsp nº 973.733 tratou o pagamento antecipado como um pagamento parcial do crédito declarado. No caso analisado pelo STJ, não houve qualquer alteração de regime de tributação com regras matrizes distintas, o que implica utilizar um julgado para uma situação fática diversa. Além disso, parece surgir uma incongruência: se o crédito foi declarado, então houve lançamento. Assim, ele deixou de ser objeto de decadência para ser objeto de prescrição. Explico: suponha um débito declarado de $100, mas que foi pago somente $10. Houve pagamento antecipado e parcial. No entanto, os $ 90 relativos à diferença devida foram lançados, então deveriam estar sujeitos à prescrição, não à decadência. Outro caso seria: um débito de $100, porém, que foi declarado $ 40 e recolhido somente $ 10. Nesse caso,

O REGIME ESPECIAL DO ISS

$ 60 estaria sujeito à decadência e, aplicando a súmula nº 555 do STJ, incidiria o artigo 173, I do CTN, uma vez que não houve declaração relativamente a esse valor. Quanto ao valor de $ 30, declarado e não pago, estaria sujeito à prescrição. Porém, no casso do desenquadramento da sociedade do regime especial, já afirmamos ao analisarmos a súmula nº 555 do STJ que os débitos do movimento econômico não foram declarados anteriormente ao desenquadramento, razão pela qual, deveria ter sido aplicado o artigo 173, inciso I do CTN. Prosseguimos em nossa análise de outros julgados do CMT.

Passemos ao que decidiu a 3ª Câmara Julgadora, com a ementa do julgado do PA 2014-0.178.326-7:

"DESENQUADRAMENTO RETROATIVO DO REGIME ESPECIAL DE TRIBUTAÇÃO (SUP) E CORRESPONDENTE LANÇAMENTO DO ISS – OBRIGAÇÕES PRINCIPAIS E ACESSÓRIAS – 2008 A 2013. DECADÊNCIA PARCIAL DO ISS LANÇADO, EM VIRTUDE DO RECOLHIMENTO EFETUADO NO REGIME DE SUP E CORRESPONDENTE APLICAÇÃO DO ARTIGO 150, § 4º DO CTN. TRIBUTAÇÃO NO LOCAL DA OBRA DE SERVIÇOS PRESTADOS DE ENGENHARIA – CÓD. TRIB. 01520. NÃO CONHECIMENTO PARCIAL DO RECURSO, RELATIVAMENTE AO MÉRITO E RETROATIVIDADE DO DESENQUADRAMENTO DO REGIME TRIBUTÁRIO DE SUP. PROVIMENTO DO MÉRITO QUANTO À DECADÊNCIA PARCIAL DO ISS LANÇADO, EM VIRTUDE DA APLICABILIDADE DO ARTIGO 150, § 4º DO CTN AO PRESENTE CASO. NÃO PROVIMENTO DO MÉRITO RELATIVAMENTE AO LOCAL DE TRIBUTAÇÃO, EM RAZÃO DE SER O SERVIÇO EM QUESTÃO TRIBUTADO NO LOCAL DO ESTABELECIMENTO PRESTADOR, E NÃO NO LOCAL DA PRESTAÇÃO."

Desnecessário adentrar mais uma vez nas razões do voto vencedor, uma vez que a ementa reflete o teor da decisão quanto ao termo inicial do prazo decadencial. Passemos ao *decisum* da 4ª Câmara Julgadora:

"ISS – INCOMPETÊNCIA DO CONSELHO MUNICIPAL DE TRIBUTOS – APRECIAÇÃO DE DESENQUADRAMENTO – ARTIGOS 79

CAPÍTULO 4 – ASPECTOS COMPLEMENTARES RELATIVOS ÀS SOCIEDADES DE PROFISSIONAIS

E 80 DA LEI MUNICIPAL N.º 14.107/2005 – INC. II DO ART. 7º DO REGIMENTO INTERNO. DECADÊNCIA – § 4º DO ART. 150 DO CÓDIGO TRIBUTÁRIO NACIONAL – PAGAMENTO REALIZA-DOS COMO SOCIEDADE PROFISSIONAL, NAS INCIDÊNCIAS 03, 06 E 09/2008 – RECONHECIMENTO DE PAGAMENTO A MENOR – DESNECESSIDADE DE REVISÃO DE LANÇAMENTO – OPERAÇÕES SUJEITAS A ALÍQUOTA CONTIDAS NO AUTO DE INFRAÇÃO."

Em alguns dos julgados mencionados, o respectivo relator chega inclusive a mencionar, na fundamentação, o REsp nº 973.733, o que demonstra a aplicação do entendimento fixado nesse julgado pelo STJ, embora esse não seja o nosso entendimento.

Observou-se, em todos os casos expostos, a aplicação da regra (iii) "regra da decadência do direito de lançar com pagamento antecipado", determinando o *dies a quo* do prazo decadencial o artigo 150, § 4º do CTN, sendo o termo inicial a data da ocorrência do fato imponível.

6. Análises e Reflexões

No caso em tela, observa-se que a situação analisada nos processos administrativos contém um primeiro aspecto que não foi objeto de análise do recurso repetitivo: a alteração de regime de tributação, de especial, em que a base de cálculo era o número de profissionais habilitados ao exercício do objeto social do prestador de serviço multiplicado por uma receita presumida em lei, para outro, em que a base de cálculo é o preço do serviço. A alteração do regime de tributação permite que os valores recolhidos no regime anterior tenham a natureza de pagamento antecipado para a determinação do termo inicial do prazo decadencial? Vejamos.

CARVALHO (2011, p. 400) lança ensinamentos sobre a base de cálculo:

"Temos para nós que a base de cálculo é a grandeza instituída na consequência da regra-matriz tributária, e que se descortina, primordialmente, a dimensionar a intensidade do comportamento inserto no núcleo do fato jurídico, para que, combinando-se à alíquota, seja determinado o valor da prestação pecuniária. Paralelamente, tem a virtude de confirmar, infirmar ou afirmar o critério material expresso na composição do suposto normativo. A versatilidade categorial desse instrumento jurídico se apresenta em três funções distintas: a) medir as proporções reais do fato; b) compor a específica determinação da dívida; e c) confirmar, infirmar ou afirmar o verdadeiro critério material da descrição contida no antecedente da norma."

Quanto à letra "c", o CARVALHO (2011, p. 404) explica:

"Eis a base de cálculo, na sua função comparativa, confirmando, infirmando ou afirmando o verdadeiro critério material da hipótese tributária. Confirmando, toda vez que houver perfeita sintonia entre o padrão de medida e o núcleo do fato dimensionado. Infirmando, quando for manifesta a incompatibilidade entre a grandeza eleita e o acontecimento que o legislador declara como a medula da previsão fáctica. Por fim, afirmando, na eventualidade de ser obscura a formulação legal, prevalecendo, então, como critério material da hipótese, a ação-tipo que está sendo avaliada."

Cotejando as bases de cálculo dos dois regimes, observamos que a grandezas por elas medidas são distintas: uma é obtida em função do número de profissionais, presumindo uma quantidade maior de serviços prestados conforme o seu número, e; a outra, pela somatória do preço de cada serviço prestado em uma determinada incidência (mês). Esta divergência de parâmetros impede que se possa estabelecer uma correlação entre os lançamentos realizados no regime especial e aquele baseado no movimento econômico após o desenquadramento, porque o número de colabores não está necessariamente relacionado com a receita de serviços. Por essa diferença entre as bases de cálculo, não podemos afirmar que o lançamento relativo ao regime especial foi retificado, mas cancelado. Se um dos elementos essenciais do lançamento é *"calcular o montante do tributo"* e as fórmulas de cálculo não são idênticas, não há que se falar em retificação do lançamento, mas em cancelamento do lançamento realizado enquanto a sociedade permaneceu no regime especial

CAPÍTULO 4 – ASPECTOS COMPLEMENTARES RELATIVOS ÀS SOCIEDADES DE PROFISSIONAIS

e novo lançamento com base no movimento econômico. Observa-se assim que não se trata tão somente de uma mera alteração de regime quanto à periodicidade dos pagamentos, mas de lançamentos realizados em parâmetros distintos, os quais não mantêm correlação alguma.

Ocorre que o REsp nº 973.733 não enfrentou tal situação, de modo que aplicar a regra (iii) nos casos de desenquadramento do regime especial implica ir além do entendimento firmado nesse julgado. Isto equivale afirmar que está sendo aplicado o mesmo entendimento fixado no julgado para situações fáticas distintas. Recorremos aos ensinamentos de SANTI (2011, p.117):

> "Entendemos que o sentido de pagar aqui não se restringe ao ato de entregar dinheiro a outrem com o fim de extinguir o liame de caráter patrimonial. Antes de pagar, o contribuinte há de empreender a constituição do crédito, necessária para identificá-lo, pois não é possível extinguir o que juridicamente não existe. Para extingui-lo requer-se antes criá-lo. É o que o pagamento antecipado exige. A mera entrega de direito aos cofres públicos não constitui pagamento de tributo, tampouco processa a extinção do crédito tributário."

Retornamos à situação analisada: a autoridade fiscal, ao desenquadrar o sujeito passivo, lavra os autos de infração relativamente a período passado (na época em que havia o enquadramento em regime especial). Conforme mencionado, o desenquadramento implica a não homologação dos pagamentos realizados, ou seja, operou-se a condição resolutiva, impedindo que haja a extinção do crédito tributário decorrente do regime especial. Nesse caso, conforme o entendimento contido no excerto transcrito de SANTI, os valores recolhidos não podem ser considerados "pagamentos", para efeito de aplicação do artigo 150, § 4º do CTN. Então, o sujeito passivo deve ser autuado na integralidade do valor total relativo ao movimento econômico, podendo ingressar com pedido de restituição quanto ao que foi recolhido relativamente ao período em que esteve enquadrado no regime especial. Não foi esse o entendimento que prevaleceu, conforme os excertos dos julgados transcritos em nossa análise.

O Tribunal de Justiça do Estado de São Paulo, em um caso relativo ao ICMS, já manifestou entendimento favorável quanto à existência de eventuais pagamentos, entendendo que não é qualquer pagamento que autoriza a aplicação do artigo 150, § 4º do CTN, mas aquele que se reporte ao fato gerador ocorrido[87]. Destarte, a ausência de conexão entre o objeto da autuação, a qual é baseada no movimento econômico e os pagamentos realizados no regime especial, em razão de constituírem lançamentos distintos por se reportarem às regras matrizes de incidência diferentes entre si, não autorizam a interpretação dos recolhimentos como pagamento antecipado para o fim da aplicação do artigo 150, § 4º. Esse é o nosso entendimento.

Porém, houve casos em que a autoridade fiscal lançou as diferenças relativas a cada incidência apropriando os valores já recolhidos. Tal fato levou as Câmaras Julgadoras do CMT a interpretarem tal apropriação, como efetivo pagamento, legitimando a aplicação da data do fato imponível como o termo inicial do prazo decadencial. A 1ª Câmara Julgadora no mandato (2016-2018) apresentou entendimento divergente quanto ao *dies a quo* do prazo decadencial em casos de desenquadramento do regime especial. Transcrevemos a ementa do PA 6017.2015/0001188-5 (processo eletrônico):

> "ISS. Item 7.01 da Lista de Serviços. Não conhecimento de pedido para reenquadramento do contribuinte na condição de SUP. Precedente das Câmaras Reunidas. Ausência de competência do CMT por existirem órgãos próprios da Administração para exame da questão. Autos de Infração lavrados na forma da legislação. Ausência de nulidade. Impossibilidade do aproveitamento de recolhimentos efetivados sob outro código de serviço. Ausência de norma municipal que discipline o instituto da compensação. Recurso parcialmente conhecido e, na parte conhecida, julgando integralmente improcedente. Tributação mantida."

---

[87] 11ª Câmara de Direito Público. Apelação. nº 0018740- 61.2011.8.26.0053: excerto: *"... em recolhimento antecipado algum de ICMS, para estas operações apontadas pelo Fisco, não se pode cogitar em incidência do art. 150, § 4º, do CTN, para o cômputo do prazo decadencial, observando- -se que, para tanto, era indispensável antecipação de algum pagamento (ainda que parcial), sem o que não se pode contar, do fato gerador, o prazo decadencial de lançamento por homologação, nos termos da apontada regra legal. Aliás, lembre-se que 'o lançamento por homologação supõe, nesse quadro, a antecipação do pagamento, e não de um pagamento qualquer, mas do reportável a operação especificamente declarada"*

CAPÍTULO 4 – ASPECTOS COMPLEMENTARES RELATIVOS ÀS SOCIEDADES DE PROFISSIONAIS

Entendeu o relator que a apropriação dos pagamentos realizados no regime especial não está sujeita à compensação por ausência de lei municipal que discipline esse instituto, fato que atualmente não mais se verifica. Portanto, ainda que a autoridade fiscal tenha realizado a apropriação dos pagamentos, ela, ainda assim, jamais poderia ser considerada como pagamento por ausência de previsão legal relativa à compensação como causa de extinção do crédito tributário. Transcrevemos ainda as razões do voto que convergem com aquilo que expusemos até aqui:

> "O entendimento lá exposto parece se amoldar ao caso concreto, uma vez que os recolhimentos efetivados no âmbito do regime especial de tributação das SUPs o foi com base em outro código de tributação e sob outro regime temporal de apuração do montante devido, sendo assim, correto o proceder do Auditor Fiscal em não "aproveitar" tais recolhimentos. (...). A meu ver, estamos diante de pagamento indevido, uma vez que a Administração, de forma fundamentada, desenquadrou o contribuinte do regime especial, passando a tributar o contribuinte sob o que podemos chamar de "regime geral". Nessa linha, no âmbito tributário, o pagamento indevido admite duas soluções, a saber: (i) compensação; ou, (ii) restituição. De um lado, como já sedimentado, não existe norma municipal que autorize a compensação, de outro, não cabe ao Conselho Municipal de Tributos examinar e deferir eventual pleito de restituição. Desta feita, entendo por correto o procedimento adotado para a realização dos lançamentos, quando desconsidera recolhimentos efetuados para outro código de serviço, o qual se apura com base em outra dimensão temporal (trimestral) e tem por base de cálculo realidade totalmente diversa (números de profissionais e não o preço do serviço)."

Porém, esse entendimento não pôde mais prevalecer após a vigência da Lei Municipal nº 16.670, de 8 de junho de 2017, a qual rege a compensação dos tributos municipais em São Paulo, nos casos em que a autoridade fiscal realizar a apropriação dos valores recolhidos durante o regime especial nos autos de infração lavrados retroativamente com base no movimento econômico. Para esses casos, se há pagamento reconhecido pela própria Administração Tributária, deve ser aplicado o artigo 150, § 4º do CTN.

Vejamos o entendimento do relator sobre a matéria com a decisão exarada em Câmaras Reunidas, no processo nº 6017.2016/0033507-0, cuja ementa transcrevemos a seguir:

> "ISS – SOCIEDADE UNIPROFISSIONAL – RECURSO DE REVISÃO – RECOLHIMENTOS DE ISS EFETUADOS SOB A SISTEMÁTICA ESPECIAL – NÃO APROVEITAMENTO PELA FISCALIZAÇÃO DOS PAGAMENTOS EFETUADOS NA SISTEMÁTICA DE RECOLHIMENTO TRIMESTRAL. DESENQUADRAMENTO DO CONTRIBUINTE DO REGIME DE SOCIEDADES PROFISSIONAIS. DIVERGÊNCIA QUANTO À ABRANGÊNCIA DA APLICAÇÃO DO ARTIGO 150, §4º, DO CTN SOBRE O PERÍODO EM QUE HOUVE RECOLHIMENTO ÚNICO POR TRIMESTRE – IMPOSSIBILIDADE DE APROVEITAMENTO DOS RECOLHIMENTOS EFETUADOS NO CÓDIGO DE SUP. EM RELAÇÃO ÀS OBRIGAÇÕES ACESSÓRIAS APLICA-SE A REGRA DO ARTIGO 173, INCISO I, DO CÓDIGO TRIBUTÁRIO NACIONAL – SÚMULA Nº 3 DO CMT – RECURSO DE REVISÃO CONHECIDO E NÃO PROVIDO."

Vejamos o enunciado da súmula nº 3 do CMT mencionada na ementa imediatamente anterior:

> "O prazo decadencial aplicável para a exigência de multas decorrentes do descumprimento de obrigação acessória é aquele previsto no artigo 173, inciso I do Código Tributário Nacional."

Nesse caso, o descumprimento de obrigação tributária acessória foi declarar que a sociedade preenchia os requisitos necessários à inclusão no regime especial, quando isso não se verificou no caso concreto.

Quanto à questão da definição do *dies a quo* do prazo decadencial, adentremos às razões do voto do relator:

> "Esses precedentes partem de duas premissas: • o pagamento realizado no código de SUP é genérico e, por isso, pode ser reconhecido para os fins do artigo 150, § 4º do CTN; e ainda que os recolhimentos se

CAPÍTULO 4 – ASPECTOS COMPLEMENTARES RELATIVOS ÀS SOCIEDADES DE PROFISSIONAIS

deem ao fim de cada trimestre, eles fazem referência a todo o período de apuração. Adicionalmente, tem-se como premissa que, ainda que não reconhecido o recolhimento no AII, a decadência é aplicável no caso concreto nos termos do artigo 150, § 4º do CTN."

Nesse caso, o relator entendeu que mesmo não tendo ocorrido a apropriação dos valores recolhidos no período em que a sociedade esteve no regime especial, ainda assim eles devem ser reconhecidos como pagamentos antecipados para fins de aplicação do artigo 150, § 4º do CTN na determinação do *dies a quo* do prazo decadencial e que o pagamento se reporta ao trimestre imediatamente anterior.

No entanto, houve voto parcialmente divergente, no qual foi apresentado o seguinte posicionamento.

"À guisa de tal entendimento, entendo que o recolhimento efetuado no código de serviço de SUP não pode ser aproveitado, para fins de reconhecimento de pagamento antecipado, na mesma incidência, com outro recolhimento efetuado no código de serviço tributado pelo movimento econômico, porque referidos regimes possuem características que os diferenciam.

Vejamos.

Em regra, a tributação do ISS encontra esteio no movimento econômico do contribuinte e a base de cálculo do referido imposto materializa-se no preço do serviço, conforme estabelecido pela Lei Complementar nº 116/2003:

(...)

Em outro passo, o regime de Sociedade Uniprofissional, por se tratar de um benefício fiscal, possui uma base de cálculo diferente da utilizada na regra geral tributada pelo movimento econômico, cf. pode ser observado na sua legislação de regência (art. 9º, §3º, do Decreto-Lei nº 406/1968):

(...)

Trata-se de regimes distintos, com características próprias, a saber:

Enquanto no Regime de Sociedade Uniprofissional (SUP), o critério material é a prestação de serviços sob condição de ter sido realizada de forma pessoal, no movimento econômico, é a prestação de serviços.

No que diz respeito ao critério temporal, na SUP, o fato gerador considera-se ocorrido, por presunção, no primeiro dia de cada mês (art. 81 do Decr. nº 44540/2004), enquanto no movimento econômico, em regra, o fato gerador ocorre no momento em que cada serviço é prestado.

Quanto ao critério quantitativo, na SUP, a base de cálculo é presumida, calculada pelo número de profissionais habilitados, multiplicada, no caso, pela alíquota de 5%, ao passo que no movimento econômico a base de cálculo é o preço do serviço e a alíquota é de 2% ou 5%, dependendo do serviço prestado.

Dessa forma e por conta das peculiaridades citadas, considerando-se que os recolhimentos de SUP efetuados pela recorrente no código de serviço nº 3620 não foram aproveitados pela fiscalização, quando da constituição dos créditos tributários em análise e não guardam correlação direta e específica com os créditos tributários objetos da autuação em análise, chancelados no código de serviço de movimento econômico nº 3476, entendo que aqueles não podem ser reconhecidos como pagamentos parciais de um lançamento enquadrado no regime geral.

Referidos recolhimentos, por serem estranhos aos créditos autuados, não podem ser compensados, por ausência de previsão legal, mas, porquanto entendidos como pagamentos indevidos, são passíveis de pedido de restituição, a ser realizado pelo interessado na divisão competente desta SF."

Prevaleceu o entendimento do voto parcialmente divergente pelo placar de 14 a10, o que demonstra a existência de controvérsia nesse posicionamento.

Tal decisão, caso alguma Câmara Julgadora tenha interpretação divergente, será paradigma para a interposição de recurso de revisão. Assim, ficou decidido que, caso não tenha sido feita a apropriação nos autos de infração dos valores recolhidos enquanto a sociedade esteve no regime especial, os valores pagos nesse período serão objeto de pedido de restituição, não sendo aplicado o artigo 150, § 4º do CTN, mas o artigo 173, inciso I, na determinação do termo inicial do prazo decadencial, ou seja, para determinar até qual data poderá retroagir o desenqudramento para a lavratura dos autos de infração com base

CAPÍTULO 4 – ASPECTOS COMPLEMENTARES RELATIVOS ÀS SOCIEDADES DE PROFISSIONAIS

no movimento econômico. Esse é o posicionamento do Conselho Municipal de Tributos que prevaleceu após esse julgamento das Câmaras Reunidas.

7. A Questão Relativa à Alteração da Lista Anexa do Decreto-Lei nº 406/1968 com a Edição da Lei Complementar nº 116/2003

Com a edição da Lei Complementar nº 116/2003, a lista anexa do Decreto-Lei nº 406/1969 que continha 101 itens, com a nova lei a lista passou a ter 40 itens, os quais contemplam mais de 180 subitens. Vimos que o STJ decidiu que a Lei Complementar nº 116/2003 não produziu qualquer alteração no regime especial do ISS. Destarte, entendemos que devem ser aplicadas nas sociedades de profissionais as exatas disposições contidas no Decreto-Lei nº 406/1968, com as alterações introduzidas pela Lei Complementar nº 56/1986. Há casos específicos em que haverá diferença entre a aplicação das disposições de uma ou de outra lista, quando a Administração Tributária permitir o enquadramento apenas quanto a serviços previstos no mesmo item, ou subitem.

Para os Municípios que realizam o enquadramento com base em subitens da lista anexa introduzida pela Lei Complementar nº 116/2003, os desdobramentos dos serviços previstos no mesmo item da lista do Decreto-Lei nº 406/1968 em subitens distintos da lista anexa à Lei Complementar nº 116/2003 impedem o enquadramento no regime especial de atividades passíveis de enquadramento em conjunto antes permitidas, como é o caso dos serviços de auditoria em relação aos serviços de contabilidade. Há também caso em que houve, com a edição da Lei Complementar nº 116/2003, a inclusão de nova atividade na lista anexa, como exemplo o subitem 7.19, *"Acompanhamento e fiscalização da execução de obras de engenharia, arquitetura e urbanismo"*, para os serviços de engenharia civil. Esses dois casos serão analisados a seguir.

7.1 A Engenharia Civil, o Acompanhamento, a Fiscalização de Obras, Outras Atividades do Engenheiro Civil Previstas na Lista Anexa da Lei Complementar nº 116/2003 e o Enquadramento no Regime Especial do ISS

Inicialmente, é necessário cotejarmos os itens correspondentes aos serviços de engenharia civil da lista anexa do Decreto-Lei nº 406/1968 e os subitens correspondentes da Lei Complementar nº 116/2003, conforme consta na Tabela 7. O item passível de enquadramento no regime especial, na lei antiga, é o 89 e o subitem 7.01 na lei nova. Nos dois casos, estão contempladas as atividades relativas à engenharia em todas as suas modalidades. Ocorre que os itens (subitens) 30, 32, 33 e 34 (7.03, 7.02, 7.04 e 7.05, respectivamente) contemplam atividades específicas de engenharia civil e nas quais o enquadramento no regime especial não é permitido. Tais itens (e subitens) encontram-se na tabela seguinte:

Decreto-Lei nº 406/1968	Lei Complementar nº 116/2003
30. Projetos, cálculos e desenhos técnicos de qualquer natureza;	7.03 – Elaboração de planos diretores, estudos de viabilidade, estudos organizacionais e outros, relacionados com obras e serviços de engenharia; elaboração de anteprojetos, projetos básicos e projetos executivos para trabalhos de engenharia.
32. Execução por administração, empreitada ou subempreitada, de construção civil, de obras hidráulicas e outras obras semelhantes e respectiva engenharia consultiva, inclusive serviços auxiliares ou complementares (exceto o fornecimento de mercadorias produzidas pelo prestador de serviços, fora do local da prestação dos serviços, que fica sujeito ao ICM);	7.02 – Execução, por administração, empreitada ou subempreitada, de obras de construção civil, hidráulica ou elétrica e de outras obras semelhantes, inclusive sondagem, perfuração de poços, escavação, drenagem e irrigação, terraplanagem, pavimentação, concretagem e a instalação e montagem de produtos, peças e equipamentos (exceto o fornecimento de mercadorias produzidas pelo prestador de serviços fora do local da prestação dos serviços, que fica sujeito ao ICMS).
33. Demolição;	7.04 – Demolição.
34. Reparação, conservação e reforma de edifícios, estradas, pontes, portos e congêneres (exceto o fornecimento de mercadorias produzidas pelo prestador dos serviços fora do local da prestação dos serviços, que fica sujeito ao ICM);	7.05 – Reparação, conservação e reforma de edifícios, estradas, pontes, portos e congêneres (exceto o fornecimento de mercadorias produzidas pelo prestador dos serviços, fora do local da prestação dos serviços, que fica sujeito ao ICMS).
89. Engenheiros, arquitetos, urbanistas, agrônomos;	7.01 – Engenharia, agronomia, agrimensura, arquitetura, geologia, urbanismo, paisagismo e congêneres. 7.19 – Acompanhamento e fiscalização da execução de obras de engenharia, arquitetura e urbanismo.

Tabela 7: Serviços de engenharia civil constante das listas anexas ao Decreto-Lei nº 406/1969 e da Lei Complementar nº 116/2003.

CAPÍTULO 4 – ASPECTOS COMPLEMENTARES RELATIVOS ÀS SOCIEDADES DE PROFISSIONAIS

Uma forma possível de interpretar é que essas atividades de engenharia civil foram retiradas do rol de atividades passíveis de enquadramento no regime especial. Porém, tal interpretação violaria o princípio da igualdade, pois, por qual razão uma sociedade que atenda aos requisitos do regime especial, sendo que a atividade de engenharia está autorizada no item 89 ou subitem 7.01, tem parcela de sua habilitação subtraída pelo legislador, enquanto há exemplos de carreiras em que isso não ocorre? Essa não parece a melhor interpretação, pois seria o mesmo que restassem vedados determinados ramos da advocacia no enquadramento do regime especial.

Propomos uma interpretação diversa: a fim de que se verifique o princípio da igualdade entre as profissões de engenharia civil e as demais profissões cujas sociedades podem ser inscritas no regime especial, com o enquadramento contemplando a plenitude de sua habilitação, restando presentes todos os requisitos necessários ao enquadramento, tais como o serviço prestado com pessoalidade, a responsabilidade técnica e a sociedade formada, esta pode ser enquadrada como sociedade de profissionais, não obstante realizem as atividades específicas de engenharia civil presentes em outros subitens que não permitem a inclusão no regime especial. Assim, uma sociedade de engenheiros civis que realize projetos de estruturas, fundações, instalações hidráulicas, como exemplo, se prestar o serviço com pessoalidade, em nome dessa sociedade, com a correspondente responsabilidade técnica, não vemos razão que impeça o seu ingresso no regime especial do ISS.

Vejamos agora a correspondência entre as habilitações do engenheiro civil, nos termos da Resolução CONFEA nº 218/1973 e a lista anexa da Lei Complementar nº 116/2003, na tabela seguinte:

O REGIME ESPECIAL DO ISS

7 – Serviços relativos a engenharia, arquitetura[88], geologia, urbanismo, construção civil, manutenção, limpeza, meio ambiente, saneamento e congêneres.	Resolução CONFEA nº 218/1973 – atividades referentes a edificações, estradas, pistas de rolamentos e aeroportos; sistema de transportes, de abastecimento de água e de saneamento; portos, rios, canais, barragens e diques; drenagem e irrigação; pontes e grandes estruturas; seus serviços afins e correlatos.
7.01 – Engenharia, agronomia, agrimensura, arquitetura, geologia, urbanismo, paisagismo e congêneres.	Entendemos que este subitem contempla os serviços de engenharia não especificados em outros subitens, entre outros serviços que não pertencem ao campo da engenharia.
7.02 – Execução, por administração, empreitada ou subempreitada, de obras de construção civil, hidráulica ou elétrica e de outras obras semelhantes, inclusive sondagem, perfuração de poços, escavação, drenagem e irrigação, terraplanagem, pavimentação, concretagem e a instalação e montagem de produtos, peças e equipamentos.	Atividade 11 – Execução de obra e serviço técnico;
7.03 – Elaboração de planos diretores, estudos de viabilidade, estudos organizacionais e outros, relacionados com obras e serviços de engenharia; elaboração de anteprojetos, projetos básicos e projetos executivos para trabalhos de engenharia.	Atividade 02 – Estudo, planejamento, projeto e especificação;
7.05 – Reparação, conservação e reforma de edifícios, estradas, pontes, portos e congêneres.	Atividade 16 – Execução de instalação, montagem e reparo;
7.19 – Acompanhamento e fiscalização da execução de obras de engenharia, arquitetura e urbanismo.	Atividade 12 – Fiscalização de obra e serviço técnico;

Tabela 8: Correlação entre os subitens das listas anexas de serviço da Lei Complementar nº 116/2003 e as atribuições do engenheiro civil (CONFEA – Resolução nº 218/1973).

[88] O exercício da arquitetura passou a ser regulamentado pela Lei 12.378/2010, não sendo mais regulamentada pelo sistema CONFEA e CREA.

CAPÍTULO 4 – ASPECTOS COMPLEMENTARES RELATIVOS ÀS SOCIEDADES DE PROFISSIONAIS

Essas atividades relativas ao exercício profissional da engenharia civil foram regulamentadas pela União, pela Lei nº 5.194/1966 e pela Resolução CON-FEA nº 218/1973, portanto resta demonstrada que o impedimento quanto ao enquadramento das atividades da Tabela 7, exceto o 89 ou 7.01, constitui subtração injustificável de sua habilitação.

Para esclarecer melhor, recorremos a um exemplo: suponha que uma família contrate uma sociedade de engenharia, formada por dois sócios, engenheiros civis, para o projeto e a construção de sua residência. Os sócios vão elaborar pessoalmente o projeto dessa residência e o acompanhamento da obra correspondente ao projeto. A construção será realizada por empresa cessionária de mão-de-obra, mas ocorrerá a administração por empreitada da obra por esses dois engenheiros civis. Tais atividades, como podemos verificar, estão inscritas na habilitação do engenheiro civil. Não vemos razão alguma que impeça essa sociedade de ser incluída no regime especial do ISS. Impedir o enquadramento dessa sociedade, implica a retirada de parcela da habilitação legal do engenheiro como condição necessária ao enquadramento, demonstrando o equívoco que se pode incorrer se a vedação da inclusão se pautar somente nos itens da lista, uma vez que a totalidade da habilitação da engenharia civil resta permitida no subitem 7.01 (ou item 89).

Reiteramos que o STJ manifestou o entendimento de que as disposições que regulamentam o regime especial do ISS não foram alteradas pela Lei Complementar nº 116/2003. Não nos referimos aqui tão somente às disposições do § 3º do artigo 9º do Decreto-Lei nº 406/1968, mas também às atividades constantes de um mesmo item da lista desse Decreto-Lei, relativamente às Administrações Tributárias que realizam o enquadramento somente se as atividades estiverem previstas no mesmo subitem da lista anexa. Assim, a Lei Complementar nº 116/2003 não alterou os dispositivos do Decreto-Lei nº 406/1968 que regulamentam a sociedade de profissionais, nem sua lista anexa correspondente.

Consideremos que há Municípios que determinam que os contribuintes enquadrados em regime especial devam emitir nota fiscal eletrônica: nesse caso, ao introduzir o código de serviços relativo ao acompanhamento de obras, ele poderá ser desenquadrado do regime especial do ISS, por constar incompatibilidade do serviço prestado com o regime especial, ou seja, subitem de serviço da lista anexa que não permite o enquadramento, embora seja uma

O REGIME ESPECIAL DO ISS

habilitação do engenheiro civil e que pode inclusive ser prestada com pessoalidade. Se prevalecer essa interpretação, equivale afirmar que a nova lista anexa produziu modificação no regime especial, contrariando o entendimento exarado pelo STJ, ainda que as situações aqui apresentadas não sejam conexas com os julgamentos proferidos por esse Tribunal Superior. Por essa mesma razão, entendemos que o projeto, a fiscalização e o acompanhamento de obras são igualmente enquadráveis se estiverem reunidos com todos os requisitos necessários ao enquadramento no regime especial, tais como a pessoalidade, a respectiva responsabilidade técnica e a prestação do serviço em nome da sociedade, porque restou demonstrado que essas atividades pertencem à habilitação do engenheiro civil.

7.2 Os Serviços de Contabilidade e de Auditoria

Incluímos essa discussão no Capítulo 3, quando discorremos sobre a sociedade formada por contadores e técnicos em contabilidade. Afirmamos que o desdobramento dos serviços de contabilidade e auditoria em subitens distintos na lista anexa da Lei Complementar nº 116/2003 é um caso em que há diferença em qual lista utilizar, relativamente às Administrações Tributárias que realizam o enquadramento por item, no caso do Decreto-Lei nº 406/1968, ou por subitem, no caso da Lei Complementar nº 116/2003. A tabela a seguir explicita o desdobramento desses serviços em subitens distintos:

Decreto-Lei nº 406/1968	Lei Complementar nº 116/2003
25. Contabilidade, auditoria, guarda--livros, técnicos em contabilidade e congêneres	17.16 – Auditoria
	17.19 – Contabilidade, inclusive serviços técnicos e auxiliares

Tabela 9: Os serviços de contabilidade e de auditoria nas listas anexas do Decreto-Lei nº 406/1968 e da Lei Complementar nº 116/2003.

Relativamente ao serviço de auditoria, essa atividade pertence à habilitação do contador, conforme vimos as disposições da Resolução CFC nº 560, de 28 de outubro de 1983. Ocorre que, tais serviços, se prestados pela mesma sociedade com a reunião dos demais requisitos necessários ao enquadramento

CAPÍTULO 4 – ASPECTOS COMPLEMENTARES RELATIVOS ÀS SOCIEDADES DE PROFISSIONAIS

no regime especial, não vemos razão para que essa sociedade não seja passível de enquadramento no regime especial pelas mesmas razões expostas anteriormente: o serviço de auditoria está inscrito na habilitação do contador, assim como o de acompanhamento de obras está inscrito na habilitação do engenheiro civil, de modo que as conclusões são análogas num e noutro caso. Não vemos razão alguma para que também esses profissionais tenham parcela de sua habilitação subtraída pela Administração Tributária, em relação ao enquadramento no regime especial.

Entendemos que o enquadramento se dá pelo serviço, não pela profissão, mas não há como negar a conexão entre este e aquela: os serviços de contabilidade são todos aqueles que estão contidos na habilitação do contador. Idêntica situação se verifica com os engenheiros, os advogados e os demais profissionais. Lembramos que, na lista anexa do Decreto-Lei nº 406/1968, com as modificações da Lei Complementar nº 56/1987, os dois serviços são passíveis de enquadramento no regime especial. Não vemos razão para que algumas profissões possam exercer a plenitude de sua habilitação e outras possam exercer somente uma parcela das atividades para as quais estão habilitadas. Se o legislador assim o fez, então, por esse entendimento, restou violado o princípio constitucional da igualdade. Porém, lembramos que a subtração de atividades resulta da interpretação equivocada das Administrações Tributárias, uma vez que a lei é silente quanto ao critério que deve ser considerado na inclusão do regime especial.

8. A Terceirização e o Regime Especial do ISS

Há uma questão a ser enfrentada, relativamente à figura do profissional e sua posição quanto à sociedade a ser enquadrada no regime especial. O fato de ser sócio não apresenta problema. O legislador mencionou o termo "empregado" admitindo que a pessoa assim qualificada preste serviço em nome da sociedade e aqui se verifica a necessidade de uma análise preliminar: teria essa disposição relativamente ao empregado, contida no § 3º do artigo 9º do Decreto-Lei nº 406/1968 sido revogada pelo inciso II do artigo 2º da Lei Complementar nº 116/2003? Vejamos essa disposição:

O REGIME ESPECIAL DO ISS

"Art. 2º O imposto não incide sobre: (...)

II – a prestação de serviços em relação de emprego, dos trabalhadores avulsos, dos diretores e membros de conselho consultivo ou de conselho fiscal de sociedades e fundações, bem como dos sócios-gerentes e dos gerentes-delegados;"

Questiona-se se o fato de ser empregado excluirá a incidência do ISS relativamente ao serviço prestado em regime regido pela Consolidação das Leis do Trabalho (CLT). Não localizamos julgado que enfrentasse tal situação, razão pela qual lançamos nossa análise a seguir.

O dispositivo da Lei Complementar nº 116/2003 estatui que não incide o ISS quando um serviço previsto na lista anexa for prestado por meio de vínculo empregatício. Assim, se um arquiteto trabalhar em uma sociedade cujo objeto social for a elaboração de projetos arquitetônicos e ele for contratado no regime jurídico da CLT, sobre essa relação não incidirá o ISS. Essa relação tem o arquiteto, como prestador do serviço, e a sociedade, como tomadora. No caso do regime especial do ISS, as circunstâncias são diversas: nessa situação, o sujeito passivo da relação jurídico-tributária é a sociedade, sendo ela quem realiza a prestação do serviço para terceiros por meio de cada profissional habilitado, tanto é assim que os profissionais prestam serviço em nome dela, o que constitui um dos requisitos para o seu enquadramento, e ainda, esse profissional que realiza a atividade assumirá a responsabilidade técnica perante o conselho profissional que regulamenta a respectiva profissão. O contribuinte, nesse caso, é a própria sociedade e o profissional contratado no regime da CLT nada mais é do que parâmetro para obtenção da base de cálculo do ISS devido por essa sociedade. Destarte, verifica-se que não houve revogação do dispositivo analisado, pois as situações fáticas são diversas: o inciso II do artigo 2º da Lei Complementar nº 116/2003 incidirá sobre a relação jurídica formada entre a sociedade e o arquiteto, a qual é qualificada pelo vínculo empregatício. As disposições correspondentes ao regime especial incidem sobre a prestação de serviços em nome da sociedade e o respectivo tomador, um terceiro que contrata os serviços dessa sociedade.

Relativamente à literalidade do § 3º do artigo 9º do Decreto-Lei nº 406/1968, verificamos duas leituras possíveis do dispositivo em comento: a primeira, é a expressão "empregados ou não" como aposto do termo "sócios",

CAPÍTULO 4 – ASPECTOS COMPLEMENTARES RELATIVOS ÀS SOCIEDADES DE PROFISSIONAIS

pois o aposto nada mais é do que um termo que explique, por exemplo, um substantivo (sócios). Nessa linha, a interpretação conduziria ao entendimento de que o sócio, sendo ou não empregado da sociedade, seria considerado parâmetro da base de cálculo do regime especial do ISS. Essa afirmação, de que uma mesma pessoa natural possa ser ao mesmo tempo sócio e empregado, pode causar estranheza, mas ela pode ocorrer em alguns casos. DELGADO (2008, p. 362) ressalta que as figuras de empregado e sócio reunidas em uma mesma pessoa podem ser incompatíveis em alguns casos e compatíveis em outros. A incompatibilidade das duas figuras se verifica nos seguintes casos:

1) "o sócio componente de uma sociedade em nome coletivo, ungido, juridicamente, de responsabilidade solidária ilimitada pelas obrigações sociais (...)";
2) "o sócio componente das entidades associativas informais, a sociedade em comum (...)"
3) "sócio comanditado nas sociedades em comandita simples, que se encontra legalmente proibido de se colocar na posição de empregado."

Por outro lado, o mesmo autor (2008, p.363) admite a assimilação dessas duas figuras, destacando ser essa a regra geral, ou seja, a compatibilidade dessas duas figuras jurídicas:

"Entre essas duas situações polares analisadas é que surge a zona cinzenta em que atua a regra geral de efetiva compatibilidade entre as figuras do sócio e do empregado. Como critério amplo de análise – *e na maioria dos casos*-, sabe-se que as duas figuras podem estar presentes na mesma pessoa física, não havendo contradição entre elas. Contudo, em situações concretas postas a exame, pode-se perceber uma real prevalência da *affectio societatis* – que não se realiza sem autonomia -, comprometendo a relação de emprego entre o sócio e a pessoa jurídica. Desse modo, em tais situações, apenas da análise concreta desses elementos (*affectio societatis* com autonomia *versus* subordinação) é que surgirá o preciso enquadramento classificatório do prestador de trabalho no contexto dos padrões normativos díspares existentes (padrão societário ou padrão justrabalhista)".

O REGIME ESPECIAL DO ISS

A segunda leitura do § 3º do artigo 9º do Decreto-Lei nº 406/1968 que pode ser feita é a de que devem ser considerados parâmetros alternativos de enquadramento, ou seja, a base de cálculo deve considerar os sócios, empregados e outras pessoas naturais, como exemplo, profissionais autônomos contratados para a prestação pessoal dos serviços, na determinação da base de cálculo. Nesse caso, verifica-se a possibilidade da contratação de terceiros estranhos à sociedade. Há quem alegue que essa prática constitua terceirização, porém, nos julgados analisados, tanto a jurisprudência judicial, como a administrativa, na maioria dos casos analisados, tem entendido o vocábulo "terceirização" como sendo o "repasse da prestação do serviço que constitui a atividade fim, na maioria dos casos, para outra pessoa jurídica". Porém, não basta ser pessoa natural para que não haja terceirização: é preciso que ela preste o serviço em nome da sociedade.

Tal constatação reclama a definição dos contornos do que venha a ser a terceirização, pois ela não tem significado unívoco, conforme afirmamos, podendo contemplar mais de uma situação fática. Mencionamos novamente duas possibilidades: na primeira, a sociedade inscrita no regime especial que contrata autônomos para a realização dos serviços em nome dessa sociedade contratante, e, na segunda, a sociedade inscrita no regime especial que subcontrata pessoa jurídica para a realização total ou parcial dos serviços. Aqui, é relevante mencionar que estaremos analisando a atividade fim da sociedade. A análise quanto à possibilidade relativa à atividade meio será realizada posteriormente.

No caso de subcontratação de outra pessoa jurídica, para serviços que constituem a atividade fim da sociedade, não há qualquer dúvida sobre a perda da pessoalidade na prestação dos serviços, pois na medida em que a execução do serviço é repassada para outra pessoa jurídica, o serviço deixou de ser prestado com pessoalidade, pois os profissionais que exerciam suas atividades em nome da sociedade saíram de cena relativamente ao serviço terceirizado.

A possibilidade jurídica quanto à contratação de pessoas naturais como trabalhadores autônomos para prestar serviço em nome da sociedade, contudo, apresenta limite: na medida em que a pessoa jurídica contrate maior número de empregados e/ou terceiros para a prestação do serviço, surgem os primeiros traços da configuração de sua natureza empresarial, em razão da

CAPÍTULO 4 – ASPECTOS COMPLEMENTARES RELATIVOS ÀS SOCIEDADES DE PROFISSIONAIS

necessidade de uma estrutura de gerenciamento desses recursos humanos, pois serão necessários mecanismos de organização e a departamentalização em razão de sua amplitude, o que impede, nesse estágio, seu enquadramento no regime especial do ISS, em razão de seu porte, porque não haverá espaço para a prestação pessoal de serviço por todos os profissionais da sociedade, pois alguns irão se dedicar ao gerenciamento de uma estrutura complexa.

Exemplo disso, são grandes empresas de auditoria, formada por contadores, mas que possuem empregados e sócios para auditar demonstrações contábeis e integram grupos econômicos. Vários profissionais prestam o serviço que possui certa complexidade, mas poucos assinam o parecer dos auditores, ou seja, a responsabilidade técnica é somente desses que assinaram. Além disso, essas empresas possuem organização empresarial, no sentido de estar composta por áreas que coordenam os procedimentos internos para a adequada prestação de serviço, representando uma estrutura que confere a natureza empresarial, nos termos do artigo 966 do Código Civil, constituindo, com outras sociedades, grupos econômicos.

A terceirização foi tratada no julgamento da Apelação nº 0031711-44.2012.8.26.0053 pela 18ª Câmara de Direito Público do TJSP, cuja ementa encontra-se transcrita:

> "Anulatória de Débito Fiscal. Sentença que julgou procedente os pedidos, para anular os AIIMs n. 68.878.612, 65.878.620, 65.878.647 e 65.878.663, nos quais consta que a autora não fazia jus ao recolhimento do ISS como sociedade de pessoas porque terceirizava os seus serviços. Pretensão à reforma. Desacolhimento. Conjunto probatório suficiente para demonstrar que não houve terceirização dos serviços prestados pela autora como atividade fim. Autos de Infração que foram devidamente anulados. Sentença mantida. Recurso não provido."

Vejamos as razões do voto do Relator:

> "A controvérsia quanto à existência de terceirização de serviços tem como origem o contrato firmado entre a autora e a empresa Novo Nordisk Produção Farmacêutica do Brasil (fls. 755/769), firmado em

19.05.2005, no qual expressamente prevista a consultoria a ser prestada por Deise Faria de Paula, engenheira química (fls. 736/737, 764), bem como a consultoria de Patrícia Silva Caruso (fls. 766), farmacêutica industrial (fls. 750/751), ambas no período de 13.06.2005 e 28.02.2006.

Como constou da bem lançada sentença recorrida, os elementos trazidos aos autos, especialmente a perícia judicial realizada e os documentos que a acompanharam, demonstram que, ainda que tenha o contrato firmado entre a autora e a empresa Novo Nordisk previsto a atuação conjunta de prestadores de serviços nas áreas de consultoria farmacêutica e engenharia química (fls. 949), certo é que cada um dos profissionais prestou serviços afetos a sua área de atuação, de acordo com o objeto constante de seus atos constitutivos (fls. 513/517 e 730/734).

(...)

A leitura de tais dispositivos legais realmente implica a impossibilidade de que a sociedade beneficiária do regime especial terceirize os serviços que presta. Contudo, na esteira do que concluiu o magistrado de primeiro grau, o que se verifica nos autos não pode ser caracterizado como terceirização (prestação de serviços atividades fim – por intermédio de terceiros contratados), mas sim uma subcontratação, pela autora, de prestação de serviços outros, que não correspondem à atividade fim prevista em seu contrato social (fls. 26/30).

A perícia judicial realizada, aliás, muito bem demonstrou a diversidade entre os serviços prestados por cada área da engenharia, conforme descrição do Cadastro Brasileiro de Ocupações (CBO), do Ministério do Trabalho, conforme se vê, detalhadamente, às fls. 932/939.

Assim, não se pode acolher a alegação da municipalidade de que a autora desenvolveu seus serviços por intermédio de terceiros. O que se constata é apenas que autora contratou serviços técnicos que estavam além do alcance do seu objeto social, circunstância que não exclui o caráter pessoal e até então uniprofissional de suas atividades."

Vimos que o entendimento firmado no excerto do voto em tela é que as atividades fim não podem ser objeto de terceirização para a sociedade que

CAPÍTULO 4 – ASPECTOS COMPLEMENTARES RELATIVOS ÀS SOCIEDADES DE PROFISSIONAIS

pretender permanecer no regime especial. No caso analisado, verificou-se que o serviço contratado pela sociedade inscrita no regime mencionado não constava de seu objeto social, razão pela qual não cabe a afirmação de que houve terceirização, porque as atividades fim de uma pessoa jurídica estão inscritas em seu objeto social. Ainda, verificou-se, no caso analisado, a contratação de profissional por uma sociedade inscrita no regime especial que presta serviços de engenharia, pessoa natural, sócia de outra pessoa jurídica, para a prestação de serviços específicos que não constituem a atividade fim da sociedade contratante.

A última questão relativa à contratação de terceiros refere-se à contratação de pessoas para a realização de atividades meio, como exemplo, secretarias e outros auxiliares. Nesse caso, seguiremos o entendimento de que tais pessoas não estarão coordenando a prestação do serviço, nem realizando qualquer parcela da atividade fim. Destarte, a contratação de auxiliares, permanecendo ainda a prestação do serviço pelos profissionais habilitados e com pessoalidade não retira os requisitos necessários ao enquadramento no regime especial do ISS. Quanto à contratação de pessoa jurídica para a atividade meio, será nova prestação de serviço sobre a qual incidirá o ISS. Um exemplo: um escritório de engenharia contrata uma copiadora para realizar a impressão dos seus projetos.

9. Aplicação do Princípio da Capacidade Contributiva no Regime Especial do ISS

Previsto no § 1º do artigo 145 da CF, o referido princípio encontra-se assim disposto:

> § 1º Sempre que possível, os impostos terão caráter pessoal e serão graduados segundo a capacidade econômica do contribuinte, facultado à administração tributária, especialmente para conferir efetividade a esses objetivos, identificar, respeitados os direitos individuais e nos termos da lei, o patrimônio, os rendimentos e as atividades econômicas do contribuinte.

O dispositivo em tela indica um vetor resultante em direção à progressividade da tributação. Ocorre que, normalmente, os Municípios estabelecem um valor fixo igual para todas as habilitações passíveis de enquadramento no regime especial. Isso pode denotar a esse regime característica nitidamente regressiva. Explico: suponha uma sociedade com 6 engenheiros que preste serviços relativos à habilitação de seus sócios e que fature 3 milhões de reais por mês. Por outro lado, outra sociedade com 2 engenheiros que fature 20 mil reais mensais. Sendo o mesmo valor fixo por profissional para todas as sociedades, constata-se, no exemplo mencionado, a possibilidade de uma tributação nitidamente regressiva desse regime. Ainda que se argumente que faturamento não é lucro, por ser o regime especial do ISS de livre adesão do contribuinte, não vemos razão para não aplicarmos a presunção correspondente a essa correlação, a exemplo do outras presunções aplicadas ao regime do lucro presumido para o imposto sobre a renda da pessoa jurídica.

Não se trata aqui de estabelecer valores diferenciados por profissões, o que poderia contrariar o princípio constitucional da igualdade, pois o inciso II do artigo 150 da CF prevê que é proibida qualquer distinção em razão de ocupação profissional ou função exercida pelos contribuintes. Porém, pode haver quem sustente o argumento de que o fato de o regime especial ser de adesão voluntária não caberia a alegação dessa violação. Ainda que a habilitação seja dos sócios, os quais não são contribuintes no regime especial, ela se encontra intrinsecamente vinculada ao objeto social e a sociedade ocupa o polo passivo da relação jurídica tributária qualificada como contribuinte. Ainda que algumas profissões possam ser potencialmente mais lucrativas que outras, a diferenciação das receitas legalmente presumidas não deve levar em conta esse parâmetro.

As métricas que nos parecem mais razoáveis para auferir a capacidade contributiva seria o faturamento da sociedade ou o índice de faturamento por sócio, ao invés da presunção de que determinadas profissões são potencialmente mais lucrativas do que outras, pois isso depende das circunstâncias específicas do caso concreto de cada sociedade, não somente da profissão.

O legislador pode estabelecer faixas de faturamento, ou faixas do índice mencionado (faturamento por profissional que preste o serviço em nome da sociedade), sendo que as sociedades que apresentarem os maiores faturamentos, ou faturamento por profissional, estarão sujeitas a valores unitários

CAPÍTULO 4 – ASPECTOS COMPLEMENTARES RELATIVOS ÀS SOCIEDADES DE PROFISSIONAIS

maiores por sócio, ou seja, a valores superiores de uma receita bruta legalmente presumida. Observe que aqui atenderia ao princípio da capacidade contributiva. Nenhuma disposição no Decreto-Lei nº 406/1969 impede tal disposição na lei local, porque o legislador apenas estabeleceu a fórmula de cálculo do ISS para essas sociedades, sem fazer qualquer menção a valores presumidos. E ainda, o princípio da capacidade contributiva é norma constitucional, situando-se em plano hierárquico superior em relação ao Decreto-Lei nº 406/1968, que foi recepcionado pela Constituição Federal com status de lei complementar. O Município de São Paulo, para profissionais autônomos sem diploma superior, estabelecia valores diferenciados e esses para profissões que exigissem formação superior, porém tal regime encontra-se atualmente revogado.

Dessa forma, mitigando o caráter regressivo do regime especial, estaria a progressividade do ISS das sociedades de profissionais, conforme exposto, rumo à aplicação do princípio da capacidade contributiva. Lembramos que essa progressividade deve se dar por meio de lei formal local e que devem estar igualmente respeitados os princípios da irretroatividade, da anterioridade nonagesimal e do exercício, para que tais disposições possam ser aplicadas.

Capítulo 5 – O Regime Especial do ISS no Município de São Paulo

1. Introdução

Analisaremos aqui as disposições legais e infralegais municipais de São Paulo relativas ao regime especial do ISS. Estas disposições são integradas pelos seguintes atos normativos: o artigo 15 da Lei nº 13.701/2003, com suas alterações posteriores; o Decreto nº 53.151/2012, denominado regulamento do ISS; o Parecer Normativo nº 3, de 2016, e; as súmulas administrativas vinculantes. Em seguida, analisaremos as soluções de consulta e acórdãos do Conselho Municipal de Tributos sobre os temas tratados nos capítulos anteriores. No regulamento desse imposto, o Decreto Municipal nº 53.151, de 17 de maio de 2012, no § 8º do artigo 19[89], há menção do termo "sociedades uniprofissionais[90]" como *nomen iuris* do regime especial do ISS, o qual foi por nós denominado "sociedade de profissionais". Aquele termo, "uniprofissional" induz a uma noção equivocada do regime especial dentro do que expusemos nos capítulos anteriores, pois em nosso entendimento, a sociedade para ser enquadrada nesse regime, admite casos específicos em que os sócios tenham

---

[89] Transcrevemos esse dispositivo: "*§ 8º. Os incisos VI e VII do § 2º e os §§ 6º e 7º deste artigo não se aplicam às sociedades uniprofissionais em relação às quais seja vedado pela legislação específica a forma ou características mercantis e a realização de quaisquer atos de comércio.*"

[90] Essa denominação "sociedade de profissionais" não foi por nós proposta, mas é uma denominação adequada ao regime especial do ISS, em nosso entendimento.

profissões distintas, desde que os profissionais prestem o serviço com pessoalidade e com responsabilidade pessoal, assim entendida a responsabilidade técnica relativa à habilitação profissional e assim contribuam para a prática do objeto social correspondente. O termo "uniprofissional" sugere que apenas a sociedade formada por pessoas habilitadas na mesma profissão possa integrar o regime especial do ISS, fato que, conforma já expusemos, não encontra amparo no Decreto-Lei nº 406/1968.

2. A Legislação Tributária do Município de São Paulo

Inserimos o termo "legislação" tributária do Município de São Paulo, nos termos do artigo 96 do Código Tributário Nacional:

> Art. 96. A expressão "legislação tributária" compreende as leis, os tratados e as convenções internacionais, os decretos e as normas complementares que versem, no todo ou em parte, sobre tributos e relações jurídicas a eles pertinentes.

As normas complementares de direito tributário, conforme mencionado no artigo 96 acima, estão definidas no artigo 100 do CTN:

> Art. 100. São normas complementares das leis, dos tratados e das convenções internacionais e dos decretos:
> I – os atos normativos expedidos pelas autoridades administrativas;
> II – as decisões dos órgãos singulares ou coletivos de jurisdição administrativa, a que a lei atribua eficácia normativa;
> III – as práticas reiteradamente observadas pelas autoridades administrativas;
> IV – os convênios que entre si celebrem a União, os Estados, o Distrito Federal e os Municípios.
> Parágrafo único. A observância das normas referidas neste artigo exclui a imposição de penalidades, a cobrança de juros de mora e a atualização do valor monetário da base de cálculo do tributo.

CAPÍTULO 5 – O REGIME ESPECIAL DO ISS NO MUNICÍPIO DE SÃO PAULO

Destarte, a legislação, além das disposições legais, contempla ainda os atos normativos infralegais, tais como decreto, parecer normativo, súmulas administrativas vinculantes, entre outros, os quais serão analisados neste capítulo.

Assim, nos perfilhamos às denominações "lei" e "legislação" adotada pelo CTN.

2.1 As Leis Municipais que Disciplinam o Regime Especial do ISS

Os requisitos presentes no Decreto-Lei nº 406/1968 são genéricos, uma vez que as leis municipais normalmente inserem requisitos adicionais mais específicos. Isto se verifica no Município de São Paulo e constatamos que a lei local impõe requisitos que restringem o acesso ao regime tributário benéfico, conforme veremos adiante.

O regime especial do ISS está atualmente instituído pela Lei Municipal nº 13.701/2003, em seu artigo 15, com alterações promovidas pela Lei Municipal nº 14.865/2008 e inclusões feitas pelas Leis Municipais nº 15.406/2011 e 16.240/2015. Essas leis assim dispuseram:

> **Art. 15.** Adotar-se-á regime especial de recolhimento do imposto quando os serviços descritos nos subitens 4.01, 4.02, 4.06, 4.08, 4.11, 4.12, 4.13, 4.14, 4.16, 5.01, 7.01 (exceto paisagismo), 17.13, 17.15, 17.18 da lista do "caput" do artigo 173, bem como aqueles próprios de economistas, forem prestados por sociedade constituída na forma do § 1º deste artigo, estabelecendo-se como receita bruta mensal o valor de R$ 800,00 (oitocentos reais) multiplicado pelo número de profissionais habilitados.

Vejamos os subitens de serviço contemplados nesse regime de tributação e sua correspondência com os itens da lista anexa do Decreto-Lei nº 406/ /1968:

O REGIME ESPECIAL DO ISS

Itens correspondentes do Decreto-Lei nº 406/1968	Subitens[91] da Lei Municipal nº 13.701/2003
1. Médicos, inclusive análises clínicas, eletricidade médica, radioterapia, ultrassonografia, radiologia, tomografia e congêneres;	4.01 – Medicina e biomedicina.
	4.02 – Análises clínicas, patologia, eletricidade médica, radioterapia, quimioterapia, ultrassonografia, ressonância magnética, radiologia, tomografia e congêneres.
4. Enfermeiros, obstetras, ortópticos, fonoaudiólogos, protéticos (prótese dentária);	4.06 – Enfermagem, inclusive serviços auxiliares.
	4.11 – Obstetrícia.
	4.13 – Ortóptica.
	4.14 – Próteses sob encomenda.
90. Dentistas;	4.12 – Odontologia.
92. Psicólogos;	4.16 – Psicologia.
8. Médicos veterinários;	5.01 – Medicina veterinária e zootecnia.
89. Engenheiros, arquitetos, urbanistas, agrônomos;	7.01 – Engenharia, agronomia, agrimensura, arquitetura, geologia, urbanismo e congêneres.
88. Advogados;	17.13 – Advocacia.
25. Contabilidade, auditoria, guarda-livros, técnicos em contabilidade e congêneres;	17.15 – Auditoria.
	17.18 – Contabilidade, inclusive serviços técnicos e auxiliares.
91. Economistas;	Caput do artigo 15 da Lei nº 13.701/2003.

Tabela 10: Atividades passíveis de enquadramento no regime especial do ISS na lista anexa ao Decreto-Lei nº 406/1968 e na Lei Municipal nº 13.701/2003.

A primeira diferença entre a lista antiga e a da lei municipal, a qual segue a literalidade da Lei Complementar nº 116/2003, é que a lei anterior dispunha

[91] Os itens da lei municipal correspondem aqueles similares da Lei Complementar nº 116/2003. A única ressalva que fazemos é quanto à numeração dos itens 17.13, 17.15 e 17.18 da lei municipal, os quais correspondem aos itens 17.14, 17.16 e 17.19 da lista anexa à Lei Complementar nº116/2003, em razão do veto presidencial do item 17.07 da lei nacional, os quais foram reordenados pelo legislador local.

206

sobre o profissional (médicos, engenheiros, advogados) na maioria dos itens enquadráveis no regime especial. A lei de 2003 dispõe sobre o serviço prestado pela sociedade (medicina, engenharia, advocacia). A Tabela 10 explicita os casos em que houve desdobramento dos itens da lista anexa do Decreto-Lei nº 406/1968 em subitens da lista anexa da Lei Complementar nº 116/2003 (como exemplo, o item 25 se desdobrou nos subitens 17.15 e 17.18), os quais foram objeto do legislador local ao elaborar a lista anexa da lei municipal. Para nós, as conclusões obtidas na análise dos casos anteriores são extensíveis aos demais casos de desdobramentos de itens em subitens constantes da tabela acima, os quais não foram contemplados neste trabalho.

Comparando com as disposições do § 3º, artigo 9º do Decreto-Lei nº 406/1968, constatamos que não foi contemplado o item 52 – *"Agentes da propriedade industrial"* da lista anexa a essa lei. Essa atividade não comporta inscrição no regime especial paulistano.

Verificamos que o Município de São Paulo estabelece uma receita bruta mensal, a qual constitui presunção absoluta, conforme discorremos no Capítulo 4. Essa receita é unitária relativamente a cada profissional que prestar o serviço em nome da sociedade com periodicidade mensal (embora o recolhimento seja trimestral). Prosseguimos em nossa análise da lei local, cotejando com a redação do Decreto-Lei nº 406/2003, com nossos negritos:

Decreto-Lei nº 406/2003 – art. 9º	Lei Municipal nº 13.701/2003 – Art. 15
3º Quando os serviços a que se referem os itens 1, 4, 8, 25, 52, 88, 89, 90, 91 e 92 da lista anexa forem prestados por sociedades, estas ficarão sujeitas ao imposto na forma do § 1º, calculado em relação a cada **profissional habilitado**, sócio, empregado ou não, que preste serviços em nome da sociedade, embora assumindo responsabilidade pessoal, nos termos da lei aplicável.	§ 1º As sociedades de que trata este artigo são aquelas cujos profissionais (sócios, empregados ou não) **são habilitados ao exercício da mesma atividade** e prestam serviços de forma pessoal, em nome da sociedade, assumindo responsabilidade pessoal, nos termos da legislação específica.

Tabela 11: Comparação entre os dispositivos da lei nacional e local.

Há, evidentemente, disposição idêntica dos requisitos já analisados: profissionais habilitados, porém a lei local introduziu a expressão *"ao exercício da mesma atividade*[92]*"*, a qual não está contida na redação do § 3º, do artigo 9º do Decreto-Lei nº 406/1968, que prestam serviço com pessoalidade e assumam responsabilidade técnica. Observamos que o legislador local não estabeleceu que é necessário que os prestadores de serviço estejam habilitados à mesma profissão, mas à mesma atividade, a qual deverá constituir o objeto da sociedade, pois os profissionais que a compõem assumem responsabilidade pessoal, ou seja, são os responsáveis técnicos pelo serviço que prestaram com pessoalidade. Necessário observar que o dispositivo sequer menciona o termo "formação acadêmica". Essa literalidade do dispositivo em comento da lei local reforça as nossas conclusões quanto à admissão no regime especial de sociedades integradas com sócios habilitados em profissões distintas, mas que tenham certa proximidade e e que as atividades pertencentes às respectivas habilitações estejam contempladas no objeto social.

O parágrafo seguinte do artigo 15 em comento estatui os requisitos específicos negativos em seus incisos relativos à sociedade. Reiteramos que são negativos os requisitos que, caso eles se verifiquem na situação fática, a sociedade estará excluída do regime especial. Denominamos "específicos", conforma já afirmamos, os requisitos impostos pelo legislador local que vão além daqueles dispostos no Decreto-Lei nº 406/1968. Afirmamos que todas as análises que fizemos nos capítulos anteriores são igualmente aqui aplicáveis, embora a legislação local disponha muitas vezes em sentido diverso daquilo que concluímos.

Analisaremos separadamente cada um dos requisitos negativos, previstos no § 2º do artigo 15 em análise:

§ 2º Excluem-se do disposto neste artigo as sociedades que:
I – tenham como sócio pessoa jurídica;

---

[92] Segundo o inciso II do artigo 1º do Parecer Normativo SF nº 3, de 28 de outubro de 2016, *"exercício da mesma atividade: quando a atividade desenvolvida por todos os profissionais habilitados estiver enquadrada no mesmo item da lista do "caput" do art. 1º da Lei nº 13.701, de 2003, devendo corresponder a um único código de serviço".*

CAPÍTULO 5 – O REGIME ESPECIAL DO ISS NO MUNICÍPIO DE SÃO PAULO

Como vimos no Capítulo 1, o sócio que seja pessoa jurídica é incapaz de prestar serviço com pessoalidade. Tal corolário é de natureza lógica, não havendo espaço para sócio dessa natureza no regime especial do ISS, não obstante o direito societário admita sócio que não seja pessoa natural. Aqui, o legislador local inseriu na lei o desdobramento lógico do fato que compromete a pessoalidade na prestação dos serviços. Comprometendo a pessoalidade, por decorrência, resta ausente a responsabilidade técnica, porque esta é vinculada à pessoa natural ao exercer determinada atividade regulamentada.

II – sejam sócias de outra sociedade;

Neste inciso, a sociedade que pretende ser enquadrada no regime especial não poderá ser sócia de outra sociedade. A situação que nos deparamos aqui é diferente do inciso anterior: aqui, ela não pode ter investimentos em quotas de outras sociedades. Pelo inciso anterior, as quotas da sociedade inserida no regime especial não podem ter como titular pessoa jurídica. Por este inciso II, a pessoa jurídica inserida no regime especial do ISS está impedida de investir em outras sociedades. Não vemos razão alguma para essa vedação, uma vez que o Decreto-Lei nº 406/1968 não fez qualquer menção quanto ao assunto.

III – desenvolvam atividade diversa daquela a que estejam habilitados profissionalmente os sócios;

Verifica-se neste dispositivo a vinculação existente entre o objeto social que a sociedade desenvolve e a habilitação dos sócios. Constatamos aqui que a habilitação novamente está vinculada no § 1º do artigo 15 da Lei nº 13.701/2003, ao termo "atividade", não "profissão". Portanto, a própria lei local até aqui analisada não veda os casos que analisamos de objeto social singular, em que há atividades em comum em profissões distintas, a exemplo do engenheiro civil e do arquiteto.

A admissão da inclusão de sociedade com objeto social composto vai depender da interpretação dada ao conceito "mesma atividade". Essa interpretação é discutida nos comentários do inciso V a seguir.

IV – tenham sócio que delas participe tão-somente para aportar capital ou administrar;

Por este dispositivo, sócio que não preste o serviço descaracteriza o regime especial do ISS, pois a receita presumida sendo aplicável a cada sócio, está vinculada ao fato de que todos eles devam prestar serviço, nos exatos termos do § 3º do artigo 9º do Decreto-Lei nº 406/1968. Outro aspecto a ser analisado é que, com a relevância do capital para o exercício do objeto social, a sociedade começa a apresentar os primeiros traços de atividade empresarial, ou seja, quando necessita de aportes de capital para exercer sua atividade econômica, a pessoalidade começa a ceder espaço para a atividade empresária. Essa conclusão se aplica ao sócio que participa somente para aportar capital, porque este não presta o serviço, fato que exclui a pessoalidade e a responsabilidade pessoal correspondentes a ele, impedindo o enquadramento dessa sociedade no regime especial.

V – explorem mais de uma atividade de prestação de serviços;

Esse dispositivo, pode se pensar a princípio, que veda a sociedade inscrita em regime especial de ter objeto social composto, porque estatui que as sociedades exerçam uma única atividade. Porém, o legislador não definiu expressamente o que é uma atividade, mas a Administração Tributária o fez no inciso II[93] do artigo 1º do Parecer Normativo SF nº 3, de 28 de outubro de 2016. Há a seguinte correlação entre a expressão "mesma atividade" com os serviços de mesmo subitem de lista e mesmo código de serviço. Relativamente às atividades, o Município de São Paulo classifica os subitens da lista mediante a utilização de códigos de serviços dispostos na Instrução Normativa SF/SUREM nº 8, de 18 de julho de 2011, com as alterações posteriores, os quais correspondem aos itens da lista do artigo 1º da Lei Municipal nº 13.701/2003.

---

[93] Transcrevemos a literalidade desse dispositivo:
"II – *exercício da mesma atividade: quando a atividade desenvolvida por todos os profissionais habilitados estiver enquadrada no mesmo item da lista do "caput" do art. 1º da Lei nº 13.701, de 2003, devendo corresponder a um único código de serviço;*"

Nesse caso, a legislação tributária municipal analisada até aqui permite a sociedade formada por engenheiro civil e arquiteto, conforme subitem 7.01 e código de serviço 01546 (objeto social simples), assim como a sociedade formada por engenheiro civil e eletrotécnico, pois estão no mesmo subitem e código de serviço já mencionados. É admissível ainda o outro caso analisado de objeto social singular: o contador e o técnico de contabilidade, subitem 17.08 e código de serviço 03620. No entanto, a sociedade fica impedida de prestar serviços contábeis, subitem 17.08 e serviços de auditoria, subitem 17.15, fato que discordamos, porque ambos serviços estão compreendidos na habilitação do contador, conforme artigo 3º da Resolução CFC nº 560, de 28 de outubro de 1983.

O REGIME ESPECIAL DO ISS

Código de Serviço	Subitem	Serviços
01546	7.01	Engenharia, agronomia, arquitetura, urbanismo e congêneres (regime especial – sociedade).
03379	17.13	Advocacia (regime especial – sociedade).
03433	17.15	Auditoria (regime especial – sociedade).
03620	17.18	Contador, técnico em contabilidade, guarda-livros e congêneres (regime especial – sociedade).
03700	17.19	Economistas (regime especial – sociedade).
04111	4.01	Medicina e biomedicina (regime especial – sociedade).
04154	4.02	Análises clínicas, patologia, eletricidade médica, radioterapia, quimioterapia, ultrassonografia, ressonância magnética, radiologia, tomografia e congêneres (regime especial – sociedade).
04359	4.06	Enfermagem, inclusive serviços auxiliares (regime especial – sociedade).
04430	4.08	Fisioterapia (regime especial – sociedade).
04502	4.08	Fonoaudiologia (regime especial – sociedade).
04553	4.08	Terapia ocupacional (regime especial – sociedade).
04677	4.11	Obstetrícia (regime especial – sociedade).
04731	4.12	Odontologia (regime especial – sociedade).
04901	4.13	Ortóptica (regime especial – sociedade).
05096	4.14	Próteses sob encomenda (regime especial – sociedade).
05142	4.16	Psicologia, clínica ou não (regime especial – sociedade).
05410	5.01	Medicina veterinária e zootecnia (regime especial – sociedade).

Tabela 12: Relação entre os códigos de serviços, subitem da lista anexa e atividades – Instrução Normativa SF/SUREM nº 8, de 18 de julho de 2011.

CAPÍTULO 5 - O REGIME ESPECIAL DO ISS NO MUNICÍPIO DE SÃO PAULO

Constatamos que essa norma infralegal atua num espaço não ocupado pelo legislador nacional. No entender da Administração Tributária paulistana, para estar inscrita no regime especial do ISS, uma sociedade não pode prestar serviços previstos em códigos de serviços distintos. Reiteramos que o termo "atividade", corresponde, em nosso entendimento, a cada uma das atribuições integrantes de uma habilitação de determinada profissão regulamentada. Aqui, a Administração Tributária denomina "atividade" os subitens da lista anexa ao artigo 1º da Lei Municipal nº 13.701/2003. O leitor deve estar atendo a esses diferentes significados do mesmo vocábulo.

Os dispositivos a seguir, incisos VI a VIII, foram introduzidos pela Lei Municipal nº 15.406/2011. Por essa regra, a princípio, tais dispositivos não poderiam ser a causa de desenquadramento do regime especial para fatos imponíveis ocorridos antes da entrada de sua vigência. No entanto, verificamos que essas disposições expressam, por outro lado, violações ocorridas relativamente aos requisitos essenciais da sociedade de profissionais. Explico: ocorrendo a terceirização da atividade fim, restam violados os requisitos da pessoalidade e da responsabilidade técnica. O legislador, no caso em tela, apenas positivou essa violação. Conclusão idêntica se aplica ao inciso VII, em relação à natureza empresária da sociedade: trata-se de uma explicitação da violação de um requisito essencial, a pessoalidade, fato que autoriza a exclusão da sociedade do regime especial. Porém, essa mesma conclusão não se aplica ao inciso VIII, porque, conforme afirmamos no Capítulo 2, é discutível a natureza empresária de sociedade que tenha matriz e filial, de modo que, o simples fato dessa situação se verificar no caso concreto não representa necessariamente uma violação a um requisito essencial do regime especial.

> VI - terceirizem ou repassem a terceiros os serviços relacionados à atividade da sociedade (Acrescido pela Lei nº 15.406, de 08/07//11);

O tema referido à terceirização foi tratado no Capítulo 4: o repasse total ou parcial do serviço que constitua atividade fim para outra pessoa retira a pessoalidade na prestação, requisito essencial ao regime especial do ISS. O inciso deixa claro o que o legislador local entende por "terceirização", não sendo esta a contratação de terceiros autônomos que não sejam sócios, nem empregados e prestem o serviço em nome da sociedade, admitindo-se uma das interpretações apresentadas, desde que não haja uma departamentalização ou estrutura interna para a coordenação das atividades envolvidas na prestação do serviço, fato que inicia os primeiros traços de atividade empresarial e que retira a pessoalidade, incompatibilizando essa estrutura com o regime especial do ISS. Iremos ver adiante um julgado do CMT que apreciou um caso de terceirização de serviços de projetos de arquitetura, no subitem 2.5 deste Capítulo.

VII – se caracterizem como empresárias ou cuja atividade constitua elemento de empresa (Acrescido pela Lei nº 15.406, de 08/07/11);

Vimos que a sociedade possui a natureza empresarial em razão da forma como pratica seu objeto social. No entanto, o termo "caracterizar" significa "ter o caráter, as particularidades". Esse dispositivo, a princípio, abre a possibilidade da interpretação de que os atributos formais das sociedades que a designe como empresária, tal como o registro do ato constitutivo em Junta Comercial, possa ser considerado suficiente para o não enquadramento no regime especial. Não foi essa a conclusão a que chegamos, porque vimos que os elementos formais que conferem natureza empresária são absolutamente irrelevantes para o enquadramento no regime especial. A segunda parte do dispositivo em tela refere-se à forma como a atividade é exercida, ou seja, se houver a utilização de uma estrutura organizacional para a prestação dos serviços surgem os primeiros traços empresariais em detrimento da pessoalidade.

VIII – sejam filiais, sucursais, agências, escritório de representação ou contato, ou qualquer outro estabelecimento descentralizado ou relacionado a sociedade sediada no exterior (Acrescido pela Lei nº 15.406, de 08/07/11).

A existência de filial não necessariamente confere natureza empresaria, ainda que no exterior. Suponha um escritório de advocacia com três sócios, sendo que dois ficam na matriz em São Paulo e o outro sócio fique em Campinas, pois esse escritório atende empresas dos dois Municípios. Não há aqui qualquer traço que confira a natureza empresária a essa sociedade, não obstante ela possuir

CAPÍTULO 5 – O REGIME ESPECIAL DO ISS NO MUNICÍPIO DE SÃO PAULO

dois estabelecimentos, sendo que eles estão situados em Municípios distintos[94]. O § 7º do artigo 15 em comento vai definir o conceito de sociedade empresária, para fins de aplicação do regime especial do ISS e o § 8º vai definir a sociedade empresária por equiparação.

> § 3º Os prestadores de serviços de que trata este artigo são obrigados à emissão de Nota Fiscal de Serviços Eletrônica ou outro documento exigido pela Administração Tributária (Com a redação da Lei nº 15.406, de 08/07/11).

Por este dispositivo, as sociedades inscritas no regime especial do ISS devem emitir a Nota Fiscal de Serviços Eletrônica, a qual constitui obrigação tributária acessória. Esse tipo de obrigação poderia inclusive ser introduzida por ato infralegal, uma vez que o § 2º do artigo 113[95] do CTN dispõe que elas decorrem da legislação.

Essa obrigação é merecedora de comentários: enquanto a sociedade estiver inscrita no regime especial, esses deveres instrumentais não constituem lançamento do crédito tributário, conforme afirmamos anteriormente, porque essas notas fiscais eletrônicas não guardam qualquer relação com o *quantum* a ser tributado a título de ISS, sendo essa relação a essência do lançamento.

Quanto à exposição em detalhes da questão relativa à obrigatoriedade da emissão da nota fiscal eletrônica pelas sociedades de profissionais, recomendamos a leitura dos comentários da Solução de Consulta SF/DEJUG nº 5, de 20 de fevereiro de 2013, no subitem 2.6 deste Capítulo.

---

[94]   O exemplo é meramente ilustrativo, pois entendemos que não há necessidade de os estabelecimentos prestadores de serviço estarem em Municípios distintos para que não caracterize natureza empresária. Suponha dois escritórios de uma sociedade formada por três advogados um trabalha no escritório no centro de São Paulo, próximo ao fórum central e outros dois no escritório próximo ao fórum trabalhista da Barra Funda. Não vemos razão para que esta sociedade não seja inscrita no regime especial.

[95]   *"Art. 113. A obrigação tributária é principal ou acessória.*

§ 1º A obrigação principal surge com a ocorrência do fato gerador, tem por objeto o pagamento de tributo ou penalidade pecuniária e extingue-se juntamente com o crédito dela decorrente.

§ 2º A obrigação acessória decorre da legislação tributária e tem por objeto as prestações, positivas ou negativas, nela previstas no interesse da arrecadação ou da fiscalização dos tributos."

O REGIME ESPECIAL DO ISS

A sociedade de profissionais é tributada com base em uma receita bruta de serviços, disposta em lei, a qual constitui uma presunção legal absoluta, como já vimos. Destarte, não há que se falar em prescrição dos supostos créditos dessas notas fiscais eletrônicas. Se houver o desenquadramento superveniente, os valores constantes dessas notas serão utilizados como base de cálculo nos lançamentos de ofício a serem realizados, pois a autuação ocorrerá com base no movimento econômico. Assim, os valores dos serviços prestados, ainda que declarados em nota fiscal, ficam sujeitos à decadência sendo pertinente a discussão sobre a definição do *dies a quo* do prazo decadencial, apresentado no Capítulo 4.

> § 4º Para os prestadores de serviços de que trata este artigo, o imposto deverá ser calculado mediante a aplicação da alíquota determinada no artigo 16[96], sobre as importâncias estabelecidas neste artigo.

---

[96] *"Art. 16. O valor do Imposto será calculado aplicando-se à base de cálculo a alíquota de:(Redação dada pela Lei nº 14.256, de 29 de dezembro de 2006)*

I – 2,0% (dois por cento) para os serviços previstos:(Redação dada pela Lei nº 14.256, de 29 de dezembro de 2006)

a) nos itens 4 e 5 e nos subitens 2.01, 6.04, 8.01, 11.02, 11.03, 12.01, 12.03, 12.05, 13.04, 15.09, 15.14, 16.01 e 17.05 da lista do "caput" do art. 1º;(Redação dada pela Lei nº 16.757, de 14 de novembro de 2017)

b) no subitem 7.10 da lista do "caput" do art. 1º relacionados a limpeza, manutenção e conservação de imóveis (inclusive fossas);(Redação dada pela Lei nº 14.256, de 29 de dezembro de 2006)

c) no subitem 10.01 da lista do "caput" do art. 1º relacionados a corretagem de seguros;(Redação dada pela Lei nº 14.256, de 29 de dezembro de 2006)

d) no subitem 12.07 da lista do "caput" do art. 1º relacionados a balé, danças, óperas, concertos e recitais;(Redação dada pela Lei nº 14.256, de 29 de dezembro de 2006)

e) no subitem 12.11 da lista do "caput" do art. 1º relacionados à venda de ingressos do Grande Prêmio Brasil de Fórmula 1;(Redação dada pela Lei nº 14.256, de 29 de dezembro de 2006)

f) no subitem 16.02 da lista do "caput" do art. 1º relacionados ao transporte de escolares e transporte por táxi (inclusive frota);(Redação dada pela Lei nº 16.757, de 14 de novembro de 2017)

g) no subitem 14.01 da lista do "caput" do art. 1º relacionados às atividades desenvolvidas por sapateiros remendões que trabalhem individualmente e por conta própria;(Redação dada pela Lei nº 14.256, de 29 de dezembro de 2006)

h) nos subitens 7.10, 7.11, 11.02, 14.01, 14.09, 17.02 e 37.01 da lista do "caput" do art. 1º relacionados, respectivamente, às atividades desenvolvidas pelas seguintes pessoas físicas não estabelecidas: desentupidor de esgotos e fossas e faxineiro, jardineiro, guarda-noturno e vigilante, afiador de utensílios domésticos, afinador de instrumentos musicais e engraxate, alfaiate e costureiro, datilógrafo, músico e artista circense;(Redação dada pela Lei nº 14.256, de 29 de dezembro de 2006)

CAPÍTULO 5 – O REGIME ESPECIAL DO ISS NO MUNICÍPIO DE SÃO PAULO

As alíquotas previstas no artigo 16 são *ad valorem*, demonstrando que elas devem incidir sobre uma base de cálculo para que seja obtido um valor relativo ao ISS a recolher. Vimos que essa base de cálculo constitui uma receita presumida mensal que consta no caput do artigo 15, já analisado, no excerto: *"estabelecendo-se como receita bruta mensal o valor de R$ 800,00 (oitocentos reais) multiplicado pelo número de profissionais habilitados"*. Esse valor constitui presunção absoluta, nos termos que já discorremos. Nesse parágrafo, fica claro que o Município de São Paulo estabeleceu uma receita que constitui presunção absoluta sobre a qual incide a alíquota correspondente ao serviço prestado, conforme havíamos mencionado. Ocorre que o valor correspondente a essa receita bruta unitária é atualizado anualmente, conforme dispõe o § 5º a seguir.

i) no subitem 15.01 da lista do "caput" do art. 1º, relacionados à administração de fundos quaisquer, de cartão de crédito ou débito e congêneres e de carteira de clientes;(Incluído pela Lei nº 15.406, de 8 de julho de 2011)

j) nos subitens 15.12, 15.15 e 15.16 da lista do "caput" do art. 1º, relacionados às atividades desenvolvidas pela Bolsa de Valores, Mercadorias e Futuros – BM&FBOVESPA S.A.;(Incluído pela Lei nº 15.406, de 8 de julho de 2011)

k) no subitem 21.01 da lista do "caput" do art. 1º;(Incluído pela Lei nº 15.406, de 8 de julho de 2011)

l) no subitem 17.11 da lista do "caput" do art. 1º, relacionados a fornecimento e administração de vales--refeição, vales-alimentação, vales-transporte e similares, via emissão impressa ou carregados em cartões eletrônicos ou magnéticos, ou outros oriundos de tecnologia adequada, bem como a administração de benefícios relativos a planos de assistência à saúde;(Redação dada pela Lei nº 16.757, de 14 de novembro de 2017)

m) no subitem 15.10 da lista do "caput" do art. 1º, relacionados a pagamentos, por meio eletrônico, realizados por facilitadores de pagamento;(Incluído pela Lei nº 16.280, de 21 de outubro de 2015)

n) no subitem 9.02 da lista do "caput" do art. 1º, relacionados à organização, promoção e execução de programas de turismo, passeios, viagens, excursões, hospedagens e congêneres;(Incluído pela Lei nº 16.757, de 14 de novembro de 2017)

II – 2,5% (dois e meio por cento) para os serviços previstos:(Redação dada pela Lei nº 16.272, de 30 de setembro de 2015)

III – 2,9% (dois inteiros e nove décimos por cento) para os serviços previstos no item 1 e no subitem 17.24 da lista do "caput" do art. 1º;(Incluído pela Lei nº 16.757, de 14 de novembro de 2017)

a) no subitem 3.02 da lista do "caput" do art. 1º, relacionados à exploração de stands e centros de convenções para a promoção de feiras, exposições, congressos e congêneres;(Incluído pela Lei nº 16.272, de 30 de setembro de 2015)

b) no subitem 17.09 da lista do "caput" do art. 1º;(Incluído pela Lei nº 16.272, de 30 de setembro de 2015)

III – 3,0% (três por cento) para o serviço descrito no subitem 1.07 da lista do "caput" do art. 1º, relacionado a suporte técnico em informática, inclusive instalação, configuração e manutenção de programas de computação e bancos de dados;(Redação dada pela Lei nº 16.272, de 30 de setembro de 2015)

IV – 5,0% (cinco por cento) para os demais serviços descritos na lista do "caput" do art. 1º.(Redação dada pela Lei nº 16.272, de 30 de setembro de 2015)".

O REGIME ESPECIAL DO ISS

§ 5º As importâncias previstas neste artigo serão atualizadas na forma do disposto no artigo 2º e seu parágrafo único da Lei nº 13.105, de 29 de dezembro de 2000[97].

A atualização do valor que constitui a receita de serviços presumida se dará, como valor limite, a variação do IPCA. Lembramos que essa atualização constitui exceção ao princípio da legalidade, uma vez que esse índice é o oficial da inflação, em atenção ao disposto no § 2º do artigo 97[98] do CTN. Sendo assim, a atualização pode ser realizada por meio de decreto.

§ 6º Aplicam-se aos prestadores de serviços de que trata este artigo, no que couber, as demais normas da legislação municipal do Imposto Sobre Serviços de Qualquer Natureza – ISS.

Esse dispositivo determina a aplicação subsidiária e supletiva[99] das normas relativas ao ISS da legislação tributária do Município de São Paulo, relativas ao regime ordinário desse imposto, também denominado tributação pelo movimento econômico.

Os §§ 7º ao 9º foram introduzidos pela Lei Municipal nº 15.406/2011.

§ 7º Para fins do disposto no inciso VII do § 2º deste artigo, são consideradas sociedades empresárias aquelas que tenham por objeto o exercício de atividade própria de empresário sujeito à inscrição no Registro Público das Empresas Mercantis, nos termos dos artigos 966 e 982 do Código Civil (Acrescido pela Lei nº 15.406, de 08/07/11).

---

[97] *"Art. 2º – A partir do exercício de 2001, inclusive, os valores convertidos na forma do artigo 1º serão atualizados, em 1º de janeiro de cada exercício, pela variação do Índice de Preços ao Consumidor Amplo – IPCA, apurado pelo Instituto Brasileiro de Geografia e Estatística – IBGE, acumulada no exercício anterior."*

[98] Transcrevemos o § 2º do artigo 97 do CTN: *"§ 2º Não constitui majoração de tributo, para os fins do disposto no inciso II deste artigo, a atualização do valor monetário da respectiva base de cálculo".*

[99] Fazemos aqui uma distinção entre aplicação subsidiária e aplicação supletiva de uma norma. No primeiro caso, aplica-se outra norma porque a norma que rege o caso não prevê determinado fato específico. Já na aplicação supletiva, a norma que rege o caso não o regulamenta completamente o fato específico, sendo necessário recorrer a outra norma para complementá-la.

CAPÍTULO 5 – O REGIME ESPECIAL DO ISS NO MUNICÍPIO DE SÃO PAULO

O § 7º em comento repete a definição da sociedade empresária prevista no Código Civil e ainda encampou o requisito formal relativo ao registro como condição para o enquadramento. Essa disposição diverge do que concluímos quando analisamos as disposições do artigo 9º do Decreto-Lei nº 406/1968. Aqui, o legislador local expressamente optou por incluir o elemento formal relativo à inscrição na Junta Comercial como parâmetro que designe natureza empresarial à sociedade e, portanto, nos termos da lei local, desautoriza sua inscrição no regime especial. Como os elementos formais não violam as disposições do Decreto-Lei nº 406/1968, entendemos que o desenquadramento do regime especial com base no § 7º em comento somente pode se dar para fatos imponíveis ocorridos após o início da vigência da Lei Municipal nº 15.406/2011.

> § 8º Equiparam-se às sociedades empresárias, para fins do disposto no inciso VII do § 2º deste artigo, aquelas que, embora constituídas como sociedade simples, assumam caráter empresarial, em função de sua estrutura ou da forma da prestação dos serviços (Acrescido pela Lei nº 15.406, de 08/07/11).

No § 8º, houve novamente a convergência com a disposição do parágrafo único do artigo 966 do Código Civil, porque esse dispositivo prevê que a sociedade simples que apresentar elemento de empresa, perde a sua natureza originária, não deixando a natureza da sociedade refém de seu registro. Aqui fica clara a vinculação existente entre a pessoalidade e o caráter empresarial, pois este está subordinado em função da estrutura interna da sociedade ou da forma de prestação de serviço. Destarte, conforme já discorremos, a estrutura da sociedade, assim como a forma como ela presta o serviço determinam o caráter empresarial e a consequente incompatibilidade com o regime especial do ISS. Esse dispositivo apenas explicita uma violação de requisito essencial da sociedade de profissionais. Esperamos que o dispositivo em análise não sirva de justificativa para classificar sociedade simples de responsabilidade limitada como empresária, fato esse que, ao nosso ver, constitui grave equívoco de hermenêutica.

> § 9º Os incisos VI e VII do § 2º e os §§ 7º e 8º deste artigo não se aplicam às sociedades uniprofissionais em relação às quais seja vedado

pela legislação específica a forma ou características mercantis e a realização de quaisquer atos de comércio (Acrescido pela Lei nº 15.406, de 08/07/11).

Nesse dispositivo, o legislador local cometeu o equívoco de reportar-se aos atos de comércio. Empresas mercantis ou que pratiquem atos de comércio, normalmente não são contribuintes do ISS, mas do Imposto sobre operação de Circulação de Mercadorias e Serviços (ICMS), de competência dos Estados e Distrito Federal. Além disso, a teoria dos atos de comércio, contemplada pelo revogado Código Comercial do 1850, não foi prestigiada pelo Código Civil de 2002.

§ 10. As pessoas jurídicas que deixarem de apresentar qualquer declaração obrigatória relacionada ao regime previsto neste artigo ter-se-ão por não optantes pelo regime especial de recolhimento de que trata este artigo, sendo desenquadradas desse regime, na forma, condições e prazos estabelecidos em regulamento (Acrescido pela Lei nº 16.240, de 22/07/15).

Pelo § 10º, a não entrega da declaração denominada D-SUP, no prazo, na forma e nas condições estatuídas no regulamento determina o desenquadramento da sociedade incluída no regime especial do ISS que se manteve inerte relativamente à entrega da declaração. Seu enquadramento poderá se dar após a entrega dessa declaração, caso ela preencha os requisitos necessários.

Os §§ 10 e 11 foram introduzidos pela Lei Municipal nº 16.240/2015. Não são dispositivos que tratam de requisitos de direito material relativos ao enquadramento no regime especial, mas são normas de natureza procedimental relacionadas ao enquadramento.

§ 11. O contribuinte poderá recorrer do desenquadramento de que trata o § 10 deste artigo, na forma, condições e prazos estabelecidos em regulamento (Acrescido pela Lei nº 16.240, de 22/07/15).

O desenquadramento pode ser objeto de impugnação na primeira instância administrativa e de recurso ordinário junto ao Conselho Municipal

CAPÍTULO 5 – O REGIME ESPECIAL DO ISS NO MUNICÍPIO DE SÃO PAULO

de Tributos. Tal fato originou-se com o artigo 53[100] da Lei Municipal nº 14.107/2005, com a redação dada pela Lei nº 16.272/2015, que ampliou a competência das câmaras julgadoras desse órgão e, por decorrência lógica, da primeira instância administrativa: antes, o órgão que promovia o desenquadramento do regime especial do ISS, no procedimento de fiscalização, julgava a impugnação e o recurso relativo a esse fato, o qual era objeto de despacho do diretor do departamento correspondente, constituindo uma instância especializada. Hoje, tal matéria é objeto do contencioso administrativo tributário em suas instâncias ordinárias. Mencionamos que, nos casos em que o desenquadramento, antes da vigência dessa lei, foi apreciado por essa instância especializada, o Conselho Municipal de Tributos não irá conhecer do recurso relativo a essa impugnação. Transcrevemos a ementa da decisão do processo administrativo nº 2014-0.069.822-3, exarada pelas Câmaras Reunidas:

> "RECURSO DE REVISÃO. DESENQUADRAMENTO DO REGIME DAS SOCIEDADES UNIPROFISSIONAIS. INCOMPETÊNCIA DO CMT ANTES DA VIGÊNCIA DA LEI 16.272/2015. INSTÂNCIA ADMINISTRATIVA ENCERRADA NA VIGÊNCIA DA LEGISLAÇÃO ANTERIOR, CUJA DECISÃO FINAL É VÁLIDA. NÃO CABIMENTO DE REANÁLISE DA MATÉRIA. INTELIGÊNCIA DO ART. 3º DO 56.769/2016."

A impugnação do desenquadramento do regime especial do ISS é causa de suspensão da exigibilidade do crédito tributário, nos termos do inciso III do artigo 151 do CTN. Nesse caso, em nosso entendimento, a suspensão da exigibilidade é aplicada aos autos de infração ora lavrados com base no movimento econômico e que tiveram origem no desenquadramento da sociedade prestadora de serviço do regime especial do ISS.

---

[100] *"Art. 53. Compete ao Conselho Municipal de Tributos:*
I – julgar, em segunda instância administrativa:
(...)
b) os recursos previstos no artigo 619, decorrentes de pedidos de reconhecimento de imunidade tributária, de concessão de isenção, de enquadramento e desenquadramento como sociedade de profissionais a que se refere o artigo 208, bem como decorrentes do indeferimento da opção pelo Simples Nacional, da exclusão de ofício do Simples Nacional e do desenquadramento de ofício do regime de que trata o artigo 18-A da Lei Complementar nº 123, de 2006;"

2.2 Os Atos Normativos Infralegais que Disciplinam o Regime Especial no Município de São Paulo

Há também os atos normativos infralegais que regulamentam o regime especial do ISS. O primeiro a ser mencionado é o regulamento do ISS, o Decreto nº 53.151, de 17 de maio de 2012. Em seguida, analisaremos a Declaração Eletrônica das Sociedades Uniprofissionais (D-SUP) e as 7 súmulas administrativas vinculantes. Após, será objeto de análise o Parecer Normativo SF nº 3, de 28 de outubro de 2016.

As soluções de consulta e as decisões do Conselho Municipal de Tributos a serem analisadas não constituem normas complementares das leis e decretos, nos termos do artigo 100 do CTN, mas auxiliam a compreensão do entendimento Fazendário, em alguns dos temas tratados relativamente às sociedades de profissionais.

2.2.1 O Regulamento do ISS – Decreto nº 53.151/2012

O regulamento do ISS, relativamente ao regime especial analisado, sofreu algumas alterações pelo Decreto nº 56.378 de 2015. Tais modificações encontram-se consolidadas nos dispositivos abaixo:

> Art. 19. Adotar-se-á regime especial de recolhimento do Imposto quando os serviços descritos nos subitens 4.01, 4.02, 4.06, 4.08, 4.11, 4.12, 4.13, 4.14, 4.16, 5.01, 7.01 (exceto paisagismo), 17.13, 17.15 e 17.18 da lista do "caput" do artigo 1º deste regulamento, bem como aqueles próprios de economistas, forem prestados por sociedade constituída na forma do § 1º deste artigo, estabelecendo-se como receita bruta mensal o valor de R$ 1.221,28 (um mil duzentos e vinte e um reais e vinte e oito centavos) multiplicado pelo número de profissionais habilitados.
>
> § 1º. As sociedades de que trata o «caput» deste artigo são aquelas cujos profissionais (sócios, empregados ou não) sejam habilitados ao exercício da mesma atividade e prestem serviços de forma pessoal, em nome da sociedade, assumindo responsabilidade pessoal, nos termos da legislação específica.

§ 2º. Excluem-se do disposto no «caput» deste artigo as sociedades que:

I – tenham como sócio pessoa jurídica;

II – sejam sócias de outra sociedade;

III – desenvolvam atividade diversa daquela a que estejam habilitados profissionalmente os sócios;

IV – tenham sócio que delas participe tão-somente para aportar capital ou administrar;

V – explorem mais de uma atividade de prestação de serviços;

VI – terceirizem ou repassem a terceiros os serviços relacionados à atividade da sociedade;

VII – se caracterizem como empresárias ou cuja atividade constitua elemento de empresa;

VIII – sejam filiais, sucursais, agências, escritório de representação ou contato, ou qualquer outro estabelecimento descentralizado ou relacionado a sociedade sediada no exterior.

§ 3º. Para os prestadores de serviços de que trata o «caput» deste artigo, o Imposto deverá ser calculado mediante a aplicação da alíquota determinada no artigo 18 deste regulamento, sobre a importância estabelecida no «caput» deste artigo.

§ 4º. Quando não atendido qualquer dos requisitos fixados no «caput» e no § 1º deste artigo ou quando se configurar qualquer das situações descritas no § 2º deste artigo, o Imposto será calculado com base no preço do serviço, mediante a aplicação da alíquota determinada no artigo 18 deste regulamento.

§ 5º. Os prestadores de serviços de que trata o «caput» deste artigo são obrigados à emissão de Nota Fiscal de Serviços Eletrônica ou outro documento exigido pela Administração Tributária, na forma, prazo e condições estabelecidas pela Secretaria Municipal de Finanças.

§ 6º. Para fins do disposto no inciso VII do § 2º deste artigo, são consideradas sociedades empresárias aquelas que tenham por objeto o exercício de atividade própria de empresário sujeito à inscrição no Registro Público das Empresas Mercantis, nos termos dos artigos 966 e 982 do Código Civil.

§ 7º. Equiparam-se às sociedades empresárias, para fins do disposto no inciso VII do § 2º deste artigo, aquelas que, embora constituídas como sociedade simples, assumam caráter empresarial, em função de sua estrutura ou da forma da prestação dos serviços.

§ 8º. Os incisos VI e VII do § 2º e os §§ 6º e 7º deste artigo não se aplicam às sociedades uniprofissionais em relação às quais seja vedado pela legislação específica a forma ou características mercantis e a realização de quaisquer atos de comércio.

§ 9º. Observado o disposto no artigo 172 deste regulamento, a importância prevista neste artigo será atualizada na forma do disposto no artigo 2º e seu parágrafo único, da Lei n.º 13.105, de 29 de dezembro de 2000.

§ 10. As pessoas jurídicas que deixarem de apresentar a declaração a que se refere o artigo 130-A deste decreto, ter-se-ão por não optantes pelo referido regime, sendo desenquadradas no primeiro dia do exercício seguinte ao término do prazo de apresentação da declaração, na forma e condições estabelecidas em ato do Secretário Municipal de Finanças e Desenvolvimento Econômico.(Redação dada pelo Decreto nº 56.378/2015)

§ 11. O contribuinte poderá recorrer do desenquadramento de que trata o § 10 deste artigo, na forma, condições e prazos estabelecidos em ato do Secretário Municipal de Finanças e Desenvolvimento Econômico.(Incluído pelo Decreto nº 56.378/2015)

Os dispositivos do regulamento até aqui apenas transcrevem os respectivos dispositivos de lei que foram objetos de nossos comentários no subitem anterior. O valor de R$ 1.221,28 (um mil duzentos e vinte e um reais e vinte e oito centavos) está atualizado até a data em que esse decreto foi editado, com a aplicação da variação acumulada do IPCA em relação ao valor de R$800,00 (oitocentos reais) nos termos do § 5º do artigo 15 da Lei Municipal nº 13.701/2003. Vejamos os parágrafos seguintes:

§ 12. Aplicam-se aos prestadores de serviços de que trata este artigo, no que couber, as demais normas da legislação municipal do Imposto. (Incluído pelo Decreto nº 56.378/2015)

CAPÍTULO 5 – O REGIME ESPECIAL DO ISS NO MUNICÍPIO DE SÃO PAULO

O § 12 dispõe sobre a aplicação subsidiária e supletiva das normas do regulamento do ISS para o regime especial. Essa disposição é desnecessária, pois o § 6º do artigo 15 da Lei Municipal nº 13.701/2003 já determinou a aplicação da legislação tributária, no que couber, para as sociedades de profissionais.

Passemos ao artigo 72 do regulamento que trata da data da ocorrência do fato gerador. Ainda que se trate do critério temporal da regra matriz de incidência, entendemos que tal disposição não viola o princípio da legalidade, porque o artigo 15 da Lei Municipal nº 13.701/2003 estabelece a receita bruta "mensal". Nesse caso, o artigo 72 a seguir apenas regulamenta a aplicação desse dispositivo legal, estabelecendo o dia do mês em que o fato imponível ocorre.

> Art. 72. Em relação ao Imposto devido pelas sociedades constituídas na forma do artigo 19 deste regulamento, considera-se ocorrido o fato gerador no primeiro dia de cada mês, exceto no primeiro mês em que iniciada a prestação de serviços, quando considerar-se-á ocorrido na data de início de atividade.

O artigo 72 em tela estabelece a data de ocorrência do fato gerador como sendo o primeiro dia de cada mês, exceto no caso de início da atividade em um mês em curso. Nesse caso, o fato imponível será considerado ocorrido nessa data, ou seja, quando a sociedade iniciou suas atividades. Porém, a data de pagamento do ISS vai ocorrer em data posterior à data da ocorrência mencionada, estando disposta no § 1º a seguir:

> § 1º. As sociedades constituídas na forma do artigo 19 deste regulamento devem recolher o Imposto trimestralmente, calculado na conformidade do § 3º do artigo 19 deste regulamento, com vencimento no dia 10 (dez) do mês subsequente a cada trimestre, de acordo com a tabela a seguir:
> Trimestre: Vencimento do Imposto em:
> janeiro, fevereiro e março 10 de abril
> abril, maio e junho 10 de julho
> julho, agosto e setembro 10 de outubro
> outubro, novembro e dezembro 10 de janeiro

O REGIME ESPECIAL DO ISS

A forma de recolhimento do ISS prevista no dispositivo imediatamente acima, determina que o fato gerador irá ocorrer a cada mês, em seu dia primeiro, enquanto o recolhimento será trimestral, devendo ocorrer em cada dia 10 do mês seguinte ao trimestre considerado. A data de pagamento de um tributo pode ser estabelecida por um ato infralegal, não constituindo, portanto, violação ao princípio da legalidade.

> § 2º. Para fim de preenchimento do documento de arrecadação, considera-se mês de incidência o último de cada trimestre.

Esse dispositivo pode conduzir à conclusão equivocada de que o ISS para a sociedade de profissionais seja de incidência trimestral, ao estabelecer que o mês de incidência será o último de cada mês do trimestre, mas tal fato relaciona-se apenas ao preenchimento do documento de arrecadação relativo aos recolhimentos. Os pagamentos realizados trimestralmente referem-se a cada um dos três meses correspondentes, conforme o CMT inclusive já decidiu, como vimos no Capítulo 4.

> § 3º. O Imposto será devido integralmente, mesmo quando a prestação de serviços não seja exercida ou exercida apenas em parte do período considerado.

Esse dispositivo reflete a presunção de continuidade na prestação de serviços que mencionamos no Capítulo 4. Nesse caso, por ser um regime de adesão voluntária, não há qualquer irregularidade em estabelecer tal presunção e o período em questão é o mês. Assim, caso a atividade seja encerrada no decorrer do mês de um dos trimestres dispostos no § 1º do artigo 72 em tela, o pagamento a ser realizado deverá ser referente a esse mês inteiro. Há quem entenda que o período em questão é o trimestre. Não é esse o nosso posicionamento.

> § 4º. Na hipótese de cancelamento de inscrição no CCM, o Imposto terá o seu vencimento antecipado e será devido até o mês de cancelamento pela repartição competente.

CAPÍTULO 5 – O REGIME ESPECIAL DO ISS NO MUNICÍPIO DE SÃO PAULO

O cancelamento da inscrição no Cadastro de Contribuintes Mobiliários (CCM) determina o vencimento antecipado do tributo. Verifica-se que a presunção do regime especial quanto à prestação dos serviços é também encerrada com o cancelamento da inscrição cadastral da sociedade. Outra forma dessa presunção encerrar, como já vimos, é por meio do desenquadramento. Entendemos que o ISS será devido até a data de entrada do pedido de cancelamento da inscrição, independentemente do tempo relativo ao processamento dessa solicitação pela Administração Tributária. Não podemos esquecer o disposto no § 3º imediatamente anterior.

> § 5º. Quando o inicio de atividade de que trata o "caput" deste artigo ocorrer no último mês do trimestre, o primeiro vencimento do Imposto ocorrerá na mesma data de vencimento do trimestre subseqüente.

No caso de início de atividade no decorrer do último mês de qualquer trimestre, março, junho, setembro ou dezembro, o ISS terá vencimento em 10 de julho, 10 de outubro, 10 de janeiro, ou 10 de abril, respectivamente. As datas de pagamento de um tributo não integram a regra-matriz de incidência correspondente, razão pela qual podem ser estabelecidas por ato infralegal, como é o caso do decreto em comento, conforme já afirmamos anteriormente.

2.2.2 Declaração Eletrônica das Sociedades Uniprofissionais – D-SUP

Para que o prestador de serviço seja enquadrado no regime especial do ISS, é necessário que ele envie eletronicamente a "Declaração Eletrônica das Sociedades Uniprofissionais" (D-SUP), a qual está regulamentada pelo Decreto nº 56.378/2015, o qual introduziu no Regulamento do ISS o artigo 130-A a seguir transcrito:

> Art. 130-A. As pessoas jurídicas enquadradas no regime especial de recolhimento de que trata o artigo 15 da Lei nº 13.701, de 24 de dezembro de 2003, ficam obrigadas a apresentar Declaração Eletrônica das Sociedades Uniprofissionais – D-SUP na forma, prazo e demais

condições estabelecidas pela Secretaria Municipal de Finanças e Desenvolvimento Econômico.

Esse dispositivo determina a obrigação quanto à entrega da D-SUP relativamente às pessoas jurídicas que pretendem ser inscritas no regime especial do ISS. Trata-se de uma obrigação tributária acessória, a qual é condição necessária para o enquadramento no regime especial. Não basta a entrega da declaração, é necessário que os requisitos questionados nessa declaração permitam o enquadramento. Conforme afirmamos anteriormente, trata-se de uma análise de cognição superficial e provisória que não corresponde à homologação, porque a Administração Tributária não faz qualquer exame dessa declaração, não conferindo à sociedade interessada o direito adquirido ao enquadramento, caso este seja deferido pelo sistema.

Como afirmamos anteriormente, a D-SUP constitui a declaração dos créditos do ISS para a sociedade que estiver incluída no regime especial. Os seus elementos serão objeto de exame posterior pela autoridade fiscal, fato que implicará a homologação ou não. Caso não ocorra esse exame no prazo de 5 anos, haverá a homologação tácita, nos termos do artigo 150 do CTN. A homologação tácita ocorre de forma contínua, mês a mês.

O procedimento de entrega dessa declaração está disposto na Instrução Normativa SF/SUREM nº 13, de 18 de setembro de 2015, alterada pela Instrução Normativa SF/SUREM nº 6, de 26 de abril de 2017. Vamos aos dispositivos da primeira Instrução Normativa, atualizada pela segunda:

> Art. 1º Aprovar o aplicativo para preenchimento e entrega da Declaração Eletrônica das Sociedades de Profissionais – D-SUP, disponibilizado no endereço eletrônico "https://dsup.prefeitura.sp.gov.br".
>
> Art. 2º A D-SUP é uma obrigação acessória que consiste na declaração pelo contribuinte, por meio eletrônico, de informações cadastrais, contábeis e fiscais, necessárias à Administração Tributária para verificação da regularidade de seu enquadramento no regime especial de recolhimento do Imposto Sobre Serviços de Qualquer Natureza – ISS das Sociedades de Profissionais – SUP de que trata o artigo 15 da Lei nº 13.701, de 24 de dezembro de 2003 e alterações posteriores.

CAPÍTULO 5 – O REGIME ESPECIAL DO ISS NO MUNICÍPIO DE SÃO PAULO

O sistema faz verificação quanto a alguns requisitos para o enquadramento no regime especial. Veremos no item seguinte que as súmulas vinculantes administrativas nº 1 e 4 vedam o enquadramento de sociedade de responsabilidade limitada no regime especial do ISS. Destarte, com base nesse fundamento, o próprio sistema irá denegar a inscrição desse tipo de sociedades no regime especial do ISS.

> Art. 3º Devem entregar a D-SUP, anualmente, todos os contribuintes enquadrados no regime especial previsto no artigo 15 da Lei nº 13.701, de 2003, bem como os que nele vierem a se enquadrar.

A D-SUP introduziu nova sistemática: antes, o interessado fazia apenas uma declaração em papel, a qual seria analisada futuramente pela fiscalização. Com sua implantação, as declarações passam a ser anuais e por meio de página eletrônica. E aqueles que pretendem ser enquadrados no regime especial do ISS deverão necessariamente cumprir essa obrigação tributária acessória. Assim, o ingresso da sociedade no regime especial do ISS se dá por meio de requerimento do interessado.

> Art. 4º Uma vez entregue a D-SUP, o sistema fará a verificação da regularidade do enquadramento do declarante no regime especial previsto no artigo 15 da Lei nº 13.701, de 2003 e, se for o caso, promoverá automaticamente as devidas alterações cadastrais.
> Parágrafo único. Na hipótese de desenquadramento pelo sistema, o declarante deverá preencher as informações requisitadas para a apuração do ISS devido, desde a data do desenquadramento até a data da declaração, respeitado o período decadencial.

Esse procedimento de verificação de alguns requisitos não implica a homologação dos lançamentos relativos à declaração correspondente, conforme afirmamos no Capítulo 4. Trata-se de um exame de cognição superficial e provisório, pois o enquadramento se dá em caráter precário, ou seja, não gera direito adquirido para o interessado. Há fatos que não podem ser detectados pelo sistema, tais como o repasse de serviço a outra pessoa jurídica, se há elementos de estrutura empresarial na prestação dos serviços, entre outros.

Havendo alteração superveniente em algum atributo da sociedade, ou se a fiscalização detectar qualquer incompatibilidade com os requisitos do regime especial, a sociedade poderá ser desenquadrada. Porém, esse desenquadramento deverá ser objeto de intimação, conforme trata a súmula vinculante administrativa nº 7, a qual será analisada adiante, em sua nova redação.

Reiteramos em expor a forma como se dá a verificação da regularidade do desenquadramento: esse exame funciona como uma espécie de filtro, impedindo que sociedades que não verifiquem algum requisito necessário à inclusão no regime especial sejam inscritas. Porém, essa declaração não é capaz de examinar todos os requisitos e, nesse instante a autoridade fiscal não faz a análise do cumprimento dos requisitos, tampouco a verificação dos documentos correspondentes. Essa verificação será realizada em um instante futuro, quando houver a abertura de um procedimento de fiscalização. Por essa razão, entendemos que o exame realizado pelo sistema é de cognição superficial e provisório e não corresponde à homologação do lançamento.

> Art. 5º O prazo para entrega da D-SUP iniciar-se-á no primeiro dia útil do mês de janeiro, estendendo-se até o último dia útil do mês de dezembro de cada exercício.
>
> Parágrafo único. Excepcionalmente, no exercício de 2015, o prazo para entrega da D-SUP iniciar-se-á no dia 21 de setembro, estendendo-se até o dia 30 de dezembro.

A D-SUP é uma declaração que deverá ser entregue anualmente. Será a partir do recebimento e aceitação preliminar pelo sistema dessa declaração que o recolhimento se dará na forma do regime especial, ou seja, uma receita como presunção absoluta sobre a qual incidirá a alíquota correspondente ao serviço a ser prestado enquanto a sociedade estiver inscrita no regime especial.

> Art. 6º A não entrega da D-SUP nos prazos previstos no artigo anterior implicará o desenquadramento do contribuinte do regime especial previsto no artigo 15 da Lei nº 13.701, de 2003, a partir de 1º de janeiro do exercício subsequente àquele em que a declaração deveria ter sido entregue.

§ 1º A hipótese de desenquadramento de que trata este artigo não impede a verificação da regularidade fiscal e cadastral do contribuinte, através de operação fiscal.

§ 2º O contribuinte poderá recorrer do desenquadramento de que trata o caput deste artigo, no prazo de 30 (trinta) dias, mediante o protocolo de processo administrativo na Praça de Atendimento da Secretaria Municipal de Finanças e Desenvolvimento Econômico.

Esse artigo determina uma causa procedimental de desenquadramento se a sociedade não entregar a declaração D-SUP, sem prejuízo de eventual procedimento de fiscalização para apurar a regularidade do contribuinte. O preenchimento tempestivo dessa declaração é condição necessária para a permanência da sociedade no regime especial. O desenquadramento relativo a não entrega dessa declaração terá somente efeitos prospectivos. A retroação dos efeitos do desenquadramento somente se dará se ficar comprovado que a sociedade descumpria, pelo menos, um de seus requisitos, porém, para isso, será necessário um procedimento de fiscalização para apurar tal descumprimento.

Vejamos como o TJSP manifestou entendimento relativo à entrega dessa declaração para o ingresso no regime especial do ISS. A 15ª Câmara de Direito Público do Tribunal de Justiça de São Paulo, no julgado da Apelação nº 1019448-21.2016.8.26.0053, manifestou o seguinte entendimento, conforme ementa a seguir transcrita:

"APELAÇÃO MANDADO DE SEGURANÇA – ISSQN. Sociedade de Advogados Exclusão do regime especial para recolhimento do ISS Não apresentação tempestiva da D-SUP -- Desenquadramento previsto na Instrução Normativa SF/SUREM nº 13/2015 e Lei Municipal nº 13.701/03. Contribuinte que deve provar preencher os requisitos para fazer jus ao regime diferenciado, por meio do cumprimento da obrigação acessória Notícia de deferimento administrativo do pedido de enquadramento da sociedade no regime especial de Sociedade Uniprofissional. Pedido de extinção recebido como desistência do recurso que homologo."

Embora tenha ocorrido desistência do recurso judicial pelo contribuinte, em razão de ter obtido o enquadramento na via administrativa, o órgão julgador mencionou seu entendimento no sentido de que a declaração deve ser entregue para que a sociedade seja incluída no regime ora analisado. Retomemos a análise da IN SF/SUREM nº 13/2015:

> Art.7º Os interessados poderão utilizar o correio eletrônico "duvidas.dsup@prefeitura.sp.gov.br" para dirimir eventuais dúvidas relativas à D-SUP.
>
> Art. 8º Excepcionalmente, na existência de débitos decorrentes de desenquadramento do regime especial de recolhimento de que trata o art. 15 da Lei nº 13.701, de 2003, o declarante poderá aderir ao Programa de Regularização de Débitos – PRD, instituído pela Lei nº 16.240, de 22 de julho de 2015, regulamentado pelo Decreto nº 56.378, de 28 de agosto de 2015.
>
> Parágrafo único. A adesão ao PRD poderá ser feita a partir do dia 21 de setembro 2015 até o dia 30 de dezembro de 2015, exclusivamente por meio do preenchimento e envio da D-SUP.

O Programa de Regularização de Débitos é um parcelamento específico para sociedades que foram desenquadradas do regime especial e tiveram contra ela autos de infração lavrados. Ele será exposto no final deste Capítulo.

> Art. 9º Esta Instrução Normativa entrará em vigor na data de sua publicação.

A D-SUP trata de obrigação tributária acessória que constitui condição para o enquadramento no regime especial do ISS exigível a partir do instante que a Instrução Normativa SF/SUREM nº 13, de 18 de setembro de 2015, iniciou sua vigência. A obrigação tributária acessória pode ser exigida ainda que tenha sido instituída por ato infralegal, em atenção ao disposto no § 2º[101] do artigo 113 do CTN. Tal ato infralegal não precisa ser necessariamente decreto,

---

[101] *"§ 2º A obrigação acessória decorre da legislação tributária e tem por objeto as prestações, positivas ou negativas, nela previstas no interesse da arrecadação ou da fiscalização dos tributos."*

ato exclusivo do Chefe do Poder Executivo, podendo ser também por meio de instrução normativa, como se verifica no caso em tela. Ela também não se subordina aos princípios da anterioridade nonagesimal e do exercício, porque não instituem, nem majoram tributo, mas ficam subordinadas ao princípio da irretroatividade.

2.3 As Súmulas Vinculantes Administrativas

Há ainda as 7 súmulas administrativas vinculantes que integram a legislação tributária como normas complementares, nos termos do inciso II do artigo 100 do CTN.

Essas súmulas, vinculam todos os órgãos da Administração Tributária municipal, contemplando o contencioso de primeira e segunda instância, a fiscalização e o consultivo. Vamos aos seus enunciados:

2010-0.118.499-4 – SECRETARIA MUNICIPAL DE FINANÇAS
– Súmulas de jurisprudência Administrativa relativas ao ISS e incidência sobre a atividade das Sociedades Uniprofissionais. – Homologação – Em face dos elementos que instruem o presente, em especial as manifestações da Assessoria Jurídico-Consultiva da Procuradoria Geral do Município (fls. 352/360) e do senhor Procurador Geral do Município (fls.361 e 379), e aprovação do senhor Secretário Municipal de Negócios Jurídicos (fls. 371/372), **HOMOLOGO**, com fulcro no artigo 12, § 1º do Decreto Municipal 27.321/88, as seguintes súmulas de jurisprudência administrativa, que versam acerca da incidência do Imposto Sobre Serviços relativos às atividades das Sociedades Uniprofissionais, impondo a sua observância a todos os órgãos da Administração Municipal centralizada:

A primeira súmula vinculante administrativa está relacionada com a limitação da responsabilidade dos sócios:

> 1 – "O benefício do regime especial de recolhimento do ISS, previsto pelo artigo 9º, parágrafo terceiro, do Decreto-Lei 406/68, com previsão na legislação municipal, no artigo 15, inciso II c/c parágrafo primeiro, da Lei 13701/2003, somente é aplicado ás sociedades uniprofissionais, constituídas por profissionais que atuem pessoalmente na prestação do serviço, e respondam de forma ilimitada";

O REGIME ESPECIAL DO ISS

As sociedades passíveis de enquadramento no regime especial do ISS, segundo essa súmula, devem ser aquelas em que os sócios prestam o serviço com pessoalidade e respondam ilimitadamente, nos termos do enunciado transcrito. Aqui, o enunciado da súmula não se referiu à responsabilidade técnica, como o fez o Decreto-Lei nº 406/1968. Conforme sustentamos anteriormente, da prestação de serviço com pessoalidade decorre a responsabilidade técnica originada na lei que rege o exercício da respectiva profissão. Essa responsabilidade não sofre limitação alguma, ainda que a sociedade prestadora de serviço seja de responsabilidade limitada. Afirmar que a limitação da responsabilidade do sócio produz reflexo na responsabilidade técnica é, implicitamente, dizer que o contrato, ato constitutivo da sociedade, derroga a lei que rege o exercício profissional, o que constitui um absurdo jurídico. Porém, essa súmula impede que a sociedade de responsabilidade limitada seja enquadrada no regime especial do ISS.

> 2 – "As sociedades uniprofissionais não poderão ter mais de uma atividade profissional como objeto da prestação de serviço no contrato social»;

Na súmula nº 2, não há definição do que seja a atividade profissional: se esse termo corresponde à habilitação de uma profissão ou se a uma atribuição daquelas que integram a habilitação profissional, conforme entendemos, ou ao serviço previsto em um subitem da lista anexa. As súmulas, assim como todas as normas devem ser aplicadas simultaneamente. A resposta do que venha a ser "atividade profissional", conforme já mencionamos, está disposta no inciso II[102] do artigo 1º do Parecer Normativo SF nº 3/2016 que analisaremos no subitem 2.4 deste Capítulo. Essa súmula correlaciona a unicidade da atividade quanto à prestação de serviço com a denominação do regime especial do ISS, como sendo "sociedades uniprofissionais", termo que evitamos durante as nossas análises. O inciso II do artigo 1º do Parecer Normativo em comento, refere-se à mesma atividade como sendo *"a atividade que estiver enquadrada no*

---

[102] *"II – exercício da mesma atividade: quando a atividade desenvolvida por todos os profissionais habilitados estiver enquadrada no mesmo item da lista do "caput" do art. 1º da Lei nº 13.701, de 2003, devendo corresponder a um único código de serviço;"*

mesmo subitem de serviço da lista anexa do artigo 1º da Lei nº 13.701/2003, devendo correponder a um único código de serviço". Portanto, a mesma atividade, no entender da Administração Fazendária, corresponde aos serviços que estiverem no mesmo subitem da lista anexa da lei local e no mesmo código de serviço" da Instrução Normativa SF/SUREM nº 8, de 18 de julho de 2011.

> 3 – "Sociedade constituída por sócios de uma categoria profissional e sócio comerciante, por quotas de responsabilidade limitada, não pode ser enquadrada como sociedade uniprofissional, para efeito da aplicação do regime especial de recolhimento do ISS";

Nessa súmula, há menção a "uma categoria profissional de sócios". Entendemos que se trata de profissionais com a mesma habilitação. Estranhamente, há menção de "sócio comerciante". Essa figura, provavelmente, o órgão enunciador da súmula se referiu ao sócio que somente aporte capital, ou sócio empresário, pois não vemos relação entre a qualificação de um sócio que eventualmente seja comerciante com a sociedade prestadora de serviços. Caso tenha sido essa a intenção, a denominação "comerciante" foi inapropriada.

> 4 – "As sociedades civis por quota de responsabilidade não gozam do tratamento tributário de regime especial de recolhimento do ISS, previsto no parágrafo terceiro, do artigo 9º, do Decreto 406/68 e artigo 15, parágrafo primeiro, Lei 13.701/03";

As súmulas administrativas foram editadas após a vigência do Código Civil de 2002, mas se referiu às sociedades civis (em oposição às sociedades comerciais), não fazendo menção às sociedades simples. Vimos, no Capítulo 2, que ainda que a sociedade simples tenha o capital dividido em quotas não implica natureza empresarial a essa sociedade. Essa súmula reforça o impedimento quanto ao enquadramento da sociedade de responsabilidade limitada, assim como a súmula nº 1.

> 5 – "As sociedades civis, para efeito do tratamento privilegiado previsto no regime especial de recolhimento do ISS, devem: ser constituídas, exclusivamente, por sócios habilitados para a mesma atividade

profissional e respectivo exercício; ter por objeto a prestação de serviço inserido nos subitens previsto no inciso II, do artigo 15, da Lei 13701/03; com responsabilidade ilimitada pessoal e sem caráter empresarial";

A súmula nº 5 se utilizou novamente da antiga sociedade civil, dispondo dos requisitos necessários ao enquadramento: sócios habilitados para a mesma atividade profissional, tendo a sociedade como objeto social os serviços prestados da Tabela 2 do Capítulo 1, havendo aqui a adição da responsabilidade pessoal (técnica) com a ilimitada e ainda, a sociedade não deve ter caráter empresarial. A inclusão da responsabilidade ilimitada diverge do nosso entendimento.

> 6 – "As sociedades civis de advogados gozam do benefício do tratamento tributário diferenciado previsto no artigo 9º, parágrafo terceiro, do Decreto-Lei 406/68, vez que são necessariamente uniprofissionais, não podem possuir natureza mercantil, sendo pessoal à responsabilidade dos profissionais nela associados, nos termos dos artigos 15 a 17, da Lei Federal 8.904/94 – Estatuto da Advocacia";

A súmula nº 6 é específica às sociedades de advogados, não podendo ter natureza mercantil. Aqui observamos uma incongruência: no sistema francês, havia a sociedade comercial (ou mercantil) e, nessa época havia também a sociedade civil prestadora de serviços. Essa classificação era mutuamente exclusiva, ou a sociedade era civil, ou era mercantil. Estranhamente, a súmula pensou na possibilidade existente no sistema atual, sociedade formalmente simples com elemento de empresa, utilizando a denominação do sistema anterior. Além disso, o artigo 15 da Lei nº 8.904/94, em sua antiga redação[103], dispunha que "os advogados podem reunir-se em sociedade civil de prestação de serviço de advocacia, na forma disciplinada nesta lei e no regulamento geral".

A súmula vinculante administrativa sofreu alterações em seu enunciado. Antes, ela apresentava a seguinte redação:

---

[103] A Lei nº 13.247/2016 estabeleceu a seguinte redação ao mencionado artigo 15: "Art. 15. Os advogados podem reunir-se em sociedade simples de prestação de serviços de advocacia ou constituir sociedade unipessoal de advocacia, na forma disciplinada nesta Lei e no regulamento geral."

CAPÍTULO 5 – O REGIME ESPECIAL DO ISS NO MUNICÍPIO DE SÃO PAULO

7 – "Os desenquadramentos do regime especial de recolhimento do ISS realizados pela Administração Tributária deverão ser precedidos de regular processo administrativo tributário, observado o princípio do contraditório, constando todos os elementos que comprovem o serviço especializado praticado pela sociedade e sua organização; não bastando à análise do contrato social e declaração cadastral".

A questão relativa a essa súmula eram as formas de como ela era interpretada: a alegação dos contribuintes era de que a decisão de ofício que desenquadrava a sociedade do regime especial deveria ser precedida de contraditório. A Fazenda alegava que havia o desenquadramento liminar, após o qual era concedido ao contribuinte prazo para impugnar a decisão que desenquadrou a sociedade e, nessa oportunidade seria oferecido o contraditório para, ao final, a decisão de desenquadramento liminar ser definitiva na esfera administrativa, ou seja, no entendimento fazendário da súmula administrativa nº 7, o contraditório era deferido, ou seja, posterior à primeira decisão do desenquadramento e prévio à decisão final desse processo. Tal processo resultava em lavratura de autos de infração, os quais eram objeto de impugnação administrativa. Lembramos que o contraditório é integrado pelo binômio "ciência e oportunidade de agir". O ato processual que possibilita a ciência do desenquadramento é a intimação deste fato ao contribuinte.

A questão da ausência de intimação no desenquadramento do regime especial, mas por motivo diverso da conclusão de um procedimento de fiscalização, já foi objeto de julgamento da Apelação nº 1055434-36.2016.8.26.0053, pela 15ª Câmara de Direito Público do TJSP, cuja ementa transcrevemos a seguir:

APELAÇÃO – AÇÃO ANULATÓRIA Município de São Paulo ISS – Prestação de serviços de advocacia. Sociedade uniprofissional. Desenquadramento do regime especial de recolhimento em razão do descumprimento da obrigação de apresentação da Declaração Eletrônica das Sociedades Uniprofissionais. Ausência de intimação do desenquadramento. Demora no julgamento do processo administrativo. Inexistência de má-fé por parte do contribuinte. Reenquadramento determinado – Sentença mantida Recurso improvido.

Nesse caso, o contribuinte deve ser intimado do desenquadramento para que possa eventualmente oferecer impugnação contra a decisão que o retirou do regime especial do ISS.

A súmula administrativa vinculante nº 7 teve a sua redação alterada. Atualmente, ela tem a seguinte redação:

> 2016-0.242.528-7 – Secretaria Municipal da Fazenda – Súmula de jurisprudência administrativa relativa à incidência do ISS sobre atividades desenvolvidas pelas sociedades uniprofissionais – À vista dos elementos contidos no presente, em especial da recomendação da Secretaria Municipal de Justiça (fls. 65), EDITO a presente súmula a fim de conferir à Súmula de Jurisprudência Administrativa nº 7, homologada no processo administrativo 2010-0.118.499-4 (D.O.C. de 31/12/2010), a nova redação aprovada pela Procuradoria Geral do Município, no uso da competência que lhe foi atribuída pelo Decreto nº 57.263/16, consoante manifestações de fls. 34/40 e 56/62, a saber: "7 – A Administração Tributária poderá desenquadrar de ofício as pessoas jurídicas do regime de recolhimento especial próprio das Sociedades Uniprofissionais, caso se constate o descumprimento de qualquer dos requisitos constantes em legislação específica, devendo notificar o sujeito passivo e abrir prazo para impugnação junto ao órgão de julgamento de primeira instância, nos termos da legislação".

A nova redação não permite mais aquela divergência de interpretações. Agora, o desenquadramento de ofício será objeto de contestação no contencioso administrativo municipal, ocasião em que se verificará o contraditório e demais garantias conferidas ao contribuinte.

2.4 O Parecer Normativo SF nº 3, de 28 de outubro de 2016

O Parecer Normativo SF nº 3 foi publicado no Diário Oficial no dia 29 de outubro de 2016 e vincula, assim como as súmulas administrativas analisadas no subitem anterior, todos os órgãos da Administração Tributária paulistana, contencioso, fiscalização e consultivo. Transcrevemos a seguir as suas disposições:

CAPÍTULO 5 – O REGIME ESPECIAL DO ISS NO MUNICÍPIO DE SÃO PAULO

Interpreta o disposto no artigo 15 da Lei nº 13.701, de 24 de dezembro de 2003, que trata do regime especial de recolhimento do ISS próprio das Sociedades Uniprofissionais. O Secretário Municipal de Finanças e Desenvolvimento Econômico, no uso de suas atribuições legais, Considerando a necessidade de uniformizar a aplicação do artigo 15 da Lei nº 13.701, de 24 de dezembro de 2003, que trata do regime especial de recolhimento do ISS próprio das Sociedades Uniprofissionais; e Considerando as súmulas de jurisprudência administrativa homologadas no processo administrativo nº 2010-0.118.499-4, de observância obrigatória a todos os órgãos da Administração Municipal centralizada, Resolve:

O Parecer se autodenomina interpretativo a fim de apresentar efeitos retroativos, para que assim possa ser aplicado a fatos imponíveis ocorridos antes de sua vigência. Ocorre que não basta um ato normativo assim se autoproclamar para que ele realmente tenha essa natureza. É necessário que ele seja acessório a uma disposição normativa anterior da legislação, ou seja, ele depende de um ato normativo prévio e determinado, o qual será o objeto de interpretação. Aqui, o Parecer menciona estar interpretando o artigo 15 da Lei nº 13.701/2003.

Passemos à análise do artigo 1º do Parecer, o qual traz algumas definições para a aplicação da legislação da sociedade de profissionais:

Art. 1º As Sociedades Uniprofissionais são aquelas cujos profissionais (sócios, empregados ou não) são habilitados ao exercício da mesma atividade e prestam serviços de forma pessoal, em nome da sociedade, assumindo responsabilidade pessoal, nos termos da legislação específica, entendendo-se por:
I – profissional habilitado: aquele que satisfaz todos os requisitos necessários para o exercício da profissão, nos termos da legislação específica que regula a atividade profissional;
II – exercício da mesma atividade: quando a atividade desenvolvida por todos os profissionais habilitados estiver enquadrada no mesmo item da lista do "caput" do art. 1º da Lei nº 13.701, de 2003, devendo corresponder a um único código de serviço;

III – prestação de serviço de forma pessoal: quando todas as etapas da execução da atividade forem desempenhadas por um único profissional habilitado (sócio, empregado ou não), não se admitindo que:

a) haja divisão ou distribuição de partes do serviço contratado entre os profissionais habilitados da sociedade;

b) o gerenciamento, coordenação ou planejamento das tarefas que compõem a prestação do serviço sejam realizados por um profissional distinto daquele que efetivamente executa a atividade;

c) haja repasse ou terceirização, assim entendido como a atribuição de parte ou de todo o serviço contratado a terceiros que não sejam integrantes do quadro de profissionais habilitados da sociedade;

IV – responsabilidade pessoal: a obrigação do profissional de assumir a autoria e prestar contas dos atos praticados no âmbito de sua atividade perante o respectivo órgão que regulamenta o exercício da profissão, bem como nas esferas civil e criminal pelas consequências de sua atuação.

Parágrafo único. Considera-se integrante do quadro de profissionais habilitados da sociedade o profissional autônomo por ela contratado que seja habilitado ao exercício da mesma atividade e preste serviços de forma pessoal, em nome da sociedade, assumindo responsabilidade pessoal, nos termos da legislação específica.

Verifica-se a utilização do vocábulo "uniprofissionais" no caput do artigo 1º. A norma estatuída nesse dispositivo tem como destinatário os profissionais, sejam eles sócios, empregados ou não, que prestem o serviço com pessoalidade e em nome da sociedade, assumindo a responsabilidade técnica correspondente ao serviço prestado para o qual está habilitado. Suas disposições também têm como alvo a própria sociedade que eles integram.

O artigo 1º do Parecer estabelece alguns enunciados em seus incisos I a IV. Vejamos esses enunciados:

O inciso I apresenta a definição de profissional habilitado conforme expusemos no Capítulo1, ou seja, a pessoa que atendeu aos requisitos legais para o exercício da profissão. Aqui, não há vedação para a contratação do profissional autônomo.

CAPÍTULO 5 – O REGIME ESPECIAL DO ISS NO MUNICÍPIO DE SÃO PAULO

O inciso II do artigo 1º definiu o que é o "exercício da mesma atividade", sendo este a "atividade desenvolvida por todos os profissionais habilitados enquadrada no mesmo subitem da lista do caput do artigo 1º da Lei nº 13.701/2003, devendo corresponder a um único código de serviço". Os códigos de serviço estão dispostos na Instrução Normativa SF/SUREM nº 8, de 18 de julho de 2011 e suas alterações posteriores.

Vejamos, para ilustrar essa exposição, como o item 7.01 é disposto nessa instrução normativa:

Código de Serviço	Subitem	Serviços
01210	7.01	Paisagismo.
01520	7.01	Engenharia, agronomia, arquitetura, urbanismo e congêneres.
01538	7.01	Engenheiro, agrônomo, arquiteto, urbanista e congêneres (profissional autônomo).
01546	7.01	**Engenharia, agronomia, arquitetura, urbanismo e congêneres (regime especial – sociedade).**
01589	7.01	Agrimensura, geologia e congêneres.
01600	7.01	Agrimensor, geólogo e congêneres (profissional autônomo).
01627	7.01	Agrimensura, geologia e congêneres (regime especial – sociedade).

Tabela 13: Códigos de serviço relacionados com o subitem 7.01.

Pela disposição do artigo 1º do Parecer, a legislação tributária do Município de São Paulo, a princípio, admite a sociedade entre engenheiro civil e o arquiteto, o qual denominamos objeto social singular, assim como não veda a sociedade entre engenheiro civil e engenheiro eletrotécnico, porque todas essas atividades estão previstas no mesmo subitem 7.01 da lista anexa do caput do artigo 1º da Lei nº 13.701/2003 e encontram-se no mesmo código de serviço, 01546. Porém, para a conclusão final quanto a esses pontos controversos demandará percorrer todas as disposições da legislação tributária municipal, o que ainda não fizemos, razão pela qual não podemos afirmar que essa é uma conclusão final.

O inciso III define a pessoalidade na prestação dos serviços. Para o Parecer Normativo em comento, a definição de "prestação pessoal de serviço" é extremamente restritiva na alínea "a", pois é exigido que todas as etapas da atividade devam ser realizadas por um único profissional. Em nosso entendimento, a divisão da prestação em etapas e a divisão delas entre os sócios não implica a quebra da pessoalidade, se todos os profissionais participantes dessa prestação de serviço atuarem de forma pessoal. Na alínea "b", o dispositivo estatui que a coordenação ou planejamento das tarefas por profissional distinto daquele que efetivamente executa a atividade retira a pessoalidade da prestação dos serviços. Percebemos aqui uma impropriedade do vocábulo "tarefas". Teria o mesmo significado do termo "etapas" presente na alínea "a"? Entendemos que o profissional integrante da sociedade não deva deixar de prestar serviço para se dedicar integralmente à administração, mas a mera organização operacional é fundamental para qualquer prestação de serviço. A alínea "c" veda o repasse do serviço a terceiro que não seja integrante dos profissionais da sociedade. O parágrafo único permite a contratação de autônomos habilitados à prestação de serviços. Nossa conclusão relativamente à contratação de autônomos para prestar serviço em nome da sociedade converge para a autorização contida no Parecer quanto a esse ponto.

O inciso IV trata da responsabilidade pessoal conforme discorremos no Capítulo 1.

Analisaremos o artigo 2º do Parecer.

> Art. 2º Em decorrência do disposto no artigo 1º deste Parecer Normativo, não se enquadram no regime especial próprio das Sociedades Uniprofissionais as sociedades cujos profissionais tenham diferentes habilitações ou exerçam atividades distintas.

O artigo 2º faz referência à habilitação relacionada ao exercício profissional. Em seguida, menciona o termo "atividades". Dentro do que estatui esse dispositivo, a princípio, podemos entender a habilitação como o conjunto de atividades relativos ao exercício de uma profissão. Assim sendo, é vedado o enquadramento da sociedade com objeto social singular, como aquela do engenheiro civil com o arquiteto que, embora as habilitações sejam distintas, há atividades em comum. Se restam impedidas de ser enquadradas no regime especial do ISS, nos termos do Parecer em análise, as sociedades de objeto social singular, restam igualmente excluídas da possibilidade de enquadramento aquelas de objeto composto.

No caso da sociedade formada pelo engenheiro civil e pelo arquiteto, tais atividades, dentro do significado desse vocábulo atribuído pela legislação tributária municipal, não são distintas, pois estão no mesmo subitem da lista anexa do artigo 1º da Lei nº 13.701/2003, porém, a permissão ou vedação dependerá do sentido atribuído ao termo "habilitação". Em sentido amplo, seria o conjunto de todas as atribuições de uma profissão; em sentido estrito, seriam algumas atribuições da profissão, relativamente à atividade eleita como o objeto social, conforme exposto na Tabela 3 do Capítulo 3.

> Parágrafo único. Sem prejuízo de outras situações incompatíveis com o ingresso no regime especial próprio das Sociedades Uniprofissionais, incorrem na vedação disposta no "caput" deste artigo as sociedades que:

Os incisos a seguir representam requisitos negativos para a inclusão no regime especial do ISS, ou seja, ocorrendo qualquer situação nele prevista, o enquadramento será vedado. Tais disposições revelam, em nosso entendimento, antinomias com o artigo 1º desse mesmo Parecer. Como as normas conflitantes possuem a mesma hierarquia e a introdução delas no mundo jurídico ocorreu no mesmo instante, por elas integrarem o mesmo Parecer, restam excluídos da solução dessa antinomia os critérios hierárquico e temporal, o qual pode ser utilizado se a norma posterior tiver a mesma hierarquia da anterior.

> I – não possam, sem auxílio de profissional de habilitação distinta da dos sócios, atingir seu objeto social;

Este inciso normatiza a relação existente entre a habilitação dos sócios e a consecução do objeto social. Essa vinculação é essencial, conforme discorremos no item 2 do Capítulo 3. Isso significa que a habilitação dos sócios deve ser suficiente para a prática do objeto social, o que, somente por esse dispositivo, não implica eles terem a mesma formação profissional. Vimos, no caso do objeto social composto, no caso da sociedade formada por engenheiro civil e eletrotécnico que, cada um deles, na medida de suas habilitações, contribuem para a consecução do objeto social. Esse exemplo atende ao disposto nesse inciso I. Passemos ao próximo dispositivo.

> II – conjuguem profissionais de diferentes habilitações, tais como engenheiro mecânico com engenheiro civil ou agrônomo com geólogo;

O inciso II constitui a antinomia que mencionamos. Vimos que, quanto à engenharia, não há qualquer distinção entre as suas modalidades, tanto no item 7.01, quanto no código de serviço 01546 – Engenharia, agronomia, arquitetura, urbanismo e congêneres (regime especial – sociedade), na Instrução Normativa SF/SUREM nº 8, de 18 de julho de 2011 e nem quanto à arquitetura, sendo todas essas profissões consideradas a mesma atividade, nos exatos termos dispostos pelo Parecer em análise. Entendemos que a disposição relativa ao inciso II, que veda a sociedade de profissionais com modalidades distintas de engenharia colide com o que estatui o inciso II do artigo 1º do mesmo Parecer. Explico: nesse último dispositivo, foi estatuído que a mesma atividade deve constar do mesmo subitem e do mesmo código de serviço. Vimos que a Instrução Normativa em comento inseriu no código 01546 a todas as modalidades de engenharia, portanto são consideradas mesma atividade segundo o inciso II do artigo 1º do Parecer. Porém, o inciso II desfaz essa regra, instituindo uma regra proibitiva exemplificativa, o que não é admissível, pois regras proibitivas devem ser taxativas estabelecendo expressamente o conteúdo da proibição, pois o termo "habilitação" não está definido no artigo 1º do Parecer e não há, nos exemplos de proibição do inciso II em análise, atividades que se relacionem ao objeto social singular, não ficando clara a sua proibição. Essa é a razão do nosso protesto." Lembramos que o inciso II em análise é regra de exclusão do regime especial do ISS devendo dispor taxativamente sobre as hipóteses que contemplar. A Solução de Consulta SF/DEJUG nº 5, de 14 de março de 2016 que trataremos adiante, deixou claro que regras exclusivas do regime não devem comportar interpretação analógica. Por essas razões, considerando o próprio entendimento fazendário exarado na consulta, entendemos que esse inciso II não é aplicável. A redação desse dispositivo sugere que ele está se referindo aqui à habilitação em sentido amplo, ou seja, todas as atribuições legalmente outorgadas a uma determinada profissão, colidindo com disposições anteriores do próprio Parecer.

III – conjuguem diferentes atividades, tais como engenharia com serviços de acompanhamento e fiscalização de obras, contabilidade com perícia contábil ou contabilidade com auditoria.

Esse dispositivo fraciona a habilitação dos sócios, exatamente como nos exemplos vistos no Capítulo 3. A partir do instante em que uma profissão, a qual está habilitada para um conjunto de atividades (lembramos que o termo "atividades" por nós utilizado não possui o mesmo significado desse termo no entendimento Fazendário), não vemos qualquer razão para a retirada de parcela da habilitação dessas profissões como condição para o ingresso no regime especial. Seria análoga à situação que vedar o ingresso no regime especial de uma sociedade formada por advogados com especializações distintas.

O dispositivo trata dos exatos casos que analisamos, razão pela qual nos reportamos aos comentários correspondentes. Novamente aqui nos deparamos com o problema da regra proibitiva exemplificativa.

Art. 3º Sem prejuízo do disposto nos artigos anteriores e no § 2º do art. 15 da Lei nº 13.701, de 2003, não faz jus ao regime especial próprio das Sociedades Uniprofissionais a pessoa jurídica que:
I – tenha mais de uma atividade profissional como objeto da prestação de serviço no contrato social;

Esse dispositivo pode suscitar interpretações controversas, porém iremos recorrer à interpretação literal: a sociedade inscrita no regime especial está impedida de prestar mais de um tipo de atividade. O conceito de atividade, para entendermos o teor do ato normativo em análise, devemos nos reportar ao entendimento Fazendário, ou seja, no mesmo subitem e mesmo código de serviço, conforme inciso II do artigo 1º do mesmo Parecer. Assim, por força desse dispositivo também, não vemos razão para que seja aplicado o disposto no inciso II do artigo 2º do Parecer. Nesse caso, todas as atividades previstas no código de serviço 01546 poderiam ser prestadas pela mesma sociedade, como é o caso do engenheiro civil com o engenheiro mecânico e qualquer outra modalidade de engenharia.

> II – adote o modelo de sociedade limitada, uma vez que neste tipo societário o sócio não assume responsabilidade pessoal, sendo sua responsabilidade limitada à participação no capital social, observado o disposto no art. 5º;

Esse inciso II contribui para a vedação das sociedades de responsabilidade limitada ao acesso ao regime especial do ISS. Conforme discorremos no Capítulo 2, não é esse o nosso entendimento. A responsabilidade limitada não produz qualquer reflexo na responsabilidade técnica, tampouco confere à sociedade caráter empresarial, nos termos que expusemos.

> III – mesmo não adotando o modelo de sociedade limitada, tenha profissional que responda de forma limitada, observado o disposto no art. 5º;

Por esse dispositivo, ainda que a sociedade não seja de responsabilidade limitada, o Parecer veda o ingresso no regime especial de tipo societário no qual a responsabilidade de, pelo menos um sócio, seja limitada. Reportamo-nos às nossas conclusões a respeito da limitação da responsabilidade, no Capítulo 2. Reiteramos ainda que as disposições do Decreto-Lei nº 406/1968 sequer tangenciaram qualquer tipo societário, assim como a questão da limitação da responsabilidade dos sócios.

> IV – tenha sócio cuja habilitação não alcance a totalidade do objeto social.

Esse dispositivo apresenta algumas controvérsias em sua aplicação. Vimos que, em nosso entendimento, a habilitação é composta por um conjunto de atividades passíveis de serem exercidas em uma profissão.

Aqui, o objeto social deve estar inteiramente contido na habilitação de todos os sócios. Assim sendo, dentro dos casos analisados no Capítulo 3, estaria excluída do regime especial a sociedade formada entre o engenheiro civil e o eletrotécnico. Essa disposição tem um posicionamento contrário ao que expusemos. Entendemos que as habilitações devam estar voltadas ao exercício do objeto social, mas não necessariamente que todo o objeto social esteja contido em cada uma das habilitações.

Por outro lado, somente por esse dispositivo, a sociedade entre engenheiro civil e arquiteto seria possível, porque conforme demonstramos, o objeto social está contido dentro das duas habilitações em sentido estrito, embora elas sejam distintas em sentido amplo. Permite também a sociedade formada entre contador e técnico em contabilidade, pois se o objeto social contemplar atividades que pertençam à habilitação do técnico, esse dispositivo estará igualmente atendido.

> Art. 4º As pessoas jurídicas optantes pelo Regime Especial Unificado de Arrecadação de Tributos e Contribuições devidos pelas Microempresas e Empresas de Pequeno Porte – Simples Nacional, instituído pela Lei Complementar nº 123 , de 14 de dezembro de 2006, não poderão ser enquadradas no regime especial próprio das Sociedades Uniprofissionais, devendo recolher o ISS com base no movimento econômico, juntamente com os demais tributos abrangidos pelo Simples Nacional, por meio do Documento de Arrecadação do Simples Nacional – DAS.

O § 22-A do artigo 18 da Lei Complementar nº 123/2006 veda as sociedades integrantes do SIMPLES Nacional à inscrição no regime especial do ISS, exceto no caso previsto no próximo dispositivo, que trata dos escritórios de serviços contábeis. Na legislação do Município de São Paulo há o Ato Declaratório SF/SUREM nº 15, de 27 de agosto de 2010[104].

---

[104] Apresentamos as disposições do ato:

"*O SUBSECRETÁRIO DA RECEITA MUNICIPAL, no uso da atribuição que lhe confere a Portaria SF nº 126, de 5 de outubro de 2006 e,*

Considerando o disposto no § 22-A do art. 18 da Lei Complementar nº 123, de 14 de dezembro de 2006, acrescido pela Lei Complementar nº 128, de 19 de dezembro de 2008;

DECLARA:

Art. 1º Os escritórios de serviços contábeis optantes pelo Regime Especial Unificado de Arrecadação de Tributos e Contribuições devidos pelas Microempresas e Empresas de Pequeno Porte – Simples Nacional, instituído pela Lei Complementar nº 123, de 14 de dezembro de 2006, constituídos na forma do § 1º do

> Parágrafo único. O disposto no "caput" deste artigo não se aplica aos escritórios de serviços contábeis constituídos como Sociedades Uniprofissionais optantes pelo Simples Nacional, devendo recolher o ISS em valor fixo, conforme disposto no inciso II do "caput" do art. 15 da Lei nº 13.701, de 2003.

Apenas as sociedades prestadoras de serviços contábeis inscritas no SIMPLES Nacional podem ser enquadradas no regime especial do ISS. Essa situação se apresenta de forma mais detalhada na Solução de Consulta SF/DEJUG nº 17[105], de 13 de setembro de 2016, que analisaremos adiante.

> Art. 5º As sociedades de advogados, inclusive as que adotem o modelo de sociedade limitada, fazem jus ao regime especial próprio das Sociedades Uniprofissionais, uma vez que não podem possuir natureza mercantil, sendo pessoal a responsabilidade dos profissionais nela associados, nos termos dos artigos 15 a 17 da Lei Federal nº 8.906, de 4 de julho de 1994.
> § 1º Não serão consideradas sociedade de advogados aquelas:
> I – que adotem denominação de fantasia;
> II – cujo objeto englobe atividades estranhas ao exercício da advocacia;
> III – que prestem outros serviços que não os de advocacia;
> IV – que incluam como sócio ou titular pessoa não inscrita como advogado ou totalmente proibida de advogar.

Os escritórios de advocacia que realizam atividade jurídica e cobrança extrajudicial são excluídos do regime especial do ISS, pois a cobrança extrajudicial é atividade que não se encontra inscrita à habilitação do advogado

---

artigo 15 da Lei nº 13.701, de 24 de dezembro de 2003, devem recolher o ISS em valor fixo, conforme disposto no "caput" e § 4º do referido artigo.
Parágrafo *único. Os escritórios de serviços contábeis optantes pelo regime de que trata o "caput", não constituídos na forma do § 1º do artigo 15 da Lei nº 13.701, de 24 de dezembro de 2003, devem recolher o ISS com base no movimento econômico, juntamente com os demais tributos abrangidos pelo Simples Nacional, por meio do Documento de Arrecadação do Simples Nacional – DAS."*
[105] No caso da Solução de Consulta SF/DEJUG nº 17, de 13 de setembro de 2016, o consulente é um escritório de advocacia, porém há discussão da relação entre o SIMPLES nacional e o regime especial do ISS.

CAPÍTULO 5 – O REGIME ESPECIAL DO ISS NO MUNICÍPIO DE SÃO PAULO

e está prevista como outro tipo de serviço na lista anexa, razão pela qual, no entendimento fazendário e no nosso posicionamento, a exclusão do regime especial encontra-se de acordo com os requisitos legais da sociedade de profissionais. O serviço de cobrança está previsto no subitem 15.10 da lista anexa do artigo 1º da Lei nº. 13.701/2003. Em um julgado, o CMT entendeu que tais atividades são estranhas ao exercício da advocacia, conforme autos nº 6017.2015/0003435-4, conforme ementa a seguir:

> "ISS. SOCIEDADE UNIPROFISSIONAL. DESENQUADRAMENTO. ADVOCACIA. PRESTAÇÃO DE OUTROS SERVIÇOS NÃO PRIVATIVOS DE ADVOGADO. PROCESSO ADMINISTRATIVO DE DESENQUADRAMENTO ENCERRADO ANTES DO ADVENTO DA LEI 16.272/2015. AUSÊNCIA DAS NULIDADES NOS AUTOS DE INFRAÇÃO ALEGADAS PELA RECORRENTE. RECURSO PARCIALMENTE CONHECIDO AO QUAL SE NEGA ROVIMENTO NA PARTE CONHECIDA."

Vejamos o excerto do voto:

> "No mais, como bem colocado pela Representação Fiscal, foi comprovado nos autos dos processos administrativos acompanhantes que a sociedade de advogados em questão explora mais de uma atividade de prestação de serviços, contrariando o inciso § 2º, V do art 15 da Lei 13.701,03, além de explorar atividades não contempladas no inciso II do art. 15 da lei 13.701/03, eis que presta serviços relativos à cobrança amigável, além da judicial, de créditos de titularidade dos contratantes e busca e apreensão de bens (vide contrato firmado com o Banco Bradesco S.A., fls. 46 a 60 do pa. 2013-0.065.706-1, cláusulas 1ª, 7ª b, 8ª XII e 10ª §2º), e também emite notas fiscais de serviços de cobrança extrajudicial, possuindo em seu quadro de funcionários "cobradores internos" (fls. 35 a 40 do pa. 2013- 0.065.706-1), funções estas que não são privativas de advogado, conforme disciplina o art. 1º do EOAB (Lei 8.906/94), que assim disciplina: (...)
>
> Assim sendo, as atividades de cobrança extrajudicial não são privativas da advocacia, podendo ser realizadas por empresas especializadas,

não havendo a obrigação de serem prestadas por advogados, embora eventualmente o sejam."

Outra questão relativa ao enquadramento no regime especial, são as sociedades unipessoais de advocacia:

§ 2º Não faz jus ao regime especial próprio das Sociedades Uniprofissionais as sociedades unipessoais de advocacia de que trata o art. 15 da Lei Federal nº 8.906, de 1994.

As sociedades unipessoais de advocacia, assim como as EIRELIs, conforme vimos no Capítulo 1, estão excluídas do regime especial do ISS. As sociedades unipessoais são sociedades por ficção legal, não constituindo comunhão de esforços para a partilha de resultados, conforme prevê o artigo 981 do Código Civil.

Art. 6º Este Parecer Normativo, de caráter interpretativo, é impositivo e vinculante para todos os órgãos hierarquizados desta Secretaria, e revoga as disposições em contrário bem como as Soluções de Consulta emitidas antes da data de publicação deste ato e com ele em desacordo, independentemente de comunicação aos consulentes.

Vemos controversa a aplicação desse dispositivo, relativamente à revogação tácita das soluções de consulta. Entendemos que, se o contribuinte teve a publicação específica de sua solução de consulta, a revogação deve se dar pela mesma via, cabendo à Administração Tributária notificar expressamente o consulente, comunicando a matéria da solução de consulta que não será mais aplicável, em razão da edição do Parecer ora analisado.

2.5 Decisões do Conselho Municipal de Tributos

Neste item, apresentaremos alguns julgados do Conselho Municipal de Tributos sobre alguns temas analisados. Não estamos afirmando que este seja o entendimento consolidado da segunda instância do contencioso administrativo, podendo eventualmente até ser, mas para isso seria necessária uma pesquisa de maior amplitude. Os julgados apenas ilustram algumas situações que tratamos nos capítulos anteriores. Iniciaremos com a sociedade de responsabilidade limitada. Os julgados analisados neste subitem não constituem normas complementares, nos termos do artigo 100 do CTN.

Os autos do processo nº 6017.2017/0036173-1, pela 2ª Câmara Julgadora, apreciaram a responsabilidade limitada, não admitindo a inclusão de sociedade assim qualificada. Vejamos a ementa:

> "SUP. DESENQUADRAMENTO. CORRETAS AS PREMISSAS DA FISCALIZAÇÃO, POR TRATAR-SE DE SOCIEDADE DE RESPONSABILIDADE LIMITADA, DE CUNHO EMPRESARIAL E QUE REALIZA MAIS DE UMA ATIVIDADE. PRECEDENTES DO STJ NO MESMO SENTIDO. NÃO CONHECIMENTO DAS ALEGAÇÕES QUE ENVOLVEM O EXAME DA INCONSTITUCIONALIDADE/ ILEGALIDADE DA LEGISLAÇÃO TRIBUTÁRIA. RECURSO PARCIALMENTE CONHECIDO E, NA PARTE CONHECIDA, DESPROVIDO."

Vejamos as razões do voto divergente, entendimento que prevaleceu no julgamento:

> "O exame dos sete precedentes acima destacados, *data venia*, dão conta de que o Superior Tribunal de Justiça entende que a "limitação" da responsabilidade dos sócios, que exclui o benefício legal, não se refere a suas eventuais responsabilidades perante os órgãos de classe e/ou clientes, pelo contrário, a limitação (ou não) da responsabilidade é examinada à luz do Direito Comercial, ou seja, à luz da estruturação jurídica da sociedade.
>
> É o caso dos autos, especialmente quando se examina a Cláusula 5ª do Contrato Social:
>
> Cláusula 5ª – A responsabilidade dos sócios é limitada ao capital social. Prosseguindo, é importante frisar que uma parte dos precedentes, para o exame da dita estrutura empresarial, de forma uma pouco mais minudente, sugere a verificação da estruturação gerencial/administrativa da sociedade para a constatação da presença eventual do que poder-se-ia chamar de um efetivo "elemento de empresa". Seja como

> for, é certo que a fiscalização não apenas indicou a natureza "limitada" do presente contribuinte, como também, a meu ver corretamente, bem pontuou a existência de estrutura organizacional que assemelharia o contribuinte a uma verdadeira empresa.
>
> Veja que o contribuinte possui 49 sócios, sendo certa ainda a existência de 5 Diretores e 4 Coordenadores. Ora, não é possível afirmar que referidos Diretores e Coordenadores são "meros auxiliares/colaboradores" (em referência ao parágrafo único do artigo 966 do Código Civil) dos serviços intelectuais/científicos prestados pelos anestesiologistas, pelo contrário, são verdadeiros gestores, fixados em uma estrutura hierarquizada, fato que demonstra a estrutura empresarial do contribuinte. Ademais, do exame dos documentos societários, nota-se que a administração da sociedade não é exercida por todos os 49 sócios fato que, a meu ver, reforça ainda mais a natureza estruturada e organizacional em que são exercidas as atividades por parte do contribuinte. Em seguida, passo ao exame dos motivos "b" e "c", atinentes ao exercício de outras atividades pelo contribuinte. Em rápida consulta ao site www. residenciamedica.com.br nota-se que o contribuinte, de fato, exerce atividades outras que não apenas os serviços de anestesiologia. Veja exemplo de atividades educativas/acadêmicas:"

Constata-se assim que que esse julgado se perfilhou à jurisprudência predominante do STJ, segundo a qual, as sociedades limitadas não podem ser enquadradas no regime especial do ISS. Ao contrário do que concluímos anteriormente, o relator se perfilhou ao entendimento majoritário do STJ e também deixou claro que o número de sócios e a existência de uma estrutura hierarquizada caracterizam a natureza empresarial da recorrente. Vemos que, no caso em tela, ainda que se desconsiderasse o fato de a responsabilidade dos sócios ser limitada, ainda assim essa sociedade não poderia permanecer no regime especial em razão da estrutura existente para a consecução do objeto social, pois tal fato lhe confere necessariamente natureza empresária.

Outro processo em que a sociedade de responsabilidade limitada não foi admitida no regime especial do ISS, foram os autos nº 6017.2018/0005584-5, pela 2ª Câmara Julgadora. Transcrevemos a ementa desse julgado:

CAPÍTULO 5 – O REGIME ESPECIAL DO ISS NO MUNICÍPIO DE SÃO PAULO

"ISS – DESENQUADRAMENTO DO REGIME DAS SOCIEDADES UNIPROFISSIONAIS PRELIMINARES: INOCORRÊNCIA DE DE-CADÊNCIA PARA ANULAÇÃO DO ATO DE ENQUADRAMENTO – AUSÊNCIA DE DIREITO ADQUIRIDO AO GOZO DO REGIME ESPECIAL – AUSÊNCIA DE VIOLAÇÃO AO CONTRADITÓRIO E À AMPLA DEFESA – INOCORRÊNCIA DA DECADÊNCIA PARA LANÇAMENTO DO TRIBUTO E DAS MULTAS PELO DESCUM-PRIMENTO DE DEVERES INSTRUMENTAIS (EMISSÃO DE NOTAS COM DADOS INCORRETOS). APLICAÇÃO DO PRAZO PREVISTO NO ART. 173, I, DO CTN. MÉRITO: CONFIRMADO O DESCUMPRIMENTO DAS CONDIÇÕES ESTIPULADAS NA LEI MUNICIPAL Nº 13.701/03 PARA GOZO DO REGIME ESPECIAL – COMPROVAÇÃO DA PRESTAÇÃO DE SERVIÇO INCOMPATÍVEL COM O REGIME DE SUP – CARACTERIZAÇÃO COMO SOCIE-DADE EMPRESÁRIA, ADOTANDO, INCLUSIVE, O MODELO DE SOCIEDADE LIMITADA. – INEXISTÊNCIA DE ALTERAÇÃO DE CRITÉRIOS JURÍDICOS – POSSIBILIDADE DE APLICAÇÃO DE MULTA, JUROS E CORREÇÃO MONETÁRIA. INCONSTITUCIO-NALIDADE DA MULTA: MULTA APLICADA NOS TERMOS DA LEGISLAÇÃO – IMPOSSIBILIDADE DE CONHECIMENTO DO RECURSO NESTE PONTO. RECURSO CONHECIDO PARCIAL-MENTE E IMPROVIDO POR UNANIMIDADE"

Esse julgado apreciou vários assuntos que abordamos. Inicialmente, vejamos as razões do voto no que diz respeito à limitação da responsabilidade dos sócios:

"De acordo com a fiscalização, a Recorrente adota o modelo de responsabilidade limitada desde a data do seu enquadramento no regime especial, o que justifica o seu desenquadramento desde 09/03/2007. Recorrente, em sua defesa, afirma que a escolha do tipo societário (sociedade limitada) não interfere na natureza da sociedade (sociedade simples) e na prestação dos serviços de forma pessoal, de modo que este fato não poderia servir de fundamento para o seu desenquadramento do regime especial.

O REGIME ESPECIAL DO ISS

Como já destacado, a legislação em vigor estabelece que a caracterização da sociedade como empresária ou cuja atividade constitua elemento de empresa (inciso VII do § 2º do artigo 15 da Lei nº 13.701/03) é motivo suficiente para justificar o seu desenquadramento do regime especial.

Vale salientar, ainda, que, em 31 de dezembro de 2010, foi publicada a Súmula Vinculante Administrativa nº 4, que vedou a concessão do regime tributário de sociedades uniprofissionais a sociedades civis por quotas de reponsabilidade limitada, conforme pode ser observado abaixo:

4 – "As sociedades civis por quota de responsabilidade não gozam do tratamento tributário de regime especial de recolhimento do ISS, previsto no parágrafo terceiro, do artigo 9º, do Decreto 406/68 e artigo 15, parágrafo primeiro, Lei 13.701/03".

Por fim, em 28 de outubro de 2016 foi publicado Parecer Normativo SF Nº 3/16, que estabeleceu uma série de proibições para a concessão do regime especial para as sociedades uniprofissionais, conforme discriminado abaixo:

Art. 3º Sem prejuízo do disposto nos artigos anteriores e no § 2º do art. 15 da Lei nº 13.701, de 2003, não faz jus ao regime especial próprio das Sociedades Uniprofissionais a pessoa jurídica que:

[...]

II – adote o modelo de sociedade limitada, uma vez que neste tipo societário o sócio não assume responsabilidade pessoal, sendo sua responsabilidade limitada à participação no capital social, observado o disposto no art. 5º;

Como se percebe, dentre as hipóteses que não permitem o enquadramento da sociedade no regime especial de cálculo do ISS, o Parecer Normativo SF Nº 3/16 trouxe justamente a proibição de que a sociedade que adote o modelo de sociedade limitada, uma vez que neste tipo societário o sócio não assume responsabilidade pessoal, sendo sua responsabilidade limitada à participação no capital social.

Diante deste cenário, fica evidente a legitimidade do ato que desenquadramento da Recorrente do referido regime especial e, como consequência, dos autos de infração contra ela lavrados."

CAPÍTULO 5 – O REGIME ESPECIAL DO ISS NO MUNICÍPIO DE SÃO PAULO

Como vemos, em mais um julgado o CMT não admitiu sociedades de responsabilidade limitada no regime especial do ISS, ainda que ela seja simples (não empresária). Vejamos os outros pontos que foram objeto desse *decisum*, como a questão relativa a sócios com habilitação distinta. Transcrevemos as razões do voto:

> "Alega a fiscalização, também, que a Recorrente, desde a 5ª Alteração Contratual (de 23/02/2007) até a última alteração (de 13/05/2015), sempre possuiu em seu quadro societário contadores e técnicos em contabilidade, o que configura profissionais com habilitações distintas, havendo ainda a atribuição de responsabilidades distintas, o que também justificaria o seu desenquadramento do regime especial. Em sua defesa, a Recorrente afirma que é formada por técnicos de contabilidade e contadores que estão habilitados para o desenvolvimento dos serviços contábeis por ela prestados de forma pessoal, em especial os serviços de consultoria e assessoria tributária. Neste ponto, entendo que assiste razão à Recorrente. A Lei nº 13.701/03 é clara ao prescrever, no seu art. 15, § 1º, que as sociedades sujeitas ao regime especial em discussão nestes autos é aquela composta por profissionais habilitados para o exercício da mesma atividade e os técnicos em contabilidade e contadores estão habilitados a exercer atividades similares."

A questão relativa a esse caso específico já foi tratada por nós. Vimos que a habilitação do técnico em contabilidade está contida na habilitação do contador. Indo mais além e adentrando na legislação tributária do Município, ao verificarmos a Instrução Normativa SF/SUREM nº 8, de 18 de julho de 2008, a Administração Tributária inseriu essas habilitações, técnico em contabilidade e contador, no mesmo código de serviço, 03620. Como estão previstas também no mesmo subitem da lista anexa, 17.18, podem ser consideradas a mesma atividade, nos exatos termos do inciso II do artigo 1º do Parecer Normativo SF nº 3, de 28 de outubro de 2016. Essas razões que expusemos não autorizam o desenquadramento.

Nos mesmos autos, há ainda a questão relativa à prestação de serviço incompatível com o regime especial do ISS. Vejamos o voto, no excerto a seguir transcrito:

"De acordo com a fiscalização, os cinco contratos de prestação de serviços apresentados pelo contribuinte são identificados como contratos de prestação de serviços de consultoria tributária e a quase totalidade das notas fiscais por ele emitidas apresentam no campo descrição dos serviços a identificação "consultoria tributária".

Tal prestação de serviço, porém, se enquadra no item 17.01 da lista de serviços ("Assessoria ou consultoria de qualquer natureza, não contida em outros itens desta lista; análise, exame, pesquisa, coleta, compilação e fornecimento de dados e informações de qualquer natureza, inclusive cadastro e similares"), a qual é incompatível com o regime de SUP.

A Recorrente, por sua vez, defende que não há que se falar em prestação de serviços incompatíveis com o regime especial do SUP, pois a consultoria tributária é serviço que os contadores e técnicos em contabilidade têm competência para prestar, se enquadrando no item 17.08 da lista de serviços ("Contabilidade, inclusive serviços técnicos e auxiliares").

É, portanto, fato incontroverso que a Recorrente presta serviços de consultoria tributária. A divergência reside no enquadramento dos serviços por ela prestados (item 17.01 ou 17.08 da lista de serviços) e, como consequência, na possibilidade de aplicação do regime de SUP. Com efeito, ao examinar as disposições da Lei nº 13.701/03, verifica-se que há expressa referência aos serviços que poderão sujeitar-se ao regime especial:

(...)

Como se percebe, apenas os serviços enquadrados no item 17.18 da lista de serviços podem se sujeitar ao referido regime especial e, a despeito dos argumentos suscitados pela Recorrente, entendo que as atividades por ela realizadas não se enquadram na categoria mencionada.

O item 17.18 da lista de serviços se refere, claramente, aos serviços que podem ser prestados por contadores e técnicos em contabilidade. Significa dizer: trata dos serviços que apenas estes profissionais têm a prerrogativa de prestar.

Obviamente, contudo, os serviços de consultoria tributária não se enquadram nessa categoria, já que podem ser prestados por outros profissionais, especialmente aqueles com formação em Direito.

CAPÍTULO 5 – O REGIME ESPECIAL DO ISS NO MUNICÍPIO DE SÃO PAULO

Diante deste cenário, entendo correto o entendimento da Autoridade Administrativa no sentido de que os serviços prestados pela Recorrente se enquadram no item 17.01 da lista de serviços, sendo, portanto, incompatível com o regime de SUP."

Vemos aqui um equívoco incorrido no voto: a consultoria tributária é uma atribuição do contador, embora não seja privativa dessa profissão. O artigo 5º da Resolução CFC 560, de 28 de outubro de 1983 assim dispõe:

Art. 5º Consideram-se atividades compartilhadas, aquelas cujo exercício é prerrogativa também de outras profissões, entre as quais: (...)
9) – assessoria fiscal;
10) – planejamento tributário;

Dessa forma, a atuação do contabilista na área tributária não consiste em atividade estranha à contabilidade. Lembramos que a lei tributária não define as atribuições contidas na habilitação profissional, mas isso é encargo da legislação que regulamenta a profissão.

Outro item tratado foi a terceirização: transcrevemos aqui a ementa do processo nº 2015-0.004.031-9, pela 3ª Câmara Julgadora:

"ISS – ADESÃO AO PPI – AUTOS DE INFRAÇÃO Nºs 66.850.770; 66.851.173;66.850.754 e 66.850.762 – NÃO CONHECIMENTO PARCIAL DO RECURSO ANTE ÀDESISTÊNCIA DA RECORRENTE – ARTIGO 29 DO REGIMENTO INTERNO DO CMT C/C LEI Nº 16.097/2014 – AUTOS DE INFRAÇÃO Nºs 66.851.181, 66.851.238, 66.868.424, 66.868.459, e 66.868.599 – POSSIBILIDADE DE CONHECIMENTO PARCIAL DO RECURSO ORDINÁRIO INTERPOSTO – INTELIGÊNCIA DO ARTIGO 53, DA LEI Nº 14.107/2005, COM A REDAÇÃO DADA PELA LEI Nº 16.272/2015 – PRELIMINAR DE NULIDADE AFASTADA – ISSQN – SOCIEDADE UNIPROFISSIONAL – DESENQUADRAMENTO REGULAR – ATIVIDADE RELATIVA A SEU OBJETO SOCIAL PRESTADA POR TERCEIROS – TERCEIRIZAÇÃO CARACTERIZADA – AUSÊNCIA DE PESSOALIDADE – PROCEDÊNCIA DOS AUTOS

DE INFRAÇÃO – RECURSO PARCIALMENTE CONHECIDO E NÃO PROVIDO."

Vejamos as razões do voto divergente, que venceu pelo voto qualificado:

"Entendeu o Nobre Relator que o fato – incontroverso – de que a recorrente tenha contratado terceiros para a prestação de serviços (tal como desenhistas) para a consecução do seu serviço não poderia configurar o que a lei chama de "terceirização" do trabalho, na medida em que constituem mera atividade meio do contribuinte.

Todavia, entendo que diante do referido cenário fático, resta evidente no caso que não houve PESSOALIDADE NA PRESTAÇÃO DO SERVIÇO, o qual entendo que sempre foi condição *sine qua non* para a tributação especial de que trata os autos– pessoalidade essa que obviamente restaria afastada seja em função de os sócios repassarem o serviço (ainda que as chamadas "atividade meio" necessárias para o fim para o qual foi contratado) para terceiros. (...) Serviu esta expressão para restringir o regime especial de recolhimento somente à parcela dos contribuintes do imposto que prestem seus serviços diretamente, sem o intermédio de pessoas que consigo mantenham qualquer forma de vínculo jurídico, seja de natureza empregatícia ou não.

Com efeito, se contribuinte do imposto é o prestador dos serviços, a utilização de terceiros para sua concretização, como é o caso dos autos, afasta de imediato a aplicação deste regime, visto que o trabalho necessário para o seu alcance deixará de ser prestado pelo próprio contribuinte. O trabalho pessoal diz assim respeito a uma atuação pessoal do contribuinte. É o trabalho, pois, que não é executado por intermédio de outrem. Tem caráter *intuitu personae*, visto que realizado por uma única pessoa que não se pode fazer substituir.

Por isso, é absolutamente desnecessário a lei prever expressamente que a terceirização é causa excludente do regime especial. Se a novel lei passou a prever isso expressamente, decorreu de mera opção legislativa de tornar ainda mais claro o que já era evidente, como já bem colocado pelo Douto Relator. Afinal, a impossibilidade de repassar

CAPÍTULO 5 – O REGIME ESPECIAL DO ISS NO MUNICÍPIO DE SÃO PAULO

os serviços para terceiros decorre da própria natureza do benefício almejado.

(...)

É indiscutível que o referido Decreto-lei, bem como a Lei Municipal 13.701/03 determinam que a sociedade uniprofissional, para fazer jus a tributação na forma excepcional, deve cumprir todos os seus requisitos, dentre os quais, a pessoalidade na prestação do serviço. Não o fazendo, deve ser tributada pelo ISS tendo por base de cálculo o preço do serviço.

E essa característica, de ser o trabalho prestado de modo pessoal pelos sócios, não foi averiguada no caso da ora recorrente – que reconhece que contava com terceiros para a consecução do seu objeto social.

Neste passo, importa salientar que embora a recorrente alegue que a delegação para terceiros limitava-se à "atividades acessórias" (como desenhistas para Auto CAD), é evidente que tais atividades a auxiliarão, de certo, na elaboração do seu objeto social – como projetos de arquitetura.

Não se trata de serviços outros, estranhos ao seu objeto social (como limpeza, segurança, etc.), mas diz respeito a sua principal atividade.

E, nesse passo, cabe salientar que, inclusive pela própria denominação social, infere-se que a empresa "terceirizada", "Vaccari Arquitetura, Urbanismo e Consultoria Ltda. – ME", possui o mesmo objeto social da ora recorrente.

Desta forma, entendo que o requisito primordial para ser deferido o benefício pretendido – pessoalidade na prestação do serviço – não ocorreu. E reputo irrelevante, *data maxima venia*, aferir o percentual ou o valor relativo a tal terceirização no faturamento da recorrente, já que o simples fato de ter havido esta delegação do seu trabalho é suficiente para a conclusão da regularidade do desenquadramento em comento."

A questão principal reside que a terceirização vedada é aquela referente a atividade fim da sociedade. Ocorre que o relator entendeu que o desenho integra a atividade meio da sociedade e que a pessoa jurídica contratada possui o mesmo objeto social da contratante e tal fato, no seu entender, caracteriza

O REGIME ESPECIAL DO ISS

terceirização. Em seu entendimento, tal fato retira à pessoalidade da sociedade que interpôs o recurso cujo julgado é objeto de nossa análise.

Por último, será transcrita a ementa do processo nº 2013-0.377.301-0 em que foi apreciado o fato de a sociedade ter engenheiros com habilitações distintas. Vejamos a ementa:

> "DESENQUADRAMENTO DE REGIME DE SUP – EXISTENCIA PRÉVIA DE PROCESSO ADMINISTRATIVO DE DESENQUADRA-MENTO – DESPACHO DE DESENQUADRAMENTO PUBLICA-DO – INEXISTE POSSIBLIDADE DE CONTRADITÓRIO ANTES DO DESPACHO DE DESENQUADRAMENTO – OBEDECIDA A SÚMULA 7 DE JURISPRUDÊNCIA ADMINISTRATIVA – PUBLI-CAÇÃO DO EXTRATO DECISÓRIO NO DIÁRIO OFICIAL – IN-TIMAÇÃO VÁLIDA PELO ARTIGO 28 LEI 14.107/2005 – SÓCIOS COM HABILITAÇÕES DISTINTAS DE ENGENHARIA – IMPOS-SIBILIDADE DE CONTRIBUIÇÃO COMO SUP – DISTINÇÃO DE FUNÇÕES SEGUNDO CREA – ALÍNEA "B" DO ARTIGO 6º E ARTIGO 84º LEI Nº 5.194/66, RESOLUÇÃO DO CREA 218/73 – IMPOSSIBILIADE DE DESENQUADRAMENTO POR MUDANÇA DE CRITÉRIOS JURIDICOS DA FISCALIZAÇÃO – NÃO OCOR-RE – ADMINISTRAÇÃO PODE VERIFICAR ESTAREM PREEN-CHIDAS CONDIÇÕES DECLARADAS NO ATO DA INSCRIÇÃO – INCORREÇÃO DA BASE DE CÁLCULO – VALORES EXISTEN-TES EM TABELAS NO PROCESSO DE DESENQUADRAMENTO – NENHUM ARGUMENTO APRESENTADO PARA EMBASAR ALEGADA INCORREÇÃO – MANTIDOS OS VALORES – DECA-DÊNCIA DE LANÇAMENTOS – INEXISTÊNCIA DE RECOLHI-MENTOS ESPONTÂNEOS – CONTAGEM FEITA PELO 173 DO CTN – RECURSO CONHECIDO E NÃO PROVIDO."

O julgado mencionou o entendimento da antiga súmula administrativa vinculante nº 7.

Iremos transcrever as posições do voto vencido, e do voto vencedor. Iniciamos com o voto vencido:

CAPÍTULO 5 – O REGIME ESPECIAL DO ISS NO MUNICÍPIO DE SÃO PAULO

"Os sócios são engenheiros e por consequência atendem aos ditames legais. Independente de atuarem com habilidades distintas (mecânica/ produção e naval), a sua atividade é de engenharia. Do mesmo modo, os sócios estão inscritos no mesmo conselho – CREA (Conselho Regional de Engenharia e Agronomia), o que demonstra que a atividade é a mesma.

O artigo 7º, da lei nº 5.194/66 que regulamenta a profissão de engenharia não faz nenhuma distinção entre as atividades, trata da atividade como gênero "engenharia". Do mesmo modo, o inciso II, do artigo 15, da Lei 13.701/2003, que descreve que adota-se ao regime especial de recolhimento de imposto ao item 7.01 da lista, qual seja:

"7 – Serviços relativos à engenharia, arquitetura, geologia...

7.01 – Engenharia, agronomia, agrimensura..."

Desta forma, entendo que a distinção entre habilidades não descaracteriza as determinações legais de mesma atividade desempenhada."

Embora seja fato que a Lei nº 5.194/1966 não faça distinção quanto às atividades correspondentes às modalidades da engenharia, tais distinções, como já vimos, estão na Resolução CONFEA nº 218/1973.

Seguem as razões do voto vencedor:

"É fato incontroverso que a Recorrente possui sócios com habilitações distintas de engenharia, sendo um engenheiro naval e outro de produção-mecânica.

Uma análise da alínea "b" do artigo 6º 1 , e do artigo 84º 2 da Lei nº 5.194, de dezembro de 1966, nos permite verificar haver distintas atividades no ramo da engenharia, sendo que a Lei atribui ao Conselho Federal a regulamentação das diferentes atribuições aos diferentes ramos da engenharia.

A regulamentação determinada pela Lei 5.194/66 acha-se materializada na Resolução 218/73, na qual encontramos discriminadas as modalidades profissionais da Engenharia, Arquitetura e Agronomia.

Tal resolução, em seu artigo 1º, designa todas as 18 atividades comuns aos profissionais de Engenharia, Arquitetura e Agronomia, em nível superiores em nível médio. Contudo, a partir do artigo 2º, diferencia tais atribuições para as diferentes modalidades de engenharia. Temos definidas as diferentes atribuições para engenheiro mecânico e engenheiro naval nos artigos 12 e 15 respectivamente, que se encontram reproduzidas abaixo.

"Art. 12 – Compete ao ENGENHEIRO MECÂNICO ou ao ENGENHEIRO MECÂNICO E DE AUTOMÓVEIS ou ao ENGENHEIRO MECÂNICO E DE ARMAMENTO ou ao ENGENHEIRO DE AUTOMÓVEIS ou ao ENGENHEIRO INDUSTRIAL MODALIDADE MECÂNICA:

I – o desempenho das atividades 01 a 18 do artigo 1º desta Resolução, referentes processos mecânicos, máquinas em geral; instalações industriais e mecânicas; equipamentos mecânicos e eletromecânicos; veículos automotores; sistemas de produção de transmissão e de utilização do calor; sistemas de refrigeração e de ar condicionado; seus serviços afins e correlatos."

"Art. 15 – Compete ao ENGENHEIRO NAVAL:

I – o desempenho das atividades 01 a 18 do artigo 1º desta Resolução, referentes a embarcações e seus componentes; máquinas, motores e equipamentos; instalações industriais e mecânicas relacionadas à modalidade; diques e porta-batéis; operação, tráfego e serviços de comunicação de transporte hidroviário; seus serviços afins e correlatos."

Ora o § 1º do artigo 15 da Lei Municipal 13.701/2003, impõe que uma Sociedade de Profissionais, para gozar do benefício tributário privilegiado, próprio dessas sociedades, sejam compostas por profissionais, sócios, empregados ou não, habilitados ao exercício da mesma atividade e prestem serviço de forma pessoal.

Diferentemente do que ocorre com os profissionais habilitados para o exercício da profissão de advogado, na qual não existe legalmente a diferenciação entre os diversos ramos do direito, não havendo impedimentos legais para a atuação nesta ou naquela área, na engenharia esta ocorre.

Dessa forma fica evidente a impossibilidade da aceitação do enquadramento como Sociedade de Profissionais (SUP), de uma sociedade

CAPÍTULO 5 – O REGIME ESPECIAL DO ISS NO MUNICÍPIO DE SÃO PAULO

constituída por um engenheiro naval e um engenheiro de produção mecânica, por absoluta incompatibilidade com a determinação legal."

Como vemos, no *decisum*, não foi admitida a sociedade no regime especial com sócios que tenham formações distintas dentre os cursos de engenharia. O nosso entendimento não se perfilha ao voto vencedor, pois entendemos que tanto o item 89, da lista do Decreto-Lei nº 406/1968, quanto o subitem 7.01 da lista da Lei Complementar nº 116/2003, contemplaram a engenharia como uma atividade, ainda que sejam profissões distintas. O exercício delas, dentro de suas respectivas habilitações, devem estar voltada para o exercício do objeto social. Corrobora essa interpretação o disposto no inciso II do artigo 2º do Parecer Normativo SF nº 3, de 28 de outubro de 2016, ao dispor o que é a mesma atividade, e a Instrução Normativa SF/SUREM nº 8 de 18 de julho de 2011, no código 01627, que contempla a expressão "engenharia", sem discriminar suas modalidades.

No próximo subitem, iniciaremos a análise das soluções de consulta.

2.6 Soluções de Consulta[106]

As soluções de consulta exaradas pela Administração Tributária paulistana não produzem efeitos *erga omnes*[107], pois vinculam tão somente o consulente,

---

[106] As consultas foram obtidas no sítio eletrônico http://www.prefeitura.sp.gov.br/cidade/secretarias/fazenda/legislacao/index.php?p=6651, em 09 de agosto de 2018. Foram obtidas 11 soluções de consulta, as quais são: SOLUÇÃO DE CONSULTA SF/DEJUG Nº 28, DE 16 DE JULHO DE 2008, SOLUÇÃO DE CONSULTA SF/DEJUG Nº 45, DE 13 DE JUNHO DE 2012, SOLUÇÃO DE CONSULTA SF/DEJUG nº 22, de 25 de abril de 2013, SOLUÇÃO DE CONSULTA SF/DEJUG nº 20, de 26 de abril de 2013, SOLUÇÃO DE CONSULTA SF/DEJUG nº 10, de 07 de março de 2013, SOLUÇÃO DE CONSULTA SF/DEJUG nº 5, de 20 de fevereiro de 2013, SOLUÇÃO DE CONSULTA SF/DEJUG nº 17, de 22 de junho de 2015, SOLUÇÃO DE CONSULTA SF/DEJUG nº 11, de 11 de junho de 2015, SOLUÇÃO DE CONSULTA SF/DEJUG nº 06, de 13 de maio de 2015, SOLUÇÃO DE CONSULTA SF/DEJUG nº 17, de 13 de setembro de 2016 e SOLUÇÃO DE CONSULTA SF/DEJUG nº 5, de 14 de março de 2016.

[107] Queremos dizer que a solução de consulta é aplicada somente ao consulente, não possuindo força normativa para outros contribuintes. Nesses casos, a solução de consulta de terceiros poderá ser utilizada apenas como elemento de persuasão destinada à formação da convicção da autoridade administrativa, seja julgadora ou fiscalizatória.

não sendo norma complementar nos termos do artigo 100 do CTN. Porém, trata-se de um entendimento da Administração Tributária, relativamente a uma situação concreta. Lembramos o disposto no artigo 6º do Parecer Normativo SF nº 3/2016 revoga as disposições em contrário das soluções de consulta que foram emitidas em data anterior a da publicação desse Parecer, independentemente de comunicação ao consulente, apesar de entendermos controversa a aplicação desse dispositivo. Fica clara, com essa disposição, a existência de hierarquia entre os órgãos que proferiram os atos mencionados: o Parecer foi emitido pela Secretaria Municipal da Fazenda, as soluções de consulta foram emitidas por órgão técnico subordinado ao Secretário Municipal.

Vejamos o teor da Solução de Consulta SF/DEJUG nº 5, de 14 de março de 2016:

SOLUÇÃO DE CONSULTA SF/DEJUG nº 5, DE 14 de março de 2016

"1. A consulente, regularmente inscrita no CCM – Cadastro de Contribuintes Mobiliários sob o código de serviço 03620, tem por objeto social: prestação de serviços contábeis, nos termos do artigo nº 25 do Decreto Lei nº 9295/46, salvo aqueles previstos na alínea c, combinado com a resolução do CFC nº 1098/07; prestação de serviços de digitação de dados direcionados a área contábil.

2. A consulente indica o art. 15, II, § 1º e § 2º, item II, da Lei nº 13.701, de 24 de dezembro de 2003, o qual dispõe:

Art. 15 – Adotar-se-á regime especial de recolhimento do Imposto:

II – quando os serviços descritos nos subitens 4.01, 4.02, 4.06, 4.08, 4.11, 4.12, 4.13, 4.14, 4.16, 5.01, 7.01 (exceto paisagismo), 17.13, 17.15, 17.18 da lista do "caput" do artigo 1º, bem como aqueles próprios de economistas, forem prestados por sociedade constituída na forma do parágrafo 1º deste artigo, estabelecendo-se como receita bruta mensal o valor de R$ 800,00 (oitocentos reais) multiplicado pelo número de profissionais habilitados.

§ 1º – As sociedades de que trata o inciso II do «caput» deste artigo são aquelas cujos profissionais (sócios, empregados ou não) são habilitados ao exercício da mesma atividade e prestam serviços de forma pessoal, em nome da sociedade, assumindo responsabilidade pessoal, nos termos da legislação específica.

§ 2º – Excluem-se do disposto no inciso II do «caput» deste artigo as sociedades que:

I – tenham como sócio pessoa jurídica;

II – sejam sócias de outra sociedade;

3. À vista do exposto indaga:

3.1. Sócio/Titular (pessoa física) de empresa enquadrada na Lei 13.701, de 2003, artigo 15, II, pode ser sócio de outra empresa enquadrada em outro regime de recolhimento de ISS, sem que perca a condição de recolhimento de Sociedade Uniprofissional?

4. A consulente apresentou um documento intitulado 3ª Alteração Contratual Consolidada.

5. O regime especial de recolhimento previsto na Lei nº 13.701, de 2003, traz em seu art. 15, § 2º, as hipóteses que não permitem que uma sociedade seja enquadrada como Sociedade Uniprofissional. Ressalte-se, todavia, que essas hipóteses são taxativas (numerus clausus).

6. Dessa forma, o sócio (pessoa física) de uma Sociedade Uniprofissional pode ser sócio de outra Sociedade Uniprofissional, ou pessoa jurídica, visto que nas hipóteses elencadas no § 2º, da Lei nº 13.701, de 2003 não consta tal óbice.

7. Ressaltamos, contudo, que o item IV do § 2º, da Lei nº 13.701, de 2003 dispõe que excluem-se do disposto no inciso II, do caput do art. 15, Lei nº 13.701, de 2003, as sociedades que tenham sócio que delas participe tão-somente para aportar capital ou administrar.

8. Promova-se a entrega de cópia desta solução de consulta à requerente e, após anotação e publicação, arquive-se."

A sociedade presta serviços e contabilidade e está inscrita no regime especial do ISS. Questiona se uma pessoa natural de seu quadro societário pode ser sócio de outra pessoa jurídica que possa estar inscrita nesse regime especial, sem que a consulente seja desenquadrada desse mesmo regime. Na resposta, o órgão consultivo respondeu que as hipóteses de exclusão do regime especial são taxativas, não estando contemplada entre as possibilidades de desenquadramento ser sócio de outra pessoa jurídica, seja esta inscrita ou não no regime especial do ISS. Destarte, é possível que um sócio de uma pessoa jurídica enquadrada no regime especial do ISS seja sócia de outra pessoa jurídica inscrita nesse mesmo regime.

Passemos agora à Solução de Consulta SF/DEJUG nº 17, de 13 de setembro de 2016:

SOLUÇÃO DE CONSULTA SF/DEJUG nº 17, de 13 de setembro de 2016.

"1. Trata-se de sociedade de advogados regularmente inscrita no Cadastro de Contribuintes Mobiliários – CCM do Município de São Paulo como prestadora de serviços descritos pelo código 03220 – advocacia – do Anexo 1 da Instrução Normativa SF/SUREM nº 08, de 18 de julho de 2011, correspondente ao subitem 17.13 da lista de serviços constante do art. 1º da Lei nº 13.701, de 24 de dezembro de 2003.

2. A consulente informa que transitou do regime especial de recolhimentos próprio de sociedades uniprofissionais previsto no artigo 15, II, da Lei no 13.701, de 2003, para o Regime Especial Unificado de Arrecadação de Tributos e Contribuições devidos pelas Microempresas e Empresas de Pequeno Porte – Simples Nacional, previsto na Lei Complementar Federal no 123, de 14 de dezembro de 2006.

3. A referida sociedade traz, no bojo da consulta, as seguintes indagações:

3.1. Se estão as sociedades de advogados optantes pelo Simples Nacional obrigadas ao desenquadramento do regime especial próprio de sociedades uniprofissionais, com o consequente recolhimento do ISS sobre o faturamento por meio de Documento de Arrecadação do Simples Nacional – DAS, ou, pelo contrário, podem permanecer com o recolhimento de ISS pelo regime próprio de sociedades uniprofissionais. 3.1.1. A fundamentação legal para o entendimento no caso de necessidade de desenquadramento.

3.2. Se as sociedades optantes do Simples Nacional são obrigadas à adoção de Nota Fiscal de Serviços Eletrônica – NFS-e e qual o fundamento legal.

4. De acordo com o artigo 25-A, § 12, da Resolução nº 94 do Comitê Gestor do Simples Nacional, de 29 de novembro de 2011, para o optante pelo Simples Nacional, a base de cálculo do ISS será a receita bruta total mensal, não se aplicando as disposições relativas ao recolhimento do referido imposto em valor fixo diretamente ao município pela empresa enquanto não optante pelo Simples Nacional, ressalvado o disposto no art. 34 em relação aos escritórios de serviços contábeis.

5. Todas as microempresas e empresas de pequeno porte devem emitir documento fiscal de venda ou prestação de serviços, nos termos do inciso I do artigo 26 da Lei Complementar Federal nº 123, de 2006.

6. Uma vez que a consulente não se enquadra em nenhuma das ressalvas previstas na Instrução Normativa SF/SUREM nº 10, de 10 de agosto de 2011, deverá emitir NFS-e, documento fiscal em regra exigido de prestadores de serviços no município de São Paulo.

7. Promova-se a entrega de cópia desta solução de consulta à requerente e, após anotação e publicação, arquive-se."

CAPÍTULO 5 – O REGIME ESPECIAL DO ISS NO MUNICÍPIO DE SÃO PAULO

Nesse caso, a consulente é uma sociedade de advogados que estava inscrita no regime especial do ISS, passando a ser optante pelo SIMPLES e questiona se pode permanecer no regime especial do ISS e ainda, se está obrigada à emissão de nota fiscal[108]. A resposta demonstrou que as entidades optantes pelo SIMPLES não podem ser enquadradas no regime especial do ISS, não obstante preencham os requisitos desse regime. A base legal está no artigo 25-A, § 12[109] da Resolução nº 94/2011 do Comitê Gestor do SIMPLES Nacional. Portanto, não é aplicável o regime especial do ISS para os optantes do SIMPLES. No entanto, essa regra comporta uma exceção que são os escritórios de serviços contábeis.

Ocorre que essa Resolução foi revogada pela Resolução CGSN nº 140/2018 e o dispositivo atual tem a seguinte redação:

> § 12. A base de cálculo para determinação do valor devido mensalmente pela ME ou EPP a título de ISS, na condição de optante pelo Simples Nacional, será a receita bruta total mensal, e não se aplica as disposições relativas ao recolhimento do referido imposto em valor fixo diretamente ao Município pela empresa enquanto não optante pelo Simples Nacional, ressalvado o disposto no art. 34 e observado o disposto no art. 33. (Lei Complementar nº 123, de 2006, art. 18, §§ 5º-B a 5º-D, 5º-I e 22-A)

A solução de consulta determinou ainda a obrigatoriedade de emissão de nota fiscal, nos termos do inciso I do artigo 26[110] da Lei Complementar nº 123/2006.

---

[108] Veremos que a obrigatoriedade de emissão de nota fiscal eletrônica de serviços para as sociedades enquadradas no regime especial decorre de alteração recente na legislação tributária, porque haverá consultas em que o órgão consultivo manifestou o entendimento quanto a emissão desse documento fiscal. Como houve alteração na legislação, o objeto dessas consultas que colide com as novas disposições legais ficou prejudicado, mesmo assim, optamos por manter as soluções de consulta para que o leitor tenha conhecimento dessa situação.

[109] "§ 12. A base de cálculo para determinação do valor devido mensalmente pela ME ou EPP a título de ISS, na condição de optante pelo Simples Nacional, será a receita bruta total mensal, não se aplicando as disposições relativas ao recolhimento do referido imposto em valor fixo diretamente ao município pela empresa enquanto não optante pelo Simples Nacional, ressalvado o disposto no art. 34 e observado o disposto no art. 33. (Lei Complementar nº 123, de 2006, art. 18, §§ 5º-B a 5º-D, 5º-I e 22-A)."

[110] "Art. 26. As microempresas e empresas de pequeno porte optantes pelo Simples Nacional ficam obrigadas a:

O REGIME ESPECIAL DO ISS

Há uma exceção quanto aos escritórios contábeis, prevista no inciso VIII do mesmo artigo 25 da Resolução CGSN nº 140/2018. Essa exceção estava contemplada na Resolução CGSN nº 94/2011.

> VIII – prestação do serviço de escritórios de serviços contábeis, que serão tributados na forma do Anexo III, desconsiderando-se o percentual relativo ao ISS, quando o imposto for fixado pela legislação municipal e recolhido diretamente ao Município em valor fixo nos termos do art. 34, observado o disposto no § 8º do art. 6º e no § 11 deste artigo; e (Lei Complementar nº 123, de 2006, art. 18, § 5º-B, inciso XIV, § 22-A)

Porém, essa exceção não se verifica para as demais profissões que, no caso da solução de consulta em tela, trata-se do exercício da advocacia.

Analisemos o teor da Solução de Consulta SF/DEJUG nº 06, de 13 de maio de 2015:

SOLUÇÃO DE CONSULTA SF/DEJUG nº 6, de 13 de maio de 2015.

"1. Trata o presente de Consulta Tributária apresentada pelo contribuinte supraidentificado.
2. A Consulente, regularmente inscrita no CCM – Cadastro de Contribuintes Mobiliários do Município de São Paulo, como prestadora de serviços descritos pelo código 03379 – advocacia (regime especial – sociedade), do Anexo 1 da Instrução Normativa SF/SUREM nº 08, de 18 de julho de 2011, correspondente ao subitem 17.13 da lista de serviços constante do art. 1º da Lei nº 13.701, de 24 de dezembro de 2003, tem por objetivo social disciplinar a colaboração recíproca no trabalho profissional, bem como o expediente e resultados patrimoniais auferidos na prestação de serviços de advocacia em geral, sendo que os serviços privativos da advocacia, conforme reservados no Estatuto dos Advogados, serão exercidos individualmente pelos sócios, ainda que revertam ao patrimônio social os respectivos honorários.
3. A consulente informa ter sido constituída como sociedade de profissionais, conforme determina o artigo 15, da Lei nº 13.701, de 24 de dezembro de 2003 e que em 2015 fez as seguintes opções:
3.1. Recolhimento de impostos pelo sistema do Simples Nacional;
3.2. Emissão de Nota Fiscal de Serviços Eletrônica – NFS-e;
3.3. Desenquadramento do regime especial de recolhimento das sociedades de profissionais descritas no artigo 15 da Lei nº 13.701/2003.
4. A consulente informa também que desde janeiro vem recolhendo o ISS pelo Documento de Arrecadação do Simples – DAS, uma vez que a opção foi deferida pela Receita Federal, com

I – *emitir documento fiscal de venda ou prestação de serviço, de acordo com instruções expedidas pelo Comitê Gestor;"*

CAPÍTULO 5 – O REGIME ESPECIAL DO ISS NO MUNICÍPIO DE SÃO PAULO

efeitos retroativos a janeiro de 2015. Em razão disso, para o mesmo período teria deixado de recolher o imposto na forma estabelecida para as Sociedades Profissionais de que trata o artigo 15, da Lei nº 13.701, de 24 de dezembro de 2003, isto é, deixando de aplicar a regra de recolhimento trimestral com base no número de profissionais.

5. A opção pela emissão de NFS-e e o protocolo com a solicitação de desenquadramento do referido regime especial foram realizados respectivamente nos dias 10 e 19 de fevereiro, segundo afirma a consulente.

6. Diante disso, indaga:

6.1. Se será cobrado o ISS referente ao mês de janeiro/2015 ainda na condição do regime especial de recolhimento aplicável às sociedades de profissionais, uma vez que o desenquadramento foi solicitado em fevereiro/2015;

6.2. Se está obrigada à emissão de notas fiscais relativas a janeiro/2015, período anterior ao da opção pela emissão de NFS-e.

7. Nos termos da Lei Complementar nº 123, de 14 de dezembro de 2006, que institui o Estatuto Nacional da Microempresa e da Empresa de Pequeno Porte, a opção pelo Regime Especial Unificado de Arrecadação de Tributos e Contribuições devidos pelas Microempresas e Empresas de Pequeno Porte – Simples Nacional, deverá ser realizada no mês de janeiro, até o seu último dia útil, produzindo efeitos a partir do primeiro dia do ano-calendário da opção (art. 16, § 2º).

8. A Resolução nº 94, do Comitê Gestor do Simples nacional, de 29 de novembro de 2011, estabelece em seu artigo 25-A, parágrafo 12 que a base de cálculo para determinação do valor devido mensalmente pela ME ou EPP a título de ISS, na condição de optante pelo Simples Nacional, será a receita bruta total mensal, não se aplicando as disposições relativas ao recolhimento do referido imposto em valor fixo diretamente ao município pela empresa enquanto não optante pelo Simples Nacional, ressalvado o disposto no art. 34 em relação aos escritórios de serviços contábeis.

9. Ao optar pelo Regime Especial Unificado de Arrecadação de Tributos e Contribuições devidos pelas Microempresas e Empresas de Pequeno Porte Simples Nacional, a consulente passa a ser tributada com base na receita bruta total do mês e não mais pela sistemática de regime especial de recolhimento das sociedades de profissionais prevista no art. 15, inciso II, da Lei 13.701/2003.

10. Considerando que a legislação federal que disciplina o Simples Nacional determina que os efeitos da opção pelo regime simplificado de recolhimento devem retroagir a 1º de janeiro para as empresas em atividade, a consulente deve recolher o ISS por meio do Documento de Arrecadação do Simples – DAS desde o início do exercício, não mais se lhe aplicando o recolhimento com base fixa em relação ao número de profissionais que compõem a sociedade.

11. No que diz respeito à emissão de documentos fiscais, o assunto está disciplinado no Capítulo VIII do Decreto nº 53.151/2012.

11.1. O artigo 81, caput, do referido decreto declara que, por ocasião da prestação de cada serviço, deverá ser emitida Nota Fiscal de Serviços Eletrônica – NFS-e ou Cupom de Estacionamento.

11.2. Trata-se de regra geral e abrangente no que diz respeito à obrigatoriedade de emissão de documentos fiscais em cada prestação de serviço.

11.3. A Secretaria Municipal de Finanças e Desenvolvimento Econômico, por meio da IN SF/SUREM nº 10, de 10 de agosto de 2011, definiu os prestadores de serviços obrigados à emissão da Nota Fiscal de Serviços Eletrônica – NFS-e. tornando-a opcional para os casos que discrimina.

O REGIME ESPECIAL DO ISS

12. O desenquadramento da consulente da condição de sociedade de profissionais constituída na forma do art. 15 da Lei nº 13.701, de 24 de dezembro de 2003 é decorrente de sua opção pelo Simples Nacional, regime em que a tributação obedece a regras próprias, essencialmente base de cálculo comum às demais pessoas jurídicas, e a submete automaticamente à obrigatoriedade de emissão de Notas Fiscais de Serviços Eletrônicas – NFS-e, uma vez que não se enquadra em nenhuma das ressalvas previstas na IN SF/SUREM nº 10, de 10 de agosto de 2011.
13. Essa obrigatoriedade deve igualmente retroagir ao início do exercício – 1º de janeiro de 2015 – momento em que a consulente é considerada optante do Simples Nacional.
14. Assim, a consulente deverá efetuar o respectivo recolhimento de ISS por meio do Documento de Arrecadação do Simples – DAS e também deverá emitir as Notas Fiscais de Serviço Eletrônica – NFS-e em relação aos serviços prestados desde janeiro/2015 com base no movimento econômico.
15. A consulente deverá promover ainda a alteração de seu código de serviço, excluindo o código 03379 – (regime especial – sociedade) e incluindo o código 03220 – advocacia, do Anexo 1 da Instrução Normativa SF/SUREM nº 08, de 18 de julho de 2011, correspondente ao subitem 17.13 da lista de serviços constante do art. 1º da Lei nº 13.701, de 24 de dezembro de 2003.
16. Promova-se a entrega de cópia desta solução de consulta à requerente e, após anotação e publicação, arquive-se."

Há, no caso, uma sociedade de advogados que estava enquadrada no regime especial e, no exercício de 2015, fez opção pelo SIMPLES. Considerando que os efeitos dessa opção retroagem a 1º de janeiro do exercício em que ela foi exercida, a consulente questiona se será cobrada pelo ISS fixo no período de 2015 anterior à opção, assim como se estava obrigada à emissão de nota fiscal eletrônica nesse mesmo período, considerando que ela, ao optar pelo SIMPLES, ingressou com pedido de desenquadramento do regime especial do ISS.

O entendimento exarado foi no sentido de que não se aplica mais o ISS fixo desde 1º de janeiro de 2015 e que, o desenquadramento da sociedade do regime especial do ISS a submete automaticamente à obrigatoriedade de emissão da nota fiscal de serviços eletrônica, porém, essa obrigação deve igualmente retroagir a 1º de janeiro de 2015.

Verificamos que as sociedades inscritas no regime especial possuem códigos de serviços específicos. Tais códigos tem importância quando da emissão da NFe, uma vez que não há incidência do ISS com base no movimento econômico, conforme já afirmamos.

Analisemos a Solução de Consulta SF/DEJUG nº 11, de 11 de junho de 2015:

CAPÍTULO 5 – O REGIME ESPECIAL DO ISS NO MUNICÍPIO DE SÃO PAULO

SOLUÇÃO DE CONSULTA SF/DEJUG nº 11, de 11 de junho de 2015.

*"**1.** A Consulente, regularmente inscrita no CCM – Cadastro de Contribuintes Mobiliários do Município de São Paulo, como prestadora de serviços descritos pelo código 03379 – advocacia (regime especial – sociedade), do Anexo 1 da Instrução Normativa SF/SUREM nº 08, de 18 de julho de 2011, correspondente ao subitem 17.13 da lista de serviços constante do art. 1º da Lei nº 13.701, de 24 de dezembro de 2003, tem por objetivo social disciplinar a colaboração recíproca no trabalho profissional, bem como o expediente e resultados patrimoniais auferidos na prestação de serviços de advocacia em geral, sendo que os serviços privativos da advocacia, conforme reservados no Estatuto dos Advogados, serão exercidos individualmente pelos sócios, ainda que revertam ao patrimônio social os respectivos honorários.*

***2.** A consulente informa ter sido constituída como sociedade de profissionais constituídas na forma do art. 15 da Lei nº 13.701, de 24 de dezembro de 2003 e que em 2015 optou pelo recolhimento de impostos pelo sistema do Simples Nacional.*

***3.** Diante disso, indaga se a opção pelo Simples Nacional obrigaria a Consulente a não mais adotar o regime especial de recolhimento do ISS, previsto no artigo 15, da Lei nº 13.701, de 24 de dezembro de 2003.*

***4.** Nos termos da Lei Complementar nº 123, de 14 de dezembro de 2006, que institui o Estatuto Nacional da Microempresa e da Empresa de Pequeno Porte, a opção pelo Regime Especial Unificado de Arrecadação de Tributos e Contribuições devidos pelas Microempresas e Empresas de Pequeno Porte – Simples Nacional, deverá ser realizada no mês de janeiro, até o seu último dia útil, produzindo efeitos a partir do primeiro dia do ano-calendário da opção (art. 16, § 2º).*

***5.** A Resolução nº 94, do Comitê Gestor do Simples nacional, de 29 de novembro de 2011, estabelece em seu artigo 25-A, parágrafo 12 que a base de cálculo para determinação do valor devido mensalmente pela ME ou EPP a título de ISS, na condição de optante pelo Simples Nacional, será a receita bruta total mensal, não se aplicando as disposições relativas ao recolhimento do referido imposto em valor fixo diretamente ao município pela empresa enquanto não optante pelo Simples Nacional, ressalvado o disposto no art. 34 em relação aos escritórios de serviços contábeis.*

***6.** Dessa forma, ao optar pelo Regime Especial Unificado de Arrecadação de Tributos e Contribuições devidos pelas Microempresas e Empresas de Pequeno Porte – Simples Nacional, a consulente passa a ser tributada com base na receita bruta total do mês e não mais pela sistemática de regime especial de recolhimento das sociedades de profissionais prevista no art. 15, inciso II, da Lei 13.701/2003.*

***7.** Considerando que a legislação federal que disciplina o Simples Nacional determina que os efeitos da opção pelo regime simplificado de recolhimento devem retroagir a 1º de janeiro para as empresas em atividade, a consulente deve recolher o ISS por meio do Documento de Arrecadação do Simples – DAS desde o início do exercício, não mais se lhe aplicando o recolhimento com base fixa em relação ao número de profissionais que compõem a sociedade.*

***8.** No que diz respeito à emissão de documentos fiscais, o assunto está disciplinado no Capítulo VIII do Decreto nº 53.151/2012.*

***8.1.** O artigo 81, caput, do referido decreto declara que, por ocasião da prestação de cada serviço, deverá ser emitida Nota Fiscal de Serviços Eletrônica – NFS-e ou Cupom de Estacionamento.*

O REGIME ESPECIAL DO ISS

8.2. *Trata-se de regra geral e abrangente no que diz respeito à obrigatoriedade de emissão de documentos fiscais em cada prestação de serviço.*

8.3. *A Secretaria Municipal de Finanças e Desenvolvimento Econômico, por meio da IN SF/SUREM nº 10, de 10 de agosto de 2011, definiu os prestadores de serviços obrigados à emissão da Nota Fiscal de Serviços Eletrônica – NFS-e, tornando-a opcional para os casos que discrimina.*

9. *O desenquadramento da consulente da condição de sociedade de profissionais constituída na forma do art. 15 da Lei nº 13.701, de 24 de dezembro de 2003, é decorrente de sua opção pelo Simples Nacional, regime em que a tributação obedece a regras próprias, essencialmente base de cálculo comum às demais pessoas jurídicas, e a submete automaticamente à obrigatoriedade de emissão de Notas Fiscais de Serviços Eletrônicas – NFS-e, uma vez que não se enquadra em nenhuma das ressalvas previstas na IN SF/SUREM nº 10, de 10 de agosto de 2011.*

10. *Essa obrigatoriedade deve igualmente retroagir ao início do exercício – 1º de janeiro de 2015 – momento em que a consulente é considerada optante do Simples Nacional.*

11. *Faz-se oportuno consignar que a consulente deverá efetuar o respectivo recolhimento de ISS por meio do Documento de Arrecadação do Simples – DAS e também deverá emitir as Notas Fiscais de Serviço Eletrônicas – NFS-e em relação aos serviços prestados desde janeiro/2015 com base no movimento econômico.*

12. *A consulente deverá promover, ainda, a alteração de seu código de serviço, excluindo o código 03379 – (regime especial – sociedade) e incluindo o código 03220 – advocacia, do Anexo 1 da Instrução Normativa SF/SUREM nº 08, de 18 de julho de 2011, correspondente ao subitem 17.13 da lista de serviços constante do art. 1º da Lei nº 13.701, de 24 de dezembro de 2003.*

13. *Promova-se a entrega de cópia desta solução de consulta à requerente e, após anotação e publicação, arquive-se."*

Essa consulta possui o mesmo teor da Solução de Consulta SF/DEJUG nº 6, de 13 de maio de 2015. Por essa razão, nos reportamos aos comentários ali apresentados.

Vejamos a Solução de Consulta SF/DEJUG nº17, de 22 de junho de 2015:

SOLUÇÃO DE CONSULTA SF/DEJUG nº 17, de 22 de junho de 2015

"1. Trata o presente de Consulta Tributária apresentada pelo contribuinte supraidentificado. 2. A Consulente, regularmente inscrita no CCM – Cadastro de Contribuintes Mobiliários do Município de São Paulo, como prestadora de serviços descritos pelo código 03379 – advocacia (regime especial – sociedade), do Anexo 1 da Instrução Normativa SF/SUREM nº 08, de 18 de julho de 2011, correspondente ao subitem 17.13 da lista de serviços constante do art. 1º da Lei nº 13.701, de 24 de dezembro de 2003, tem por objetivo social disciplinar a colaboração recíproca no trabalho profissional, bem como o expediente e resultados patrimoniais auferidos na prestação de serviços de advocacia em geral. Aqueles serviços privativos da advocacia,

CAPÍTULO 5 – O REGIME ESPECIAL DO ISS NO MUNICÍPIO DE SÃO PAULO

conforme reservados no Estatuto dos Advogados, serão exercidos individualmente ou em conjunto pelos sócios, ainda que revertam ao patrimônio social os respectivos honorários.

3. *A consulente informa que, estando enquadrada como uma sociedade de profissionais, conforme determina o artigo 15, da Lei nº 13.701, de 24 de dezembro de 2003, fez opção pelo regime do Simples Nacional a partir de janeiro de 2015.*

4. *Solicita orientação quanto ao recolhimento de seus tributos, indagando se deve continuar recolhendo o ISS trimestral ou se deverá passar a recolher através de Documento de Arrecadação do Simples – DAS.*

5. *Nos termos da Lei Complementar nº 123, de 14 de dezembro de 2006, que institui o Estatuto Nacional da Microempresa e da Empresa de Pequeno Porte, a opção pelo Regime Especial Unificado de Arrecadação de Tributos e Contribuições devidos pelas Microempresas e Empresas de Pequeno Porte – Simples Nacional, deverá ser realizada no mês de janeiro, até o seu último dia útil, produzindo efeitos a partir do primeiro dia do ano-calendário da opção (art. 16, § 2º).*

6. *A Resolução nº 94, do Comitê Gestor do Simples nacional, de 29 de novembro de 2011, estabelece em seu artigo 25-A, parágrafo 12, que a base de cálculo para determinação do valor devido mensalmente pela ME ou EPP a título de ISS, na condição de optante pelo Simples Nacional, será a receita bruta total mensal, não se aplicando as disposições relativas ao recolhimento do referido imposto em valor fixo diretamente ao município pela empresa enquanto não optante pelo Simples Nacional, ressalvado o disposto no art. 34 em relação aos escritórios de serviços contábeis.*

7. *Ao optar pelo Regime Especial Unificado de Arrecadação de Tributos e Contribuições devidos pelas Microempresas e Empresas de Pequeno Porte – Simples Nacional, a consulente passa a ser tributada com base na receita bruta total do mês e não mais pela sistemática de regime especial de recolhimento das sociedades de profissionais prevista no art. 15, inciso II, da Lei 13.701/2003.*

8. *Considerando que a legislação federal que disciplina o Simples Nacional determina que os efeitos da opção pelo regime simplificado de recolhimento devem retroagir a 1º de janeiro para as empresas em atividade, a consulente deve recolher o ISS por meio do Documento de Arrecadação do Simples – DAS desde o início do exercício, não mais se lhe aplicando o recolhimento com base fixa em relação ao número de profissionais que compõem a sociedade.*

9. *No que diz respeito à emissão de documentos fiscais, o assunto está disciplinado no Capítulo VIII do Decreto nº 53.151/2012.*

9.1. *O artigo 81, caput, do referido decreto, declara que, por ocasião da prestação de cada serviço, deverá ser emitida Nota Fiscal de Serviços Eletrônica – NFS-e ou Cupom de Estacionamento.*

9.2. *Trata-se de regra geral e abrangente no que diz respeito à obrigatoriedade de emissão de documentos fiscais em cada prestação de serviço.*

9.3. *A Secretaria Municipal de Finanças e Desenvolvimento Econômico, por meio da IN SF/SUREM nº 10, de 10 de agosto de 2011, definiu os prestadores de serviços obrigados à emissão da Nota Fiscal de Serviços Eletrônica – NFS-e, tornando-a opcional para os casos que discrimina, inclusive para as sociedades uniprofissionais, constituídas na forma do artigo 19 do Decreto nº 53.151, de 17 de maio de 2012.*

10. *O desenquadramento da consulente da condição de sociedade de profissionais constituída na forma do art. 15 da Lei nº 13.701, de 24 de dezembro de 2003 é decorrente de sua opção pelo Simples Nacional, regime em que a tributação obedece a regras próprias, essencialmente base de cálculo comum às demais pessoas jurídicas, e a submete automaticamente à obrigatoriedade*

O REGIME ESPECIAL DO ISS

de emissão de Notas Fiscais de Serviços Eletrônicas – NFS-e, uma vez que não se enquadra em nenhuma das ressalvas previstas na IN SF/SUREM nº 10, de 10 de agosto de 2011.
11. Essa obrigatoriedade deve igualmente retroagir ao início do exercício – 1º de janeiro de 2015 – momento em que a consulente é considerada optante do Simples Nacional.
12. Assim, a consulente não está obrigada a recolher o ISS com base no regime das sociedades de profissionais desde janeiro de 2015, mas deverá efetuar o respectivo recolhimento de ISS por meio do Documento de Arrecadação do Simples – DAS. Deverá também emitir as Notas Fiscais de Serviço Eletrônica – NFS-e em relação aos serviços prestados desde janeiro/2015 com base no movimento econômico.
13. A consulente deverá promover ainda a alteração de seu código de serviço, excluindo o código 03379 – (regime especial – sociedade) e incluindo o código 03220 – advocacia, do Anexo 1 da Instrução Normativa SF/SUREM nº 08, de 18 de julho de 2011, correspondente ao subitem 17.13 da lista de serviços constante do art. 1º da Lei nº 13.701, de 24 de dezembro de 2003.
14. Promova-se a entrega de cópia desta solução de consulta à requerente e, após anotação e publicação, arquive-se."

Aplicam-se os mesmos comentários da Solução de Consulta SF/DEJUG nº 6, de 13 de maio de 2015, em razão da identidade do teor.

Vejamos a Solução de Consulta SF/DEJUG nº 5, de 20 de fevereiro de 2013:

SOLUÇÃO DE CONSULTA SF/DEJUG nº 5, de 20 de fevereiro de 2013

"1. A consulente encontra-se inscrita no CCM – Cadastro de Contribuintes Mobiliários do Município de São Paulo, como prestadora dos serviços descritos no código 04111 – Medicina e biomedicina (regime especial – sociedade) – do Anexo 1 da Instrução Normativa SF/SUREM nº 08, de 18 de julho de 2011, correspondente ao subitem 4.01 da Lista de Serviços constante do art. 1º da Lei nº 13.701, de 24 de dezembro de 2003.
2. O contribuinte solicita declaração da Prefeitura de São Paulo de que sua empresa é isenta da emissão de nota fiscal. Informa que os convênios médicos exigem a emissão de Nota Fiscal, apesar de se tratar de uma sociedade uniprofissional constituída na forma do § 1º do artigo 15 da Lei nº 13.701/2003.
3. O art. 15 da Lei nº 13.701, de 24 de dezembro de 2003, e o art. 19 do Decreto nº 53.151, de 17 de maio de 2012, definem que será adotado regime especial de recolhimento do Imposto quando os serviços descritos nos subitens 4.01, 4.02, 4.06, 4.08, 4.11, 4.12, 4.13, 4.14, 4.16, 5.01, 7.01 (exceto paisagismo), 17.13, 17.15, 17.18 da lista do "caput" do artigo 1º, bem como aqueles próprios de economistas, forem prestados por sociedade constituída na forma do parágrafo 1º deste artigo, estabelecendo-se como receita bruta mensal valor fixo multiplicado pelo número de profissionais habilitados.
4. Já segundo o art. 1º da Instrução Normativa SF/SUREM nº 10, de 10 de agosto de 2011, inciso III, a emissão de Nota Fiscal de Serviços Eletrônica – NFS-e é obrigatória para todos os prestadores dos serviços, independentemente da receita bruta de serviços, sendo opcional, dentre outros, no caso das sociedades uniprofissionais, constituídas na forma do artigo 15 da Lei nº 13.701, de 24 de dezembro de 2003.

CAPÍTULO 5 - O REGIME ESPECIAL DO ISS NO MUNICÍPIO DE SÃO PAULO

5. *De acordo com o art. 108 do Decreto nº 53.151, de 17 de maio de 2012, todos os contribuintes que optarem ou forem obrigados à emissão de NFS-e deverão recolher o Imposto com base no movimento econômico, exceto as sociedades constituídas na forma do artigo 19 do mesmo decreto e os microempreendedores individuais – MEI optantes pelo Sistema de Recolhimento em Valores Fixos Mensais dos Tributos abrangidos pelo Simples Nacional – SIMEI. O art. 19 do Decreto nº 53.151, de 17 de maio de 2012, refere-se às sociedades de profissionais constituídas nos termos do art. 15 da Lei nº 13.701, de 24 de dezembro de 2003.*
6. *Assim, observadas as disposições legais citadas, uma sociedade de profissionais constituída na forma do art. 15 da Lei nº 13.701, de 24 de dezembro de 2003 não está obrigada a emissão de Nota Fiscal de Serviços Eletrônica – NFS-e.*
6.1. Caso venha a optar pela emissão da Nota Fiscal de Serviços Eletrônica – NFS-e, poderá manter o regime especial de recolhimento do ISS incidente sobre a receita bruta mensal calculada com base no número de profissionais habilitados.
7. *Promova-se a entrega de cópia desta solução de consulta à requerente e, após anotação e publicação, arquive-se."*

A consulente é uma sociedade inscrita no regime especial e que presta serviços de medicina e biomedicina descritos no subitem 4.01 da lista anexa de serviços do caput do artigo 1º da Lei nº 13.701/2003.

Na época em que a consulta foi solicitada, as sociedades inscritas no regime especial do ISS tinham a opção de emitirem ou não a nota fiscal eletrônica de serviços. As sociedades que viessem a emitir esse documento fiscal não seriam tributadas pelo movimento econômico, submetendo-se à base de cálculo das sociedades de profissionais.

Ocorre que a Instrução Normativa SF/SUREM nº 7, de 8 de maio de 2017, revogou o inciso III do artigo 1º da Instrução Normativa SF/SUREM nº 10, de 10 de agosto de 2011. Vejamos a redação do dispositivo revogado:

Art. 1º A emissão de Nota Fiscal de Serviços Eletrônica – NFS-e é obrigatória para todos os prestadores dos serviços, independentemente da receita bruta de serviços, sendo opcional nos seguintes casos: (...)
III – as sociedades uniprofissionais, constituídas na forma do artigo 15 da Lei nº 13.701, de 24 de dezembro de 2003;

A revogação do inciso III mencionado implica a obrigatoriedade de emissão de nota fiscal eletrônica por todas as sociedades inscritas no regime especial a partir de 90 dias da data em que a Instrução Normativa SF/SUREM nº 7, de 8

O REGIME ESPECIAL DO ISS

de maio de 2017 foi publicada. Esse é o ato normativo que determinou a obrigatoriedade da emissão desse documento fiscal pelas sociedades de profissionais.

Portanto, o conteúdo da Solução de Consulta SF/DJUG nº 5, de 20 de fevereiro de 2013 encontra-se prejudicado em razão de alteração superveniente da legislação tributária municipal.

Vejamos a Solução de Consulta SF/DEJUG nº 10, de 07 de março de 2013:

SOLUÇÃO DE CONSULTA SF/DEJUG nº 10, de 7 de março de 2013

"1. A consulente encontra-se inscrita no CCM – Cadastro de Contribuintes Mobiliários do Município de São Paulo, como prestadora dos serviços descritos no código 03379 – Advocacia (regime especial – sociedade) – do Anexo 1 da Instrução Normativa SF/SUREM nº 08, de 18 de julho de 2011, correspondente ao subitem 17.13 da Lista de Serviços constante do art. 1º da Lei nº 13.701, de 24 de dezembro de 2003.
2. A consulente questiona as disposições do artigo 108 do Decreto nº 53.151/2012.
2.1. Observa que no caput do referido artigo afirma-se que as sociedades uniprofissionais ao emitirem a NFS-e estão dispensadas do recolhimento do imposto com base no movimento econômico. No entanto, o § 2º do mesmo artigo determina a exclusão do enquadramento no regime especial se o contribuinte optar pela emissão da NFS-e.
3. Por fim, a consulente pergunta se:
3.1. as sociedades de profissionais não estão obrigadas à emissão da NFS-e, conforme a Instrução Normativa nº 10/2011.
3.2. a opção pela emissão da NFS-e não gera o risco de desenquadramento do Regime Especial de Recolhimento.
4. O art. 15 da Lei nº 13.701, de 24 de dezembro de 2003, e o art. 19 do Decreto nº 53.151, de 17 de maio de 2012, definem que será adotado regime especial de recolhimento do Imposto quando os serviços descritos nos subitens 4.01, 4.02, 4.06, 4.08, 4.11, 4.12, 4.13, 4.14, 4.16, 5.01, 7.01 (exceto paisagismo), 17.13, 17.15, 17.18 da lista do "caput" do artigo 1º, bem como aqueles próprios de economistas, forem prestados por sociedade constituída na forma do parágrafo 1º deste artigo, estabelecendo-se como receita bruta mensal valor fixo multiplicado pelo número de profissionais habilitados.
5. Já segundo o art. 1º da Instrução Normativa SF/SUREM nº 10, de 10 de agosto de 2011, inciso III, a emissão de Nota Fiscal de Serviços Eletrônica – NFS-e é obrigatória para todos os prestadores dos serviços, independentemente da receita bruta de serviços, sendo opcional, dentre outros, no caso das sociedades uniprofissionais, constituídas na forma do artigo 15 da Lei nº 13.701, de 24 de dezembro de 2003.
6. De acordo com o art. 108 do Decreto nº 53.151, de 17 de maio de 2012, todos os contribuintes que optarem ou forem obrigados à emissão de NFS-e deverão recolher o Imposto com base no movimento econômico, exceto as sociedades constituídas na forma do artigo 19 do mesmo decreto e os microempreendedores individuais – MEI optantes pelo Sistema de Recolhimento em Valores Fixos Mensais dos Tributos abrangidos pelo Simples Nacional – SIMEI. O art. 19 do Decreto nº 53.151, de 17 de maio de 2012, refere-se às sociedades de profissionais constituídas nos termos do art. 15 da Lei nº 13.701, de 24 de dezembro de 2003.

CAPÍTULO 5 – O REGIME ESPECIAL DO ISS NO MUNICÍPIO DE SÃO PAULO

7. Assim, observadas as disposições legais citadas, uma sociedade de profissionais constituída na forma do art. 15 da Lei nº 13.701, de 24 de dezembro de 2003 não está obrigada a emissão de Nota Fiscal de Serviços Eletrônica – NFS-e.
7.1. Caso venha a optar pela emissão da Nota Fiscal de Serviços Eletrônica – NFS-e, poderá manter o regime especial de recolhimento do ISS incidente sobre a receita bruta mensal calculada com base no número de profissionais habilitados, que se encontra instituído e definido por lei.
7.2. As exceções constantes do § 2º do art. 108 do Decreto nº 53.151, de 17 de maio de 2012, referem-se a outras modalidades de regimes especiais, não abrangidas na modalidade instituída e definida no art. 15 da Lei nº 13.701, de 24 de dezembro de 2003.
8. Promova-se a entrega de cópia desta solução de consulta à requerente e, após anotação e publicação, arquive-se."

A Solução de Consulta SF/DEJUG nº 10, de 7 de março de 2013 tem seu conteúdo prejudicado pelas mesmas razões da Solução de Consulta SF/DEJUG nº 5, de 20 de fevereiro de 2013. O fato de a sociedade, na primeira solução de consulta mencionada, prestar serviços de advocacia e, na segunda, tratar de serviços de medicina, em nada altera o objeto prejudicado.

Vejamos a Solução de Consulta SF/DEJUG nº 20, de 26 de abril de 2013:

SOLUÇÃO DE CONSULTA SF/DEJUG nº 20, de 26 de abril de 2013

"1. Trata o presente de Consulta Tributária apresentada pelo contribuinte supra identificado.
2. A Consulente, regularmente inscrita no CCM – Cadastro de Contribuintes Mobiliários do Município de São Paulo, como prestadora de serviços descritos pelo código 03620, tem por objeto social a prestação de serviços de organização e execução de serviços de contabilidade em geral; escrituração dos livros de contabilidade obrigatórios, bem como de todos os necessários no conjunto da organização contábil, levantamento dos respectivos balanços, demonstrações contábeis, revisão de balanços e verificação de haveres; perícias judiciais e extrajudiciais; auditorias; quaisquer outras atribuições de natureza técnica, conferidas por lei aos profissionais de contabilidade.
3. A consulente informa ter sido constituída como sociedade uniprofissional, conforme determina o artigo 15, da Lei nº 13.701, de 24 de dezembro de 2003, e prestar serviços enquadrados no código de serviços 03620 – contador, técnico em contabilidade, guarda livros e congêneres.
3.1. Ressalta os termos do Decreto nº 53.151, de 17 de maio de 2012, artigo 81, parágrafo 2º, inciso I, para salientar que se excetuam da obrigatoriedade da emissão de NFS-e os contribuintes que obtiverem regime especial da Secretaria Municipal de Finanças e Desenvolvimento Econômico, expressamente desobrigando-os da emissão de documento fiscal.
4. A Consulente cita, também, o artigo 86, parágrafo 4º do mesmo diploma legal, afirmando que os prestadores de serviços inscritos no CCM, desobrigados da emissão da NFS-e, poderão optar por sua emissão, sendo, uma vez deferida, irretratável a opção.
5. A consulente informa, finalmente, ter aderido involuntariamente à emissão de notas fiscais paulistanas em 04/2012, tendo cumprido regularmente esta obrigação. Contudo, em razão

O REGIME ESPECIAL DO ISS

do volume de notas e custos operacionais correspondentes, considera a operação inviável e deseja manter a emissão das faturas de serviços que utilizava habitualmente.
5.1. Menciona a IN SF/SUREM nº 10, de 10 de agosto de 2011, como embasamento legal ratificador de que a referida adesão é opcional para sociedades uniprofissionais.
6. *Questiona a Consulente se, mesmo autorizada a emitir notas fiscais paulistanas, poderá deixar de emiti-las, uma vez que é sociedade de profissionais, com ISS trimestral e optante pelo Simples Nacional.*
7. *A emissão de documentos fiscais está disciplinada no Capítulo VIII do Decreto nº 53.151, de 17 de maio de 2012, que regulamenta o ISS no município de São Paulo. O artigo 81, caput, do referido decreto declara que, por ocasião da prestação de cada serviço, deverá ser emitida Nota Fiscal de Serviços Eletrônica – NFS-e ou Cupom de Estacionamento. Trata-se de regra geral e abrangente no que diz respeito à obrigatoriedade de emissão de documentos fiscais em cada prestação de serviço.*
8. *A Secretaria Municipal de Finanças e Desenvolvimento Econômico, por meio da IN SF/SUREM nº 10, de 10 de agosto de 2011, definiu os prestadores de serviços obrigados à emissão da Nota Fiscal de Serviços Eletrônica – NFS-e, tornando-a* **opcional** *para os casos que discrimina,* **inclusive para as sociedades uniprofissionais***, constituídas na forma do artigo 19 do Decreto nº 53.151, de 17 de maio de 2012.*
8.1. Tais sociedades estão sob regime especial de recolhimento e, a princípio, obrigadas à emissão de Nota Fiscal de Serviços Eletrônica **ou outro documento exigido pela Administração Tributária***, na forma, prazo e condições estabelecidas pela Secretaria Municipal de Finanças e Desenvolvimento Econômico, nos termos do parágrafo 5º, artigo 19, do mencionado Decreto.*
8.2. Assim, da interpretação conjunta das disposições normativas e regulamentares acima, entende-se que as sociedades uniprofissionais não estão obrigadas à emissão de NFS-e na prestação de seus serviços, mas podem optar por emiti-la.
9. *Por outro lado, feita a opção pela emissão de NFS-e por prestador de serviço desobrigado, e sendo esta opção deferida, passa a ser definitiva ou, nos termos do parágrafo 4º, do artigo 86 do Decreto nº 53.151, de 17 de maio de 2012,* **irretratável***.*
9.1. A Consulente fez a opção pela emissão de NFS-e, tendo sido autorizada a emiti-las em 05/04/2012 e, desde então, vem emitindo sistematicamente NFS-e, conforme demonstrado nos autos do processo administrativo em epígrafe, utilizando-se da opção inicialmente feita.
9.2. Quanto à alegação de ter optado involuntariamente pela emissão de NFS-e, destaca-se que a solicitação de autorização para emiti-las é feita em aplicativo específico e em endereço eletrônico próprio, mediante utilização de senha WEB ou certificado digital, cuja disposição é de inteira responsabilidade do detentor. A pessoa física ou jurídica detentora da senha é responsável por todos os atos praticados por seu intermédio, com os efeitos jurídicos e fiscais previstos na legislação.
10. *Deste modo, a Consulente, na condição de optante autorizada à emissão de NFS-e, não pode deixar de emiti-la por ocasião da prestação de cada serviço, pois esta opção, uma vez deferida, é irretratável.*
11. *Promova-se a entrega de cópia desta solução de consulta à requerente e, após anotação e publicação, arquive-se."*

O objeto dessa solução de consulta é distinto dos casos vistos anteriormente, embora apresente alguma semelhança. No caso em tela, uma sociedade

CAPÍTULO 5 – O REGIME ESPECIAL DO ISS NO MUNICÍPIO DE SÃO PAULO

prestadora de serviços de contabilidade fez a opção pela emissão da nota fiscal eletrônica e questiona se pode deixar de emitir esse documento fiscal. A resposta do órgão consultado foi no sentido de que essa opção é irretratável.

Ocorre que esse objeto envolve a opção de nota fiscal eletrônica pela sociedade inscrita no regime especial e tal opção encontra-se atualmente revogada, conforme já afirmamos, sendo essa obrigação tributária acessória atualmente obrigatória para todas as sociedades incluídas nesse regime.

Vejamos a Solução de Consulta SF/DEJUG nº 22, de 25 de abril de 2013:

SOLUÇÃO DE CONSULTA SF/DEJUG nº 22, de 25 de abril de 2013

"1. A consulente declara que é prestadora de serviços contábeis, conforme definido no arts. 3º e 5º da Resolução nº 560/83 do Conselho Federal de Contabilidade.

2. Informa que se encontra inscrita no código de serviço 03620, subitem 17.18 do art. 1º da Lei nº 13.701/2003, e recolhe o ISS mediante a alíquota de 5% com observância a uma base de cálculo fixa mensal por profissional e não está obrigada à guarda de Livros e à emissão de Documentos Fiscais.

3. Observa que com a publicação da Lei nº 12.441/11, que criou a figura do tipo jurídico denominado EIRELI, teria avaliado a possibilidade de promover a sua alteração contratual.

4. A consulente entende que eventual transformação da atual sociedade na figura do tipo jurídico denominado Empresa Individual de Responsabilidade Limitada – EIRELI não alteraria seu regime especial de recolhimento do ISS, visto que permaneceria na modalidade de sociedade com mesmo objeto social e mesma natureza jurídica.

5. Assim, a consulente pergunta se está correto seu entendimento e, caso contrário, qual seria o procedimento correto e qual o fundamento jurídico.

6. A consulente encontra-se regularmente inscrita no Cadastro de Contribuintes Mobiliários no código 03620 do Anexo 1 da Instrução Normativa SF/SUREM nº 08, de 18 de julho de 2011, relativo a contador, técnico em contabilidade, guarda-livros e congêneres (regime especial – sociedade), correspondente ao subitem 17.18 da Lista de Serviços do art. 1º da Lei nº 13.701/2003.

6.1. Conforme contrato social apresentado, a consulente encontra-se constituída sob a forma de Sociedade Simples Limitada.

6.2. A consulente também apresentou minuta de eventual transformação de sua constituição de Sociedade Simples Limitada para Empresa Individual de Responsabilidade Limitada – EIRELI.

7. O art. 15 da Lei nº 13.701/2003 prevê o recolhimento do ISS por regime especial com base na receita bruta mensal fixa as sociedades prestadoras dos serviços elencados no inciso II desse artigo, dentre os quais se incluem os serviços de contabilidade previstos no subitem 17.18 da Lista de Serviços do art. 1º da Lei nº 13.701/2003.

8. A Empresa Individual de Responsabilidade Limitada – EIRELI, artigo 980-A do Código Civil, instituído pela Lei Federal nº 12.441/2011, constitui nova modalidade de pessoa jurídica não compreendida na categoria "Sociedade", conforme definição contida no artigo 981 do Código Civil.

O REGIME ESPECIAL DO ISS

9. Não há previsão legal para recolhimento do ISS por valor fixo mensal para as Empresas Individuais de Responsabilidade Limitada e, caso a consulente venha a proceder sua transformação, deverá:
9.1. recolher o ISS à alíquota de 5% (cinco por cento) sobre o preço dos serviços prestados, nos termos do art. 14 da Lei nº 13.701, de 24/12/03 combinado com o art. 16 da mesma Lei, com a redação das Leis nº 14.256, de 29/12/06 e nº 14.668, de 14/01/08.
9.2. Inscrever-se no código de serviço 03476 do Anexo 1 da Instrução Normativa SF/SUREM nº 08, de 18 de julho de 2011.
9.3. Emitir Nota Fiscal de Serviços Eletrônica – NFS-e, de acordo com as disposições do Decreto nº 53.151, de 17 de maio de 2012.
10. Promova-se a entrega de cópia desta solução de consulta à requerente e, após anotação e publicação, arquive-se."

Na Solução de Consulta SF/DEJUG nº 22, de 25 de abril de 2013, a consulente presta serviços contábeis e declara que foi constituída sob a forma de sociedade simples de responsabilidade limitada e que pretende transformar-se em EIRELI e questiona se, com essa transformação, ela pode permanecer inscrita no regime especial do ISS.

O órgão consultado respondeu que não há previsão legal que disponha sobre a inscrição da EIRELI no regime especial, fato que não permite sua inclusão no regime. A resposta determinou ainda o desenquadramento da consulente do regime especial do ISS.

Vejamos a Solução de Consulta SF/DEJUG nº 45, de 13 de junho de 2012:

SOLUÇÃO DE CONSULTA SF/DEJUG nº 45, de 13 de junho de 2012

"1. A consulente tem por objeto social a prestação de serviços relacionados à fisioterapia em geral e encontra-se inscrita no Cadastro de Contribuintes Mobiliários – CCM no código 04430 do Anexo 1 da Instrução Normativa SF/SUREM nº 08, de 18 de julho de 2011, relativo a Fisioterapia (regime especial – sociedade).
2. Pede para que seja esclarecido se caso optar pela emissão da Nota Fiscal de Serviços Eletrônica – NFS-e poderá manter o enquadramento no regime especial de recolhimento de ISS relativo ao código 04430 – Fisioterapia (regime especial – sociedade).
3. O art. 15 da Lei nº 13.701, de 24 de dezembro de 2003 e o art. 19 Decreto nº 53.151, de 17 de maio de 2012 definem que será adotado regime especial de recolhimento do Imposto quando os serviços descritos nos subitens 4.01, 4.02, 4.06, 4.08, 4.11, 4.12, 4.13, 4.14, 4.16, 5.01, 7.01 (exceto paisagismo), 17.13, 17.15, 17.18 da lista do "caput" do artigo 1º, bem como aqueles próprios de economistas, forem prestados por sociedade constituída na forma do parágrafo 1º deste artigo, estabelecendo-se como receita bruta mensal valor fixo multiplicado pelo número de profissionais habilitados.

CAPÍTULO 5 – O REGIME ESPECIAL DO ISS NO MUNICÍPIO DE SÃO PAULO

4. Já segundo o art. 1º da Instrução Normativa SF/SUREM nº 10, de 10 de agosto de 2011, inciso III, a emissão de Nota Fiscal de Serviços Eletrônica – NFS-e é obrigatória para todos os prestadores dos serviços, independentemente da receita bruta de serviços, sendo opcional, dentre outros, no caso das sociedades uniprofissionais, constituídas na forma do artigo 15 da Lei nº 13.701, de 24 de dezembro de 2003.
5. De acordo com o art. 108 do Decreto nº 53.151, de 17 de maio de 2012, todos os contribuintes que optarem ou forem obrigados à emissão de NFS-e deverão recolher o Imposto com base no movimento econômico, exceto as sociedades constituídas na forma do artigo 19 do mesmo decreto e os microempreendedores individuais – MEI optantes pelo Sistema de Recolhimento em Valores Fixos Mensais dos Tributos abrangidos pelo Simples Nacional – SIMEI.
6. Assim, observadas as disposições legais citadas nos itens anteriores, uma sociedade de profissionais constituída na forma do art. 15 da Lei nº 13.701, de 24 de dezembro de 2003 que optar pela emissão da Nota Fiscal de Serviços Eletrônica – NFS-e poderá manter o regime especial de recolhimento do ISS incidente sobre a receita bruta mensal fixa multiplicada pelo número de profissionais habilitados.
7. Promova-se a entrega de cópia desta solução de consulta à requerente e, após anotação e publicação, arquive-se."

Essa resposta à solução de consulta está prejudicada, porque a emissão de nota fiscal eletrônica é atualmente obrigatória para todas as sociedades de profissionais.

Vejamos a Solução de Consulta SF/DEJUG nº 28, de 16 de julho de 2008:

SOLUÇÃO DE CONSULTA nº 28, de 16 de julho de 2008

"1. A consulente encontra-se registrada na Junta Comercial do Estado de São Paulo como empresário individual e possui como objeto contabilidade geral e tributária; consultoria e assessoria contábil e tributária, análise e lançamentos de documentos fiscais e contábeis. No Cadastro de Contribuintes Mobiliários encontra-se inscrito como prestador dos serviços previstos no código 03476 (contabilidade, inclusive serviços técnicos e auxiliares, subitem 17.18 da Lista de Serviços da Lei nº 13.701/2003). É optante pelo Simples Nacional, desde 05/09/2007.
2. Considera que deveria ser inscrito no código 03611 (contador e congêneres, com nível superior – regime especial – profissional autônomo) ou 03620 (contador, técnico em contabilidade, guarda-livros e congêneres – regime especial – sociedade).
3. Alega que a Lei nº 13.701/2003 fixaria regime especial para os contadores.
3.1. Além disso, o art. 18, § 22 da Lei Complementar nº 123/06, determinaria que os escritórios de contabilidade devem recolher o ISS em valor fixo na forma da legislação municipal.
3.2. Considera que mesmo que a Lei Municipal possa oferecer alguma base para classificar a Consulente em situação de recolher o ISS por valor proporcional, a Lei Complementar, superior a Lei Municipal, determinaria claramente que os escritórios de serviços contábeis devem recolher o ISS em valor fixo.

O REGIME ESPECIAL DO ISS

3.3. Em seu entendimento a Lei Complementar não adjetivaria os escritórios de serviços contábeis, pois não determinaria a sua forma de constituição como sociedades, autônomos ou empresas individuais.
4. Assim a consulente pergunta se na qualidade de optante pelo Simples Nacional, deve recolher o ISS em valor fixo, conforme determina o artigo 18, § 22 da Lei Complementar nº 123/06, inclusive desde sua inscrição inicial (05/09/2007).
5. O art. 15 da Lei nº 13.701/2003 prevê o recolhimento do ISS por regime especial com base na receita bruta mensal fixa para os profissionais autônomos, pessoas físicas, ou sociedades uniprofissionais prestadoras dos serviços elencados no inciso II deste artigo.
5.1. Ainda de acordo com § 22 do art. 18 da Lei Complementar nº 123/06, que institui o Simples Nacional, os escritórios de serviços contábeis devem recolher o ISS em valor fixo, na forma da legislação municipal.
6. No caso, a consulente não está constituída na forma exigida pela legislação municipal, profissional autônomo – pessoa física ou sociedade uniprofissional, e não há previsão legal para recolhimento por valor fixo para empresários individuais.
6.1. A consulente está corretamente inscrita no código de serviço 03476, destinado a pessoas jurídicas não constituídas na forma de sociedade uniprofissional e prestadoras de serviços de contabilidade.
7. A consulente deverá:
7.1. Recolher à alíquota de 5% (cinco por cento) sobre o preço dos serviços prestados, nos termos do art. 14 da Lei nº 13.701/2003, combinado com o inciso IV do art. 16 da Lei 13.701/2003, com redação da Lei nº 14.668/2008.
7.2. Emitir Nota Fiscal de Serviços Série "A" (ou Notas-Fiscais Fatura de Serviços), nos termos do Decreto nº 44.540 de 29/03/2004, ou Nota Fiscal Eletrônica de Serviços – NF-e, nos termos do Decreto nº 47.350 de 06/06/2006 e Portaria SF nº 072/2006, de 06/06/2006.
8. Promova-se a entrega de cópia desta solução de consulta à requerente e, após anotação e publicação, arquive-se."

A consulente está inscrita na Junta Comercial como empresário individual, prestador de serviço contábil, sendo optante pelo SIMPLES Nacional. Questiona se pode ser inscrito no regime especial para profissional autônomo (aqui, é o regime previsto no § 1º do artigo 15 da Lei nº 13.701/2003).

Em resposta, o órgão consultado afirmou que o consulente não está constituído na forma exigida pela legislação municipal, profissional autônomo ou sociedade, para ser inscrito no regime especial, porque não há previsão legal para recolhimento fixo para empresários individuais. Na época em que foi proferida a solução dessa consulta, o § 1º do artigo 15 da Lei nº 13.701/2003, que dispunha sobre o regime especial para autônomos, estava vigente. Atualmente, esse dispositivo encontra-se revogado.

Os autônomos que estiverem inscritos no Cadastro de Contribuintes Mobiliários (CCM), nas disposições atuais vigentes, são isentos do ISS. Caso contrário, serão tributados pelo movimento econômico. A revogação

CAPÍTULO 5 – O REGIME ESPECIAL DO ISS NO MUNICÍPIO DE SÃO PAULO

do regime especial do ISS para autônomos será tratada no item 2.8 deste Capítulo.

2.7 O Parcelamento da Sociedade de Profissionais – PRD

A Lei nº 16.240, de 22 de julho de 2015, instituiu o Programa de Regularização de Débitos (PRD) relativo ao Imposto sobre Serviços de Qualquer Natureza no Município de São Paulo. Lembramos que o parcelamento é causa suspensiva da exigibilidade dos créditos tributários nele contemplados, por força do inciso VI do artigo 151 do CTN, sendo igualmente causa de suspensão da prescrição tributária, conclusão que decorreu de construção jurisprudencial. Caso a infração tributária constitua crime contra a ordem tributária, o parcelamento suspende também o curso da prescrição penal. Vejamos as suas disposições:

> Art. 1º Fica instituído o Programa de Regularização de Débitos – PRD, destinado a promover a regularização dos débitos relativos ao Imposto sobre Serviços de Qualquer Natureza – ISS das pessoas jurídicas que adotaram o regime especial de recolhimento de que trata o art. 15 da Lei nº 13.701, de 24 de dezembro de 2003, e que foram desenquadradas desse regime por deixarem de atender ao disposto no § 1º do mesmo artigo.
>
> § 1º Poderão ingressar no PRD as pessoas jurídicas desenquadradas desse regime até o último dia útil do terceiro mês subsequente à data de publicação do decreto regulamentador desta lei.
>
> § 2º Os débitos a que se refere o "caput" deste artigo abrangem tão somente o período em que o sujeito passivo esteve enquadrado indevidamente como sociedade uniprofissional.

O PRD é um parcelamento de débitos tributários específico para sociedades que foram desenquadradas do regime especial do ISS, as quais poderão ingressar até o terceiro dia útil do mês subsequente da publicação do Decreto Municipal nº 56.378, de 28 de agosto de 2015, o que demonstra que esse programa não está aberto atualmente para novas adesões.

Podem ser inseridos os débitos tributários de ISS somente, cujos fatos geradores ocorreram enquanto a sociedade esteve enquadrada no regime especial do ISS, ou seja, os débitos lançados retroativamente com base no movimento econômico, após o desenquadramento do regime especial.

> § 3º Podem ser incluídos no PRD os débitos de ISS:
> I – espontaneamente confessados ou declarados pelo sujeito passivo;
> II – originários de Autos de Infração e Intimação já lavrados pelo descumprimento da obrigação principal e das obrigações acessórias, inclusive os inscritos em Dívida Ativa, ajuizados ou a ajuizar.
> § 4º Poderão ser incluídos no PRD eventuais débitos oriundos de parcelamentos em andamento, desde que atendidos os requisitos do "caput" e do § 2º deste artigo.

A inclusão dos débitos no PRD decorre de opção do contribuinte. Ele pode confessar espontaneamente débitos que ainda não foram objeto de lançamento ou declarar esses débitos para incluí-los no parcelamento.

Há ampla aceitação de inclusão dos débitos já constituídos no PRD: eles podem ter sido objeto de auto de infração relativos ao descumprimento de obrigação tributária acessória e principal, antes ou depois da inscrição da dívida ativa e ainda aqueles que são objeto de ação de execução fiscal movida pelo Município contra o contribuinte. Podem, inclusive, ser objeto do PRD débitos incluídos em parcelamentos anteriores, como é o caso do Programa de Parcelamento Incentivado (PPI) e o Parcelamento Administrativo de Débitos Tributários (PAT).

> § 5º O PRD será administrado pela Secretaria Municipal de Finanças e Desenvolvimento Econômico, ouvida a Procuradoria Geral do Município, sempre que necessário, e observado o disposto em regulamento.
> § 6º Caberá à Secretaria Municipal de Finanças e Desenvolvimento Econômico identificar os sujeitos passivos referidos no "caput" e no § 1º deste artigo.

A Secretaria Municipal da Fazenda administrará o PRD, cabendo a esse órgão identificar os contribuintes passíveis de inclusão no PRD.

CAPÍTULO 5 – O REGIME ESPECIAL DO ISS NO MUNICÍPIO DE SÃO PAULO

Art. 2º O ingresso no PRD dar-se-á por opção do sujeito passivo, mediante requerimento, conforme dispuser o regulamento.

§ 1º Os créditos incluídos no PRD serão consolidados tendo por base a data da formalização do pedido de ingresso.

§ 2º Os créditos ainda não constituídos, incluídos no PRD, serão declarados até a data da formalização do pedido de ingresso, observado o disposto no "caput" e nos §§ 1º e 2º do art. 1º desta lei.

§ 3º O ingresso no PRD impõe ao sujeito passivo a autorização de débito automático das parcelas em conta-corrente mantida em instituição bancária cadastrada pelo Município.

§ 4º Excepcionalmente, no caso de sujeitos passivos que não mantenham, justificadamente, conta-corrente em instituição bancária cadastrada pelo Município, a Secretaria Municipal de Finanças e Desenvolvimento Econômico poderá afastar a exigência do § 3º deste artigo.

§ 5º Ressalvado o disposto no § 6º deste artigo, a formalização do pedido de ingresso no PRD deverá ser efetuada até o último dia útil do terceiro mês subsequente à publicação do regulamento desta lei.

§ 6º Na hipótese de inclusão de saldo de débito tributário oriundo de parcelamento de que trata o § 4º do art. 1º desta lei, a formalização do pedido de ingresso no PRD deverá ser efetuada até o último dia útil da primeira quinzena do terceiro mês subsequente à data de publicação do decreto regulamentador desta lei.

§ 7º Para a consolidação do saldo de débito tributário a que se refere o § 6º deste artigo, o ingresso no PRD importará em renúncia dos benefícios dos parcelamentos anteriores, com o aproveitamento dos valores pagos.

§ 8º O Poder Executivo poderá reabrir, até o último dia útil do mês de junho de 2016, mediante decreto, o prazo para formalização do pedido de ingresso no PRD.

§ 9º No período a que se refere o § 1º do art. 1º desta lei, o sujeito passivo que solicitar o desenquadramento, confessar ou declarar os débitos do ISS não perderá a espontaneidade, independentemente da existência de qualquer medida de fiscalização em curso na data do desenquadramento, da confissão ou da declaração dos débitos.

§ 10. Será permitida a formalização de apenas um pedido de ingresso no PRD por pessoa jurídica.

O ingresso no PRD se dá por meio de requerimento do contribuinte, sendo permitido somente um pedido por pessoa jurídica, sendo condição de ingresso a titularidade de uma conta corrente bancária. Não havendo essa conta, o contribuinte deverá justificar tal fato para que possa haver a dispensa desse requisito.

Art. 3º A formalização do pedido de ingresso no PRD implica o reconhecimento dos débitos nele incluídos, ficando condicionada à desistência de eventuais ações ou embargos à execução fiscal, com renúncia ao direito sobre o qual se fundam, nos autos judiciais respectivos, e à desistência de eventuais impugnações, defesas e recursos interpostos no âmbito administrativo, além da comprovação de recolhimento de custas e encargos porventura devidos, conforme dispuser o regulamento.

§ 1º Verificando-se a hipótese de desistência dos embargos à execução fiscal, o devedor concordará com a suspensão do processo de execução, pelo prazo do parcelamento a que se obrigou, obedecendo-se ao estabelecido no art. 792 do Código de Processo Civil.

§ 2º Na hipótese do § 1º deste artigo, liquidado o parcelamento nos termos desta lei, o Município informará o fato ao juízo da execução fiscal e requererá a sua extinção com fundamento no art. 794, inciso I, do Código de Processo Civil.

§ 3º Os depósitos judiciais efetivados em garantia do juízo somente poderão ser levantados para pagamento do débito, calculado na conformidade dos arts. 4º e 5º desta lei, permanecendo no PRD o saldo do débito que eventualmente remanescer, nos termos do regulamento.

O reconhecimento dos débitos incluídos no PRD implica a causa interruptiva da prescrição, prevista no inciso IV do artigo 174 do CTN, pois é ato inequívoco extrajudicial, que importa em reconhecimento do débito pelo devedor.

Caso o interessado em aderir ao PRD tenha movido ações judiciais de qualquer natureza, incluindo a oposição de embargos numa ação de execução fiscal movida pela Fazenda Pública contra ele, deverá o interessado desistir dessas medidas judiciais relativas aos débitos a serem incluídos no parcelamento. Se nessas ações judiciais houver sido feito o depósito do montante controverso, somente poderão ser levantados para o pagamento do PRD, sendo objeto do parcelamento o saldo remanescente.

Situação idêntica se verifica quanto aos créditos discutidos na esfera administrativa, em impugnações ou recursos: a formalização do pedido tem como condição a desistência dessas medidas processuais administrativas.

> Art. 4º Sobre os débitos a serem incluídos no PRD incidirão atualização monetária e juros de mora até a data da formalização do pedido de ingresso, nos termos da legislação aplicável.
>
> § 1º Para os débitos inscritos em Dívida Ativa, incidirão também custas, despesas processuais e honorários advocatícios devidos em razão do procedimento de cobrança da Dívida Ativa, nos termos da legislação aplicável.
>
> § 2º Para fins de consolidação, o débito será considerado integralmente vencido à data da primeira prestação ou da parcela única não paga.

Esse artigo trata dos acréscimos que incidirão sobre o montante do parcelamento até a data da sua formalização, a qual deverá ocorrer após a desistência de eventuais ações judiciais e dos processos administrativos entre o interessado e a Fazenda Pública Municipal, nos termos que já expusemos.

Débitos que foram inscritos em dívida ativa terão maiores acréscimos, tais como custas, despesas processuais e honorários advocatícios, a partir de sua inscrição.

> Art. 5º Ficam remitidos os débitos consolidados na forma do art. 4º desta lei, e anistiadas as infrações a eles relacionadas, para os valores de até R$ 1.000.000,00 (um milhão de reais).
>
> Parágrafo único. Para os valores que excedam R$ 1.000.000,00 (um milhão de reais), serão concedidos os seguintes descontos:

I – redução de 100% (cem por cento) do valor dos juros de mora e de 100% (cem por cento) da multa, na hipótese de pagamento em parcela única;

II – redução de 80% (oitenta por cento) do valor dos juros de mora e de 80% (oitenta por cento) da multa, na hipótese de pagamento parcelado.

O artigo 5º trata da anistia até o valor de um milhão de reais. A anistia, causa de exclusão do crédito tributário, implica o perdão da infração cometida. Os incisos I e II concedem descontos na multa nos percentuais que especifica, conforme o número de parcelas. Esse desconto é igualmente aplicado aos juros de mora. O caput do artigo 5º ainda dispõe sobre a remissão, causa de extinção do crédito tributário, que é o perdão da dívida tributária, ou seja, aí não estão incluídas as multas. Porém, no caso da remissão não são aplicáveis os descontos previstos nos incisos I e II, porque esses são aplicáveis somente às multas e juros de mora. A leitura que é feita do caput desse artigo é que as dívidas de até um milhão de reais, seja multa, seja tributo, ela estará perdoada até esse valor. Ultrapassando esse valor, os descontos previstos nos incisos I e II serão aplicados somente à multa e aos juros de mora.

Conforme vimos, os descontos são aplicados cumulativamente e por pessoa jurídica. Assim, se há a formação de grupo econômico, cada pessoa que integra esse grupo terá direito a esse desconto.

Art. 6º O montante que resultar dos descontos concedidos na forma do art. 5º desta lei ficará automaticamente quitado, com a consequente anistia da dívida por ele representada, para todos os fins e efeitos de direito, em proveito do devedor, no caso de quitação do débito consolidado incluído no PRD.

Esse dispositivo reforça o artigo anterior quanto à remissão, concedendo quitação dos valores que forem inferiores aos limites da anistia.

Art. 7º O sujeito passivo poderá proceder ao pagamento do débito consolidado incluído no PRD com os descontos concedidos na conformidade do art. 5º desta lei:

CAPÍTULO 5 – O REGIME ESPECIAL DO ISS NO MUNICÍPIO DE SÃO PAULO

I – em parcela única; ou

II – em até 120 (cento e vinte) parcelas mensais, iguais e sucessivas, sendo que o valor de cada parcela, por ocasião do pagamento, será acrescido de juros equivalentes à taxa referencial do Sistema Especial de Liquidação e de Custódia – SELIC, acumulada mensalmente, calculados a partir do mês subsequente ao da formalização até o mês anterior ao do pagamento, e de 1% (um por cento) relativamente ao mês em que o pagamento estiver sendo efetuado.

§ 1º Nenhuma parcela poderá ser inferior a R$ 200,00 (duzentos reais).

§ 2º Em caso de pagamento parcelado, o valor das custas devidas ao Estado deverá ser recolhido em sua totalidade, juntamente com a primeira parcela.

O artigo 7º estabelece limites relativamente às parcelas, caso o pagamento não seja à vista. Há limite quanto ao número de prestações e limite quanto ao valor delas. O parcelamento deverá necessariamente atender a todos esses limites.

Art. 8º O vencimento da primeira parcela ou da parcela única dar-se--á no último dia útil da quinzena subsequente à da formalização do pedido de ingresso no PRD, e o vencimento das demais, no último dia útil dos meses subsequentes.

Parágrafo único. O pagamento da parcela fora do prazo legal implicará cobrança de multa moratória de 0,33% (trinta e três centésimos por cento) por dia de atraso sobre o valor da parcela devida e não paga até o limite de 20% (vinte por cento), acrescido de juros equivalentes à taxa referencial do Sistema Especial de Liquidação e de Custódia – SELIC.

Esse artigo trata da incidência da multa moratória relativamente à parcela do PRD não liquidada no vencimento: 0,33% ao dia, limitada a 20% e juros com base na SELIC.

Art. 9º O ingresso no PRD impõe ao sujeito passivo a aceitação plena e irretratável de todas as condições estabelecidas nesta lei e constitui confissão irrevogável e irretratável da dívida relativa aos débitos nele incluídos, com reconhecimento expresso da certeza e liquidez do crédito correspondente, produzindo os efeitos previstos no art. 174, parágrafo único, do Código Tributário Nacional, e no art. 202, inciso VI, do Código Civil.

§ 1º A homologação do ingresso no PRD dar-se-á no momento do pagamento da parcela única ou da primeira parcela e, no caso de inexistência de saldo a pagar, na data da formalização do pedido de ingresso.

§ 2º O não pagamento da parcela única ou da primeira parcela em até 60 (sessenta) dias do seu vencimento implica o cancelamento do parcelamento, sem prejuízo dos efeitos da formalização previstos no art. 3º desta lei.

O artigo 9º trata das causas de exclusão do parcelamento: o não pagamento da primeira parcela ou parcela única em 60 dias do prazo do seu vencimento. Outras causas estão no artigo seguinte.

Art. 10. O sujeito passivo será excluído do PRD, sem notificação prévia, diante da ocorrência de uma das seguintes hipóteses:

I – inobservância de qualquer das exigências estabelecidas nesta lei;

II – estar em atraso há mais de 90 (noventa) dias com o pagamento de qualquer parcela, inclusive a referente a eventual saldo residual do parcelamento;

III – não comprovação da desistência de que trata o art. 3º desta lei, no prazo de 60 (sessenta) dias, contado da data de homologação do ingresso no PRD;

IV – decretação de falência ou extinção pela liquidação da pessoa jurídica;

V – cisão da pessoa jurídica, exceto se a sociedade nova oriunda da cisão ou aquela que incorporar a parte do patrimônio assumir solidariamente com a cindida as obrigações do PRD.

§ 1º A exclusão do sujeito passivo do PRD implica a perda de todos os benefícios desta lei, acarretando a exigibilidade dos débitos originais, com os acréscimos previstos na legislação municipal, descontados os valores pagos, e a imediata inscrição dos valores remanescentes na Dívida Ativa, ajuizamento ou prosseguimento da execução fiscal, efetivação do protesto extrajudicial do título executivo e adoção de todas as demais medidas legais de cobrança do crédito à disposição do Município credor.

§ 2º O PRD não configura a novação prevista no art. 360, inciso I, do Código Civil.

Os incisos I a V dispõem outras causas de exclusão do PRD: o prazo de 60 dias para pagamento a partir do vencimento, como vimos no artigo anterior, se aplica à primeira parcela ou parcela única. Para as demais parcelas, o prazo é de 90 dias.

Outra causa de exclusão do PRD é a não comprovação da desistência das ações judiciais.

A falência ou liquidação da sociedade também estão entre os fatos que excluem o interessado do parcelamento.

Os §§ 1º e 2º são complementares entre si: a novação é uma forma de extinção de obrigação por meio do nascimento de uma nova obrigação. Um exemplo é o refinanciamento de uma dívida. O devedor faz um novo financiamento para extinguir a dívida originária. Assim, a primeira dívida é extinta em razão da contratação da segunda. Isso caracteriza novação.

No caso do PRD, a lei dispôs que a adesão ao parcelamento não configura novação, pois se assim não fosse, bastaria o interessado ingressar no PRD, pagar algumas parcelas e romper o parcelamento em seguida, pois, se houvesse novação, o novo débito seria integralizado com todos os descontos aplicados pela lei. Porém, não havendo novação, caso haja o rompimento do parcelamento, a dívida originária é restituída e o devedor retorna à sua posição originária, cancelando os descontos concedidos. Em outras palavras, o fato de não caracterizar novação significa que, não sendo o parcelamento honrado até a última parcela, todos os benefícios concedidos pela adesão ao PRD são retirados se houver rompimento, ou seja, a remissão ou anistia de um milhão de reais e os descontos de 100% ou 80% na multa e nos juros moratórios que ultrapassarem esse valor voltam a incorporar negativamente o patrimônio devedor daquele que rompeu o parcelamento.

Art. 11. Não serão restituídas, no todo ou em parte, com fundamento nas disposições desta lei, quaisquer importâncias recolhidas anteriormente à data da homologação do ingresso no PRD.

O REGIME ESPECIAL DO ISS

Esse artigo veda a restituição dos pagamentos realizados no PRD, ainda que haja rompimento do parcelamento.

> Art. 12. Ficam acrescidos os §§ 10 e 11 ao art. 15 da Lei nº 13.701, de 24 de dezembro de 2003, com a seguinte redação:
> "Art. 15. ....
> § 10. As pessoas jurídicas que deixarem de apresentar qualquer declaração obrigatória relacionada ao regime previsto neste artigo ter-se-ão por não optantes pelo regime especial de recolhimento de que trata este artigo, sendo desenquadradas desse regime, na forma, condições e prazos estabelecidos em regulamento.
> § 11. O contribuinte poderá recorrer do desenquadramento de que trata o § 10 deste artigo, na forma, condições e prazos estabelecidos em regulamento." (NR)

O artigo 12 introduziu a D-SUP. Os comentários encontram-se no subitem correspondente ao que expusemos sobre essa obrigação tributária acessória.

> Art. 13. Esta lei entrará em vigor na data de sua publicação.

Esse dispositivo que trata da entrada em vigência da lei que instituiu o PRD.

2.8 O Regime Especial do ISS para os Profissionais Autônomos

Conforme mencionamos anteriormente, iremos discorrer brevemente sobre o regime dos profissionais liberais autônomos. Analisaremos o inciso I, do artigo 15 da Lei Municipal nº 13.701/2003, porém, conforme mencionamos anteriormente, o inciso I está atualmente revogado:

> Art. 15 – Adotar-se-á regime especial de recolhimento do Imposto:
> I – quando os serviços descritos na lista do "caput" do artigo 1º forem prestados por profissionais autônomos ou aqueles que exerçam, pessoalmente e em caráter privado, atividade por delegação do Poder Público, estabelecendo-se como receita bruta mensal os seguintes valores:

a) R$ 800,00 (oitocentos reais), para os profissionais autônomos ou aqueles que exerçam, pessoalmente e em caráter privado, atividade por delegação do Poder Público, cujo desenvolvimento que exija formação em nível superior;

b) R$ 400,00 (quatrocentos reais), para os profissionais autônomos que desenvolvam atividade que exija formação em nível médio;

c) R$ 200,00 (duzentos reais), para os profissionais autônomos que desenvolvam atividade que não exija formação específica;

Vemos aqui que a diferença entre as receitas brutas presumidas está baseada na formação educacional do prestador de serviço autônomo. Tal fato, inclusive é admitido no § 1º do artigo 9º do Decreto-Lei nº 406/1968 que assim dispõe:

> § 1º Quando se tratar de prestação de serviços sob a forma de trabalho pessoal do próprio contribuinte, o impôsto será calculado, por meio de alíquotas fixas ou variáveis, em função da natureza do serviço ou de outros fatores pertinentes, nestes não compreendida a importância paga a título de remuneração do próprio trabalho.

Conforme estatui esse dispositivo, as alíquotas podem ser fixas ou variáveis, assim entendidas que elas não precisam ser iguais para todos os prestadores de serviço, ou seja, podem ser diferenciadas em razão de determinados parâmetros. Um deles é a natureza do serviço, a qual está vinculada à formação educacional do prestador autônomo, ou seja, com nível superior, médio, ou até sem nível médio.

Ocorre que, o inciso I do artigo 15 da Lei Municipal nº 13.701 de 2003 foi revogado expressamente pelo artigo 15, inciso III, da Lei Municipal nº 14.865 de 2008, a qual entrou em vigência na data de sua publicação, em 29 de dezembro de 2008. O artigo 15, inciso III, da Lei 14.865/2008 assim dispôs:

> Art. 15. Ficam revogados:
> (...)
> III – o § 9º do art. 9º da Lei nº 13.701, de 24 de dezembro de 2003, acrescido pela Lei nº 14.042, de 30 de agosto de 2005, os incisos V e

VI do "caput" do art. 10 e o inciso I do "caput" do art. 15, ambos da Lei nº 13.701, de 2003;

Trata-se, portanto, de revogação expressa, sem qualquer dúvida, atendendo ao disposto no artigo 9º da Lei Complementar nº 95, de 1998. Assim sendo, o regime especial de alíquota específica para profissionais autônomos não mais existe no Município de São Paulo. Isso indica que esse profissional não deve recolher ISS? Não é bem assim.

Vejamos o que dispõe o artigo 1º da Lei Municipal nº 14.864, de 23 de dezembro de 2008:

> Art. 1º. Ficam isentos do pagamento do Imposto sobre Serviços de Qualquer Natureza – ISS, a partir de 1º de janeiro de 2009, os profissionais liberais e autônomos, que tenham inscrição como pessoa física no Cadastro de Contribuintes Mobiliários – CCM, quando prestarem os serviços descritos na lista do "caput" do art. 1º da Lei nº 13.701, de 24 de dezembro de 2003, com as alterações posteriores, não se aplicando o benefício às cooperativas e sociedades uniprofissionais.
>
> Parágrafo único. A isenção referida no "caput" não se aplica aos delegatários de serviço público que prestam os serviços descritos no subitem 21.01 constante da lista de serviço do "caput" do art. 1º da Lei nº 13.701, de 2003.

Há uma isenção prevista para os profissionais liberais e autônomos. Se há essa exclusão do crédito tributário, deve haver a incidência correspondente. Essa incidência se dá por meio da tributação no movimento econômico, ou seja, profissionais liberais e autônomos não são mais tributados pelo regime especial do ISS, mas somente pelo movimento econômico, exceto se foram isentos. A isenção em tela é aplicada para todo e qualquer serviço previsto na lista constante do artigo 1º da Lei nº 13.701, que seja prestado por profissional autônomo. Porém, essa isenção é condicionada às disposições constantes do artigo 2º da Lei nº 14.864/2008.

> Art. 2º. A isenção de que trata o art. 1º desta lei não exime os profissionais liberais e os autônomos da inscrição e atualização de seus dados

no Cadastro de Contribuintes Mobiliários – CCM e do cumprimento das demais obrigações acessórias.

Parágrafo único. A isenção prevista no art. 1º fica condicionada ao cumprimento das obrigações acessórias na forma, condições e prazos estabelecidos em regulamento.

As condições necessárias à concessão da isenção são: 1) a inscrição e atualização dos dados cadastrais do contribuinte, e; 2) o cumprimento das obrigações acessórias conforme estatui o regulamento do ISS. Lembramos ainda o disposto no artigo 111 do CTN, dispositivo que estatui nos seus incisos, a aplicação da interpretação literal nos casos de suspensão de exigibilidade ou exclusão do crédito tributário, outorga de isenção e dispensa do cumprimento de obrigações tributárias acessórias. Assim, para os dispositivos relativos à isenção, eles devem ser necessariamente interpretados em sua literalidade

Esse é o tratamento atual destinado aos profissionais autônomos no Município de São Paulo.

REFERÊNCIAS

ABRÃO, Carlos Henrique. *Sociedade Simples*. 2ª Edição. Editora Atlas, São Paulo, 2012.

ABREU, Anselmo Zilet. *ISS das sociedades uniprofissionais. Regra Matriz e requisitos.*

PINTO, Sérgio Luiz de Moraes; MACEDO, Alberto. ARAÚJO, Wilson José de. Coordenadores. Gestão Tributária Municipal e Tributos Municipais. Volume 5. Editora Quartier Latin, São Paulo, 2015.

AMARO. Luciano. *Direito Tributário Brasileiro*. 15ª Edição. Editora Saraiva, São Paulo, 2009.

BARRETO. Aires Fernandino. *ISS na Constituição e na Lei*. 3ª edição. Dialética, São Paulo, 2009.

BULGARELLI. Waldirio. *Manual das Sociedades Anônimas*. 9ª Edição. Editora Atlas. São Paulo. 1997.

CALÇAS. Manoel de Queiroz Pereira. *Sociedade Limitada no Novo Código Civil*. Editora Atlas, São Paulo, 2003.

CARVALHO. Aurora Tomazini de. *Decadência e Prescrição em Direito Tributário*. 2ª Edição. MP Editora, São Paulo, 2010.

CARVALHO. Paulo de Barros. *Curso de Direito Tributário*. 23ª Edição. Editora Saraiva, São Paulo, 2011.

COELHO. Fabio Ulhoa. *Curso de Direito Comercial – Direito de Empresa*. Volume 2. 10ª Edição. Editora Saraiva, São Paulo, 2007.

Conselho Federal de Contabilidade (CFC). Disponível em: <https://cfc.org.br/legislacao/>. Acesso em 10 de dezembro de 2018.

Conselho Federal de Engenharia e Agronomia (CONFEA). Disponível em: <http://normativos.confea. org.br/ementas/index.asp>. Consulta em 20 de setembro de 2018.

DÁCOMO. Natália de Nardi. *Hipótese de incidência do ISS*. Editora Noeses, São Paulo, 2006.

DELGADO. Maurício Godinho. *Curso de Direito do Trabalho*. 7ª Edição. LTR, São Paulo, 2008.

FAZZIO JUNIOR. Waldo. *Manual de Direito Comercial*. 9ª Edição. Editora Atlas, São Paulo, 2008.

FERRAGUT. Maria Rita. *Presunções no Direito Tributário*. 2ª Edição. Quartier Latin, São Paulo, 2005.

HUBERMAN. Leo. *História da Riqueza do Homem*. 21ª Edição. Editora Guanabara, Rio de Janeiro, 1982.

MARTINS. Fran. *Curso de Direito Comercial. Empresa comercial – Empresários individuais-Microempresas – Sociedades empresárias – Fundo de comércio.* 32ª Edição. Editora Forense, Rio de Janeiro, 2009.

MORAES. Bernardo Ribeiro de. *Doutrina e Prático do Imposto Sobre Serviços.* Editora Revista dos Tribunais, São Paulo, 1975.

Ordem dos Advogados do Brasil (OAB). Disponível em: <https://www.oab.org.br/leis-normas/pesquisa legislacao>. Acesso em 2 de janeiro de 2019.

Prefeitura de São Paulo. Disponível em: <http://www3.prefeitura.sp.gov.br /sf9438_internet/Manter Decisoes/pesquisaDecisoesCMT.aspx>. Acesso entre 1 de janeiro de 2019 e 28 de fevereiro de 2019.

_____. Disponível em: <http://legislacao.prefeitura.sp.gov.br/>. Acesso entre 1 de janeiro de 2019 e 28 de fevereiro de 2019.

_____. Disponível em: <http://www.prefeitura.sp.gov.br/cidade/secretarias/ fazenda/legislacao/index.php? p=665>. Acesso entre 9 de agosto de 2018.

Presidência da República: sítio eletrônico. Disponível em: <http://www4.planalto.gov.br/legislacao>. Acesso entre 1 de janeiro de 2019 e 28 de fevereiro de 2019.

REQUIÃO. Rubens. *Curso de Direito Comercial.* 1º volume. 31ª Edição. Editora Saraiva, São Paulo, 2012.

SALAMA. Bruno Meyerhof. *O Fim da Responsabilidade Limitada no Brasil. História, Direito e Economia.* Malheiros Editores, São Paulo, 2014.

SANTI. Eurico Marcos Diniz de. *Decadência e Prescrição no Direito Tributário.* 4ª Edição. Editora Saraiva, São Paulo, 2011.

SILVEIRA. Newton. *As sociedades de advogados e a empresarialidade.* Revista de Direito Mercantil – Industrial, Econômico e Financeiro 151/152. Malheiros Editores, São Paulo, Janeiro 2009.

Superior Tribunal de Justiça (STJ): sítio eletrônico: http://www.stj.jus.br/portal/site/STJ. Acesso em 9 de setembro e 2015 e entre 1 de janeiro de 2019 e 28 de fevereiro de 2019.

Supremo Tribunal Federal (STF): sítio eletrônico: http://www.stf.jus.br/portal/ jurisprudencia/pesquisarJurisprudencia.asp. Consulta entre 1 de janeiro de 2019 e 28 de fevereiro de 2019.

Tribunal de Justiça do Estado de São Paulo (TJSP): sítio eletrônico: https://esaj.tjsp.jus. br/cjsg/consultaCompleta.do?f=1. Consulta em 5 de setembro de 2015 e entre 1 de janeiro de 2019 e 28 de fevereiro de 2019.